物
跟你想的

不一樣
價

從日常出發，東大教授帶你揭開物價波動的祕密
透過物價看見經濟的真實全貌

渡邊努 著
劉格安　譯

好評讚譽

總體經濟學與我們日常生活息息相關。近年疫情後，各國的通貨膨脹，讓大家覺得錢都變薄了。日本經濟號稱失落的三十年，長期物價的低迷，經常是在「通縮」的階段，也是到了最近兩年才開始有了通膨，逼得日本央行改弦易轍，開始貨幣政策正常化，恢復正利率且要逐漸加息。一大堆的問題，讓這本理論與實務兼具的參考書，幫你做最好的解答。

——林建甫（中信金控首席經濟學家、國立臺灣大學經濟學系名譽教授）

本書深入淺出，從日常生活物價中的會計概念，向讀者介紹一些有關物價的理論及實證研究，由較基本的物價指數說明開始，進而介紹影響物價波動因素、物價預測、中央銀行與物價的關係，及價格僵固性概念等。且時不時加進日常生活常見商品或產業作例子，讓理論概念變得淺顯易懂，以引導讀者如何將經濟理論套用在日常生活中。書中內容能讓大眾在這網路訊息流通快速、人口老化嚴重及高通貨膨脹時代裡，有效地吸收正確經濟知識，且能轉換成自身的判斷，不再只片面接收網路經濟訊息，而可實際理解經濟波動背後的原因所在。此外，本書還闡述了一些金融知識，能讓讀者在理財時，對匯率、利率及通貨膨張間的相對關係有更深度了解，讓讀者在買賣股票、債券、外匯或是房地產時，不再只盲目跟隨名嘴或是網路訊息，而是有自己的想法及判斷力，可自行分析每次投資買賣的績效及風險，是否符合自己的期待。

——陳明郎（中央研究院經濟研究所長聘研究員、國立臺灣大學經濟學系兼任教授）

推薦序

陳南光　國立臺灣大學經濟學系教授

在這本書中，渡邊努教授帶領讀者探討一個和我們生活息息相關但是卻又令人困惑的問題：物價究竟是什麼？為了尋求答案，他針對相關議題提供詳盡的分析和生動的案例，涵蓋物價調查與編製、通膨預期與實際通膨之間的關係、中央銀行的角色，以及日本物價長期停滯的問題等。

目前任教於東京大學經濟學系的渡邊努教授，之前曾擔任一橋大學教授（一九九九～二〇一一年），與日本銀行（即日本中央銀行）資深經濟學家（一九八二～一九九九年）。渡邊教授的主要研究領域包括貨幣政策和通貨膨脹動態，學術著作豐富。本書展現出渡邊教授多年來對於通貨膨脹這一重要議題的研究成果與理解。我想本書的一大特點，在於對通膨預期的深入探討。讀者在渡邊教授的帶領之下，能從家庭、企業等不同角度，了解通膨預期的形成機制。書中另一個重要特色是說明各種令人眼花撩亂的物價指數，幫助讀者了解什麼是總體物價指數、個體物價指數（如企業物價指數、地區物價指數、個人物價指數），這些指數的變動代表什麼意義，以及對我們的生活有什麼影響。

書裡面提到許多渡邊教授研究的重要成果。例如，他在二〇二〇年發表於《國際經濟評論》的論文發現，通膨預期與年齡之間存在顯著的正相關，也就是說，在控制家庭層面的通膨率後，隨著年齡增加，個人的通膨預期也會上升。然而，進一步探究後發現，這種看似年齡與通膨預期的相關性，實際上是由同一世代人群的共同歷史經驗所影響。這種世代效應提供我們一個嶄新的角度去評估通膨預期。

書中提到另一個有趣的研究成果是，他與渡邊耕太教授所共同編製的「日經－東大每日物價指數」，該指數目前以「日經CPINow」的名稱發布。日經CPINow的資料來源為日本約八百家超市的掃碼資料，主要涵蓋食品與日用雜貨，是全球第一個每日更新的物價指數。與官方按月發布的消費者物價指數（CPI）相比，日經CPINow能夠更即時反映物價變動。該指數不僅受到日本政府、央行和學術界的關注，金融市場和企業也密切追蹤該指數，作為決策與定價的參考。

此外，渡邊教授也解釋幾個有關通膨成因的迷思。一個常見的迷思是，原油價格上漲導致物價飆升。事實上，油價上漲導致通膨的因果關係，早已被證明不成立。渡邊教授並進一步說明，一九七〇年代日本通膨飆升主要是由於日本央行貨幣供給氾濫所致。另外，許多研究也指出，物價上漲引發通膨預期定錨鬆動，是許多國家一九七〇年代通膨飆漲的主因。

另一個常見的迷思是，藉由檢視各類品項的商品價格，進一步加總各個品項價格變化，就可掌握通膨變動的原因。政府機構（包括我國央行與主計總處）每月發布CPI通膨統計並解釋物價變動時，通常會告訴我們上個月哪些商品價格漲跌幅最大、幅度是多少，然後將這些品項價格變化加總，得出通膨率的變動。然而，渡邊教授強調，機械式地將各項商品的價格變化加總，忽視「商品價格的變動會改變消費行為，而消費行為的變化又會引發其他商品價格變動」，換言之，若忽視消費者行為與通膨預期在物價變動中的重要角色，無法真正掌握CPI變動的原因。

在撰寫序文過程中，閱讀此書讓我獲益良多，也帶給我很大的樂趣。相信不論讀者是否具有經濟、金融專業背景，都可以從本書獲得啟發，對於官方公布的物價統計數字將會有更深一層的瞭解。

前言

物價就是「蚊柱」

各位知道「蚊柱」嗎？蚊柱就是夏天水邊很常遇到、一大群聚在一起像根黑柱一樣的蚊子。遠看就如同字面所示，看起來像柱子一樣的單一物體，但靠近一點仔細看的話，才會發現那不是單一物體，而是一隻又一隻的蚊子聚在一起。

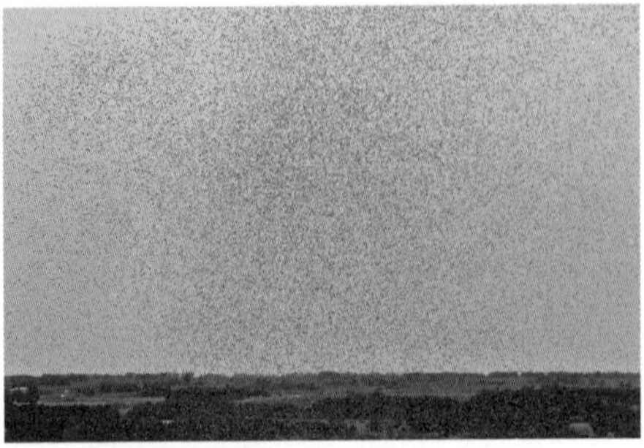
蚊柱（rucu©123RF.com）

物價就是蚊柱——這是我對於「物價是什麼」的第一個答案。世界上有數十萬種商品，每一種就相當於一隻又一隻的蚊子，有些個體以猛烈的速度移動，也有些個體以緩慢的速度移動，快速移動的個體請想成是價格劇烈變動的商品，緩慢移動的個體則是價格穩定的商品。若稍微拉開距離遠眺那些商品，就會看見一整個群體，就像一根蚊柱一樣，這就是物價。

即使各種商品多少有些波動，但只要整體穩定地停留在一個地方，物價就可以說是穩定的；相對於此，將商品群體作為一個整體來看的時候，從右到左、從上到下急速移動的狀態，就是通膨（物價上漲）或通縮（物價下跌）。蚊柱可能沒有所謂的好壞之分，但物價卻有明確的優劣，這一點應該不需要深入討論也能明白，物價當然是穩定一點比較好吧。

那麼所謂的物價穩定，究竟是什麼意思？假如各項單一商品的波動都是緩慢的，但所有商品都朝著同樣的方向移動，那麼整個群體也都朝著那個方向移動，所以物價就會是不穩定的；相反地，即使各項單一商品的波動很劇烈，例如人氣開始下滑的商品價格下跌，但取而代之的是人氣上漲的商品價格提高，如果各項商品只是像這樣交換位置，整個商品群體的位置並不改變的話，物價就是穩定的。即使每隻蚊子在蚊柱中劇烈活動，蚊柱本身仍然是停留在原地的狀態。

個別商品的價格會適當反映出賣家或買家的個別原因而波動，這是很自然的事情，各個單一價格忙碌地動來動去，但整體來看是穩定的，這樣才是健康的型態。只是即使同樣是「整體不動」的情況，也有一個可能是各個單一價格完全沒波動，結果當然是整體也不會變動。不過這應該可以說是一種病態吧，因為文風不動的蚊子並不是穩定的，而是死掉了。商品也一樣，價格因賣家或買家的理由而上下波動，如果這種經濟上的健康活動停止的話，應該要被視為一種異狀。後續會再詳細說明，總之我認為現在的日本經濟，就是接近這樣的狀態。

多則不同

蚊柱的比喻不僅是個簡單易懂的象徵而已，也給予了研究物價的人很重要的提示。即使研究過並完全理解一隻蚊子的飛行方式，也不等於理解蚊柱，還必須要知道許多蚊子在互相保持適當距離下移動並構成蚊柱的機制，也就是了解蚊子作為一整個集團的行為模式。物價也一樣，即使詳細調查個別商品價格的上下波動，並累積一定數量，也不會因此就了解物價。在理解物價上不可或缺的，是將商品群體視為一個集團，並釐清它移動的機制。

其實這個蚊柱的比喻，是岩井克人在其著作《威尼斯商人資本論》（ヴェニス商人の資本論，暫譯）中所使用的。在經濟學中，有調查各個單一消費者或企業行為的個體（微觀的）經濟學領域，與調查像日本經濟或世界經濟這類大範圍行為的總體（宏觀的）經濟學領域，而將兩者的關係比喻為蚊子與蚊柱，就是「蚊柱理論」。

不過構成集團的單獨行為，與集團本身的行為存在差異，這種情形不僅限於蚊柱而已，例如構成某個物質的龐大數量原子或物理法則，若光堆疊起來也無法重現該物質的性質；將腦中神經細胞一個一個的行為疊加起來，也無法描述頭腦的功能。物理學家菲利普・沃倫・安德森（Philip Warren Anderson）把此事描述為「More is different」（多則不同），也就是「整體會超越部分的總和」。當個體（部分）大量聚集時，就會出現無法從個體行為預測的、質性不同的行為。

由於蚊柱與物價同源一事並未得到證明，因此前述的說明在現階段也只能說是比喻而已，不過這個比喻非常出色，物價理論的幾個困難點也因為這個比喻而變得更好預測，這一點相信各位也能從本書接下來的討論中有所察覺。只是光用比喻要談清楚「物價是什麼」，當然是不可能的事，因此我們暫且先將這個蚊柱理論，收納在腦中隨時可以取得的地方，然後用經濟學來思考看看，究竟「物價是什麼」吧。

目次

第1章
從物價當中可以看出什麼？

1 那是什麼的價格？

貨幣與商品的交換比率？

如果興致勃勃地帶著一萬圓鈔票出門購物，卻發現比預期中更快花完那筆錢，也就是一萬圓鈔票不夠用的時候，想必會讓人想說：「物價很高。」在思考一萬圓鈔票這個貨幣與各種商品的交換比率時，如果能用一萬圓鈔票買到許多商品（交換比率改善），應該就表示物價很便宜；若交換比率惡化，一萬圓鈔票能買的東西變少的話，應該就表示物價很貴吧。

那麼貨幣與商品的交換比率，究竟是如何決定的呢？相信大家或多或少都明白，那並不是由政府決定的，而是人們在從事經濟活動中，自然而然決定出來的東西。那麼這種「自然而然決定出來的」過程，又是什麼樣的機制？這一點正是有關物價的經濟學探究的核心。

關於這個交換比率的概念，此處再稍作進一步的探討。首先，請暫時忘記貨幣與商品的事，只考慮A商品與B商品這兩者之間的交換比率，此時的交換比率會如何決定呢？那就是取決於人們對這兩種商品感受到多大程度的「吸引力」。假如A是非常有吸引力的商品，而B沒那麼有吸引力的話，想獲得A就必須放棄大量的B作為對價。至於商品的吸引力取決於什麼，首先是那項商品具備的特性，例如美味度、方便性、時尚度等等，其次的決定性因素則是那項商品在市面上的供給量多寡。

舉例而言，高級哈密瓜為什麼高級？首先就是因為那香甜可口的特性，讓很多人覺得充滿吸引力吧。但假如因為氣候的關係，收成量一下子增加，大量出現在市場上，店面都堆積如山的話……吸引力恐怕很快就會消失殆盡。由此可以推論，商品的吸引力會受到特性與供給量所左右。

好，既然說商品與商品的交換比率取決於各自的吸引力，那麼商品與貨幣的交換比率也一樣嗎？如果一樣的話，物價就會是用商品的吸引力除以貨幣的吸引力來決定。

這段說明或許會讓某些人覺得豁然開朗，但仔細想想會發現，還有一些不明瞭的點，是在商品與商品交換的情況下所沒有的。

其中一點不能忽略的，就是這裡說的雖然是「商品的吸引力」，但這個「商品」並不是像前文提到的商品A或商品B這種個別單一項商品，而是「所有一切商品」的總合，也就是全部的商品。雖然清楚知道個別商品（例如高級哈密瓜）的吸引力，但「所有一切商品」的吸引力究竟是什麼？要想像物品本身的吸引力，是件相當困難的事。

不僅是難以想像而已，還有一個問題是學術上要如何定義也不甚明確。舉例而言，如果說一項商品的吸引力提高，而其他商品吸引力不變時，可以視為商品的整體吸引力提高了嗎？在這種情況下，物價會上漲嗎？

另一方面，「貨幣的吸引力」其實也很令人費解。貨幣不像哈密瓜那樣可口，也不像智慧型手機那樣方便，貨幣的吸引力究竟從何而來？然後物價變動就是貨幣的吸引力在變化，但那究竟是怎麼一回事？又為何會發生？一時半刻之間也很難想到答案。

「物價飆漲」的真相

好的，前面使用了虛構的例子進行抽象思考，接下來試著對照具體的經濟現象來討論看看吧。這裡想以實際上發生過的物價變動，來作為思考的題材。

日本最近一次的巨幅物價變動，是一九七四年的通貨膨脹（＝物價持續上漲的現象）。雖然說是最近一次，但也是半世紀左右前的事了，因此實際經歷過那次通膨的人也少了許多。我自己是在國中的時候經歷此事，並清楚記得周遭的大人都陷入一陣慌亂。

一九七四年的那場通膨是什麼樣程度的物價變動呢？日本通膨的程度通常會用總務省統計局編製的消費者物價指數來衡量。消費者物價指數的英文是Consumer Price Index，因此簡稱CPI（在本書後文中也一律採用CPI這個名稱）。總務省統計局會在地方自治團體的協助下，在全日本各式各樣的場所，調查形形色色的商品價格，再統計這些價格以計算出CPI。關於CPI的詳細內容會在後文進行說明，這裡只要把CPI想成是調查後的商品價格平均值即可。

一九七四年的CPI比前一年度上升二十三％；相對於此，二〇二〇年的CPI年增率則為〇％。或許有人會認為，這一年因為疫情的關係，所以是特殊案例，但二〇一九年與二〇一八年的

CPI年增率也一樣，相信由此即可知道，二十三%是多高的數字。那場通膨在當時財務大臣福田赳夫的命名下，被稱作「狂亂物價（中譯：物價飆漲）」。

物價飆漲與中東戰爭一同到來。在前一年的一九七三年，以色列與阿拉伯國家之間爆發第四次中東戰爭後，產油國不僅提高原油的價格，同時也強行停止出口給以美國為首的以色列支持國，而日本也無端遭受牽連，從阿拉伯進口的原油因此中斷。原油的國際價格暴漲四倍，汽油等石油相關產品在日本的價格也迅速飆升。期間由於原油不足可能造成衛生紙缺貨的擔憂在群眾間擴散，導致許多消費者爭先恐後囤貨的恐慌事件也廣為人知。

這個時候的現象很單純，就是汽油等石油相關產品的價格上升，與此同時CPI也上升了，如此而已。若要簡單追溯事實的話，很容易認為通膨的原因就是原油漲價所致。事實上，在當時的報章雜誌報導或政府與日本銀行（編按：即日本的中央銀行，後文簡稱「日銀」）的政策文件上，這種見解蔚為主流。若採用前文關於商品吸引力的說法，則阿拉伯產油國的原油供給中斷是原因，汽油等石油相關產品變得稀少，吸引力相對提高，結果便導致物價上漲。

這樣的見解淺顯易懂，至今依然有很多人信以為真，不過根據後來的數據檢驗，原油漲價導致物價飆漲的因果關係，很明確地受到了否定。聽到此一事實，或許不少人會相當驚訝。但實證研究已經證實，物價高漲的元凶另有其人。

那究竟是什麼引起了一九七四年的物價飆漲？真正的原因是日銀的貨幣供給過剩。

當時正值匯率由固定匯率制（在中央銀行的介入之下讓美元與日圓維持在固定交換比率的制度）改為浮動匯率制（交換比率由市場來決定的制度）的過渡期，然後一部分的貿易公司或金融機構預期改為浮動匯率制後，日圓應該會上漲，便打算透過賣出美元買入日圓的交易來儲備日圓。日銀對那樣的行動採取相應的態度，實施大量買進美元、大量釋出日圓到市場上的操作。此外，當時也是提倡「列島改造」的田中角榮政權，大量撒出財政資金到市場上的時期。

日銀買入美元與政府的財政擴張，這兩件事導致中東戰爭前夕的日本經濟，處於貨幣供給過剩的狀態，而這件事也已在數據上獲得確認。至於貨幣供給過剩會發生什麼事，就像前文已經看到的一樣，當貨幣充斥在市場上，像堆積如山的高級哈密瓜，吸引力會大幅下降，於是便發生了激烈的通膨（這裡如果有讀者感到疑惑，覺得前文不是說「貨幣」的吸引力令人費解嗎？那麼請稍待後文的說明）。

原油漲價也不會演變成通膨的理由

如果物價飆漲的原因正如當時主流看法一樣，是原油漲價的話，那犯人就是阿拉伯國家與以色列，不過如果貨幣供給過剩是原因的話，那就表示是日銀與政府的失策，所以針對物價飆漲的現象，焦點很容易集中在日銀與政府究竟有沒有過失。當然那也是很重要的論點，但我認為我們必須從物價飆漲中學到的最重要一課並不在此。

以下就來思考一個假設性的問題吧，假如日銀在中東戰爭前夕，面對貨幣供給過剩的問題並沒有撒手不管呢？在那種情況下，就算原油價格飆漲，也不會發生通膨——這是後來用數據進行研究後揭露的結果。

在此再回想一下剛才所說的物價取決於「商品的吸引力」，在那種情況下，即使部分商品（在此例中即為汽油等石油相關產品）的吸引力大幅增加，也不會發展為全面性的通膨，因為並不是所有商品的吸引力都增加了。關於這一點，再舉一個更具體一點的例子好了。

假設當時有個家庭每月支出十萬圓的生活費，然後不僅汽油價格上漲，衛生紙等其他石油相關產品的價格也上漲，所以為了應付不時之需，勢必會減少汽油等產品的購買量。不過即使汽油再貴，如果那個家庭居住在沒車不行的地區，那麼為了能夠維持基本的生活，無論如何都得購買最低限度的汽油才行吧？如此一來，光靠在汽油上的節約，一定還是會超出預算，於是那個家庭為了把支出控制在十萬圓以內，便決定也減少購買非石油相關商品，但想必那並不是大幅減少特定的非石油相關產品購買量，而是分別少買一些平常使用的各種商品，盡量減輕節約所造成的不便。

考量到許多家庭都會採取同樣的方式節約，對於各種非石油相關商品的需求會分別減少一點，結果將使得那些商品的價格也分別降低一些。換言之，石油相關產品的價格上漲，會透過許多消費者的節約行為，造成遍及各種範圍的商品需求小幅減少，價格小幅下跌。非石油相關商品的價格下跌，若個別來看雖然小得很不起眼，但由於發生的商品類型很廣泛，因此還是有一定程度的影響。

然後這會在相當程度上與石油相關產品的價格上漲互相抵銷，因此就算原油價格飆漲，物價也不會飆漲那麼多。

「會計理論」的謬誤

即使原油價格上漲，只要貨幣量沒有增加，物價就不會上漲——最大力提倡這項主張的人，就是米爾頓·傅利曼（Milton Friedman）。也有不少人批評這項主張，恐怕只是以「風一吹，木桶店就賺錢」（編按：日本俗諺，用來形容看似無關的事物可能相互影響）式的因果連鎖效應為前提的紙上談兵。不可否認地，若考量到前文的非石油相關產品價格下跌的狀況，由於對每一項商品的需求量減少幅度可能微乎其微，因此就算製造商或流通業者判斷：「如果是那種程度的話，根本不需要降價」，恐怕也不足為奇。假如那是正確的話，在石油相關產品漲價的同時，由於非石油相關產品並未降價，因此整體來看物價就會上漲。

但再稍微仔細思考的話，就算企業推遲降價的行為好了，那也只是暫時的才對，應該不至於一直不去調降該調降的價格，總有一天還是會付諸實行。另一方面，非石油相關產品的價格如果調降得不夠多，前文那個希望把家庭支出控制在十萬圓以下的家庭，就會被迫為了沒有降價的部分過得更加節省，所以從結果來說，對非石油相關製品的需求就會變得更低。這個需求下滑會一直持續下去，直到家庭能用十萬圓達到收支平衡為止。這樣一想，傅利曼說即使部分商品的吸引力上升，也不會導致物價上漲的主張，還是有一定的說服力。

這種只加總個別商品的價格變化，尤其是變化幅度較大者，即可理解ＣＰＩ變動的想法，被一位名叫史蒂芬・切凱蒂（Stephen G. Cecchetti）的研究者稱為「會計理論」。「理論」這個用詞其實帶有諷刺的意味。儘管說話帶刺，卻在物價理論領域發表過為數眾多開創性研究成果的切凱蒂，在與我談話時玩笑式地取了這個名字。這裡的「會計」則是指企業在計算最終利潤時，加加減減各種項目的機械性操作。他在揶揄的是很多人容易陷入誤區，以為只要機械性地加總各項商品的價格變化，就能夠理解ＣＰＩ變動的理由。

會計理論最大的問題點在於，它忽視了商品的價格變化會改變群眾的消費行為（例如減少購買該項商品或增加購買替代品），或是消費行為的變化會誘發其他商品的價格變化。伴隨價格變動產生的消費行為變化或其影響等間接效果，會對變動所帶來的直接效果產生抵銷的作用。如果忽視這一點的話，就無法正確地掌握物價變化的方向或程度。

傅利曼的指摘或「會計理論」批判，不僅適用於有關過去物價飆漲的說明，同樣的錯誤甚至至今依然充斥在媒體上，例如每年一到春天，食品等價格上漲，報紙或電視新聞就會爭相報導。此外，政府、日銀或民間智庫等單位，在解說總務省統計局每月公布的ＣＰＩ數字時，也會以「這個月哪項商品的價格上漲了，因此ＣＰＩ很高」這種方式加以說明。不過正如我們在前文看到的，因為部分商品漲價就認為ＣＰＩ會變動，這樣的邏輯並不正確。

二〇二〇年代初期的菅義偉政權，曾投入心力在調降手機資費的政策上，當時在報紙等媒體的解說中，也說明這項政策的結果會使CPI下降。對此也有一些批評的聲浪表示，明明都已經通貨緊縮了，還要調降手機費率來加速通縮是什麼道理。不過，這些都是典型的「會計理論」所造成的謬誤，掐頭去尾過頭了。手機費率降低的話，每個家庭多出來的部分，明明會使消費行為產生變化，卻忽視了這種隨著時間經過才會慢慢出現的效果。

雖然認為民眾會用調降手機費率後省下的錢去上館子，這樣的觀點恐怕過於單純，但比起沒有調降手機費率時可能縮減的家庭開銷（削減支出），縮減程度也十分有可能變小吧。從長遠的眼光來看，如果連那種間接消費行為的變化都考慮進去的話，調降手機費率能降低物價的程度，相信會遠小於會計理論的數字，或者甚至幾近於零。

數據顯示「商品價格的變化是暫時性的」

「各項單一商品的價格漲跌不會導致物價變動」的理論，與「每一隻蚊子的移動和蚊柱的移動是兩回事」的蚊柱理論不謀而合，那麼實際的經濟真的是這樣嗎？正確與否可以透過數據來確認。

圖1-1的上圖是從CPI構成項目中挑選十六種零食類項目，並計算出各種項目從二〇〇三年到二〇二一年為止的通膨率（物價與前一年同月份相比，變動了多少百分比），分別標示出平均值、最大值與最小值。觀察各種項目的最大值與最小值可以發現，與零的距離都呈現大幅乖離。舉

例而言，洋芋片是從將近負二十％到正十五％，在某一年大幅上漲，在另一年又大幅下跌；其他品項也有同樣的高低起伏現象，不過儘管如此，每個品項的平均值都幾近於零。也就是說，大幅的上漲或下跌是暫時性的，而且正所謂有漲就有跌，表示這是會相互抵銷的。

洋芋片等個別商品價格大幅變動的型態，就好像一隻隻忙著飛來飛去的蚊子一樣，不過蚊子雖然會在某個瞬間向東邊飛，但下一秒鐘可能又會向西邊飛，於是從頭到尾幾乎都停留在同一個空間

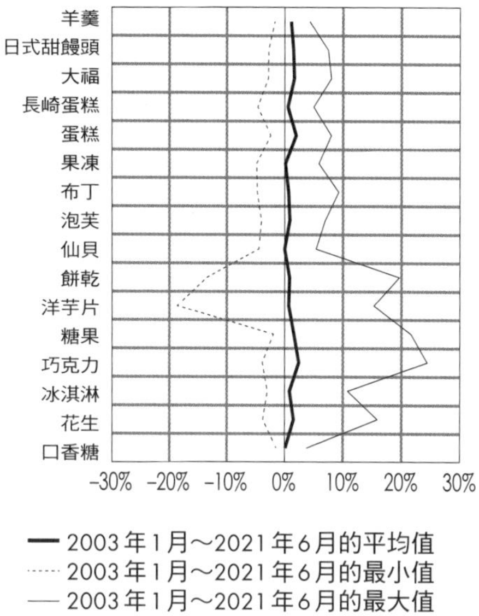

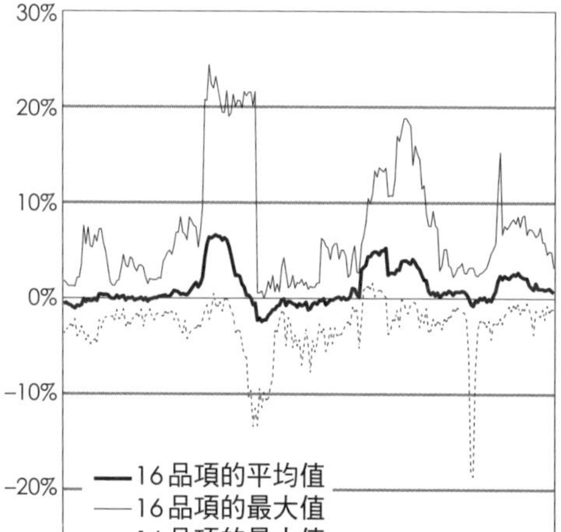

圖 1-1　零食類的通膨率

裡。如果是這樣的話，個別商品的價格變動並不會對物價造成影響。

當然，就算是暫時性的現象，若所有商品價格都在同一時期上漲或下跌的話，各項商品的價格變化就有可能會影響物價。為了確認這一點，在圖1-1的下圖中，同樣針對十六種品項的零食類，另外標示出每月通膨率的平均值、最大值與最小值。當月最大值代表的就是在十六種品項中，那個月份上漲最多的品項的數值。

在此圖中也顯示，最大值與最小值的每月數值都很大，這就表示不管是哪個月份，都有通膨率特別高或特別低的品項。相對於此，平均值的變化幅度則較小，介於負二%與正六%的範圍內。雖然在小麥等海外原物料價格上漲的二〇〇八年、消費稅率上調的二〇一四年與二〇一九年，通膨率都是比較高的，但與最大和最小值比起來，平均值的振幅依然可以說是非常地小。這就表示當某個品項在某個月份出現很高的數值時，其他各種品項並不會與它同步提高，而是呈現零或負數。換言之，各項商品的價格變化不僅只是暫時性的而已，彼此之間的連動性也很弱，所以個別商品的價格上漲不會導致物價上漲。

貨幣的吸引力來自何處？

如果物價變動的原動力不是個別商品的吸引力，剩下的可能性就是貨幣的吸引力。那麼究竟貨幣的吸引力是從哪裡來的呢？

當人們被問及想不想要貨幣時，基本上不會有人回答：「我不需要了。」人們需要貨幣是無庸置疑的事實，而背後的原動力應該有貨幣的吸引力才對。不過貨幣本身既不能食用也不能使用，這是它與其他商品根本性的差異，如果火星人正從遠方觀察我們的生活，恐怕無法理解為什麼地球人需要貨幣吧。不過幸好各位讀者與我都是地球人，因此即使不提出像經濟學教科書中會出現的那種探討貨幣是什麼的長篇大論，也只要捫心思考一下下，就知道我們為何需要貨幣了。

貨幣之所以為人所需，是因為可以在購買商品時，用來當作「支付的工具」。可以用來當作支付的工具，也就表示它提供給我們當作支付工具使用的服務（以下將作為支付工具的服務稱為「結帳服務」）。髮廊提供給我們整理頭髮的服務，餐廳提供給我們供應美味餐點的服務，貨運公司提供給我們運送貨物的服務，而貨幣則提供給我們與這些同樣類型的服務。

髮廊的服務有吸引力，所以髮廊的服務為人所需，而吸引力會反映在價格的訂定上，相信不會有人會對這樣的說明提出疑問吧。貨幣也一樣，結帳服務有吸引力，所以我們才需要貨幣。若從這樣的觀點出發，假設貨幣供給量變成兩倍的話，結帳服務的供給也會按照比例變成兩倍。由於供給變成兩倍，因此結帳服務的吸引力也會相對下降，這就等於是貨幣吸引力的低下，因此物價會上漲。把首尾相連的話，就是增加貨幣供給量會導致通膨，因此也就完成了許多人可以點頭接受的論點。事實上，這個論點在物價變動的說明上，是從十六世紀至今都廣泛獲得採信的說法。

不使用貨幣的社會到來

這個論點非常簡單而且每個人都能接受，不過看在火星人的眼裡又如何呢？或許他們根本無法理解什麼是支付工具。這也是無可厚非的事，畢竟我們的社會若回溯到大約三千年前的話，也是以物易物的時代，就算不回溯到那麼久以前，在日本的戰爭期間或前蘇聯共產主義體制下的配給制時代，也不是只要有貨幣就什麼都能買，因此這種結帳服務也毫無意義。如果火星人認真調查過我們的歷史就會發現，這種「只要有貨幣在手，隨時都能買到任何喜歡的商品」的結帳服務功能，只不過是在地球人歷史上最後的一瞬間才發展完全。

前文提到「結帳服務的吸引力會決定物價」的論點是為人所接受的，但說不定那樣的感覺，只是因為我們長久以來早已習慣有結帳服務的生活，也或許像火星人那樣的局外人觀點反而更一針見血，說不定這個論點並沒有我們所感覺的那麼具有普遍性。

一旦開啟這種話題，似乎就會聽到批評的聲音，說這是異想天開，或說這是學者最愛拿出來咬文嚼字卻不痛不癢的廢話。不過我的擔憂恐怕並非杞人憂天，一來貨幣作為支付工具所提供的服務日漸減少，二來那項服務對我們的社會愈來愈不重要，我甚至認為距離消失的日子也不遠了。那樣一來，「結帳服務的吸引力會決定物價」的論點，也將不再具有意義。

什麼意思呢？就是所謂的無現金支付（亦即各種「○○pay」）。用智慧型手機掃描QR Code就能付款，個人與個人之間的轉帳也可以靠智慧型手機完成，所以貨幣出場的機會正大幅減少，不帶錢包出門的年輕人也不在少數。

無現金支付其實跟以物易物十分相似，怎麼說呢？這裡就用三種支付的情況來舉例：①我從自己任教的某所大學領取薪資，②我到餐廳用餐，③餐廳老闆的小孩剛好是我學校的學生，支付學費給大學。假設三種情況支付的金額都一樣（例如十萬圓）。在好多年以前，我跟大學領的薪資是現金，在餐廳吃飯是用現金付錢，老闆用現金支付學費，這些全都是用現金完成支付的程序，不過現在都可以採用非現金支付。

假設我在餐廳用信用卡支付餐費，餐廳老闆用信用卡支付小孩的學費，從我到任教的大學、到餐廳、到信用卡公司，假如全都有同一家銀行帳戶的話，結帳日當天，錢就會從大學的帳戶→我的帳戶→信用卡公司的帳戶→餐廳的帳戶→信用卡公司的帳戶→大學的帳戶，按照這樣的順序繞一圈。雖然說是「錢繞一圈」，但也只是各自在銀行電腦上的帳戶餘額數字被改寫而已。由於大學、我與餐廳分別拿到十萬圓又支付十萬圓，因此最終的餘額並沒有改變。

這裡的重點是：我不用貨幣就從大學那裡領到薪資並付錢給餐廳，所以我既不會感受到貨幣的吸引力，也不需要貨幣。老闆與大學也一樣。

如果說得更正確一點，我並不是沒有持有貨幣，我在銀行有戶頭，並且用那個來進行支付，所以銀行存款與貨幣具有相似的功能。實際上政府或日銀在統計市面上有多少貨幣時，也會把銀行存款算作貨幣的一部分，不過在前面的例子當中，我任教的單位一匯款到我的戶頭，那個餘額就會被拿去支付給餐廳，因此我戶頭裡有餘額只是一瞬間的事情而已。在那一瞬間，存款這種貨幣的確落入了我的手中，但那也只是那一瞬間而已，其餘的時間我都沒有存款，所以平均存款餘額根本微不足道，而且在我帳戶餘額改變的那一瞬間，我本人並不知道，因此也不會實際感受到貨幣的吸引力。

貨幣的吸引力與其真正的泉源

這個例子是用信用卡結帳的情形，但如果是用電子支付的話，貨幣出場的機會減少，人們感受到貨幣吸引力的場合也會更少。結帳服務的吸引力像這樣變小的話，對貨幣的需求應該會減少，物價應該會上漲才對，不過在無現金化相當發達的韓國、中國或歐美各國，卻從未聽說有這樣的情形，這是為什麼呢？

我認為有兩種可能性。首先，現階段別說是無現金落後國的日本了，或許就連韓國、中國或歐美各國尚未適應新型態的人們，依然持續感受到貨幣作為支付工具的吸引力，只是隨著世代的交替，結帳服務的吸引力說不定會在某個時間點大幅衰退，屆時物價就會上漲。

另一個可能性則是「結帳服務的吸引力會決定物價」這個論點，從一開始就是錯誤的。若果真如此，那麼即使結帳服務的吸引力完全消失了，物價應該還是會維持穩定，彷彿什麼事情也沒發生過才對。

包含日本在內，無現金化在各個國家都如火如荼地發展中，相信不久之後就會知道哪一個答案才是正確的，不過如果要為了那些等不及的讀者提出我大膽的預測，那麼我是認為即使無現金化繼續發展下去，可能也不會因為這個理由就造成物價不穩定，至於為什麼我會這樣想，那是因為貨幣具有結帳服務以外的吸引力。

結帳服務以外的貨幣吸引力是什麼呢？我與我的研究夥伴岩村充從二〇〇二年就開始探討這個問題，擴大研究克里斯多福．西姆斯（Christopher A. Sims）從一九九〇年代前半開始提倡的「物價水準財政理論」（Fiscal Theory of the Price Level，簡稱ＦＴＰＬ）。我們壯志滿懷地想用劃時代的思想挑戰世界，將研究成果集結成冊以《新物價理論》（新しい物価理論）之名出版。這個理論雖然獲得了關注，卻也引發不少批評。後來雖然多了許多理解的人，但也有人至今依然拒絕接受。儘管是我傾心竭力提出的理論，海內外研究人員之間卻有看法上的分歧，我將在這個前提之下，進一步介紹這個理論究竟在說些什麼。

日銀的金庫裡有什麼東西？

日本的貨幣正式名稱為「日本銀行券」，而現在的日銀券是「不可兌換紙幣」。與不可兌換紙幣相反的是「可兌換紙幣」，戰前的日銀券就是可兌換紙幣。當時若持日銀券到日銀，可以用事先定好的比率交換（＝兌換）黃金，但現在的日銀券就算帶去日銀，也不能交換成黃金，這就是「不可兌換」的意思。不可兌換紙幣說得淺白一點，就是沒有任何擔保的紙幣；反過來說，戰前的日銀券有黃金作為擔保，換句話說就是所謂的金本位制的意思。

在沒有擔保這一點上，日銀券與加密資產，例如比特幣是一樣的，不過比特幣的價值起伏不定，日銀券的價值卻始終保持穩定，為什麼？這可能也是火星人無法理解的一點，但對我們來說答案卻顯而易見。

由於日銀券是日本的中央銀行，也就是日銀所發行的，因此我們相信日銀會保證其價值。此外，日銀的背後是由日本政府所掌控，因此我們也相信萬一有什麼狀況，日本政府也會負責處理。換句話說，日銀券的背後有日銀與日本政府所授予的「信用」，比特幣則沒有與此相當的「信用」，所以在一般的情況下，人們會選擇日銀券而非比特幣。當然，這並不表示沒有人會想要持有比特幣，只是他們持有比特幣不是因為價值穩定的因素，而是因為（他們相信）會有預期的價差利益。

那麼「信用」的實際型態究竟是什麼？或許有人認為日銀金庫裡的金塊（金條）就是擔保，也就是不可兌換紙幣只是一個方便的稱呼，實際上還是有沉睡在日銀金庫裡的金條作為擔保。不過可惜的是，這些都只是幻想而已，日銀持有的金條只有四千億圓，雖然日銀的公告值是帳面價值，但即使扣除這一點，仍然遠不及日銀券約一百兆圓的發行餘額。

或許有人會想，即使沒有太多金條，日銀金庫裡應該還是有可以取代金條的寶物，這一點確實沒錯，日銀是很富有的資產家，持有的總資產多達七百二十四兆圓，不過占據其中大部分的是公債（日銀持有的公債為五百三十五兆圓，相當於總資產的七十四％）。所謂的公債，就是政府發行的借款證書，所以日銀持有最重要的寶物，就是要求政府返還借款的權利。至於日銀對政府主張該項權利可以強硬到什麼程度，由於這也會牽扯到政治性因素，因此存在不確定性，不過如果暫且撇開這個不談，很重要的一點在於，假如日銀券是有擔保的話，那就是政府而非日銀所提供的。

如果是這樣的話，尋寶的下個目標就是政府了。日本政府擁有的寶物比日銀更多樣化，包括橋梁、道路、國有林、外幣（美金等）、金條等各式各樣的寶物。不過萬一發生什麼狀況時，持有日銀券的人不可能把橋梁或道路切分成好多塊，至於外幣或金條，如果是重商主義時代的政府，或許會存得滿山滿谷，但由於現代各已開發國家政府沒有那樣的想法，因此金額也沒有那麼龐大。

那除此之外就沒其他寶物了嗎？我們忘記了一個很重要的東西，就是課稅權。課稅權即政府向國民徵稅的權利，從國民的角度來看就相當於納稅義務，政府日後徵收的稅金就是政府最值錢的寶物。在物價水準財政理論中認為，這就是貨幣的擔保。

控制物價的是誰？——日銀vs.財務省

在政府將來預計徵收的稅金中，很多都已事先決定好用途了。其中特別重要的就是償還公債與支付利息。在二〇二一年的現在（編按：本書在日本於二〇二二年一月出版），日本政府發行了約一千兆圓的公債，而這些都必須加上利息一起償還才行，資金來源就是將來的稅收，擔保日銀券價值的也是稅金。換言之，在以將來的稅收作為擔保這一點上，貨幣與公債是很相似的兩種東西。日銀券的發行主體是日銀，公債則為財務省，因此這個部分存在差異，不過如果從廣義上也將日銀視為政府一部分的話，兩者皆以稅金作為擔保可以說是自然而然的事。

這對於「物價由什麼決定」這個問題，具有非常重要的意義。為了理解這件事，我們先來思考一下，日銀從民間金融機構購入公債的操作會有什麼效果。

由於民間金融機構把公債賣給日銀會收到日圓，因此將導致市場上流通的日圓資金增加，如果站在貨幣吸引力來自結帳服務的立場，那麼由於貨幣供給量增加，因此貨幣吸引力會下降，而物價也將隨之上漲。

不過在物價水準財政理論中並不是這樣想的，雖然這項操作確實會讓貨幣量增加，但另一方面流通在市場上的公債量也會減少，由於日銀收購公債並以日圓作為價款支付給金融機構，因此貨幣的增加量與公債的減少量是同樣金額，若將日銀視為政府的子公司（實際上日銀的最大出資者是財務大臣），在母公司債務（公債）減少的同時，子公司債務（日銀券）等額增加，因此從母子合併的觀點來看，什麼也沒有改變，所以物價也不會上漲，這就是從物價水準財政理論中得出的結論。

那麼物價水準財政理論認為物價在什麼時候才會上漲？那就是將來的預估稅收減少時。例如政府決定將來要減稅，或決定重新投入大筆資金在橋梁或道路等建設上時，可以用來當作貨幣（與公債）擔保的稅收就會減少。如此一來貨幣吸引力會降低，需求也會減少，結果就將導致物價上漲。最典型的例子就是戰時通膨，戰爭期間為了支應戰事，戰費籌措是最優先的課題，若持續進行巨額的戰費籌措，可以用來當作貨幣（與公債）擔保的稅收就會減少，這將削弱貨幣吸引力，導致通膨發生。

如果採用不同的方式思考決定物價的機制，則在面對到物價變動該由誰來處理的問題時，自然也會產生不同的看法。決定將來稅收的，在日本是由財務省負責，所以若站在物價水準財政理論的立場，物價就是由財務省來決定；相對於此，若站在結帳服務是貨幣吸引力泉源的立場，由於透過日銀操作來調整貨幣量可以控制物價，因此物價就會是由日銀來決定。

導致通膨加速的「刻板印象」

關於貨幣吸引力究竟來自結帳服務還是稅收，目前無論在理論面上或資料驗證面上，仍有許多不確定的部分，論戰似乎得再花一些時間才會有個結果。當無現金化在新技術支持下快速發展的同時，貨幣相關理論也不斷在進化當中，如今正處在最強烈的陣痛期。

不過話雖如此，物價相關政策課題在各國都堆積如山，沒辦法慢慢等到新的物價理論完成。儘管各國政府與中央銀行都很清楚理論有不完美之處，卻同時得面對日復一日的政策決策，在這種情況下重要的是，不能任意斷定貨幣吸引力的泉源究竟為何，尤其固守「貨幣吸引力泉源是結帳服務」的傳統思維是很危險的。

一九八〇年代發生在巴西的狀況，就是說明其危險性最強而有力的事證。巴西自一九七〇年代起便飽受高通膨之苦，因為高通膨持續惡化，所以貨幣吸引力顯然已經衰退，但問題是原因究竟從何而來。

當時在巴西，普遍認為貨幣吸引力衰退，是因為過度發行貨幣所致：政府持續採取擴張性財政政策，為了籌措資金而發行公債，然後藉由讓中央銀行收購公債的方式來增發貨幣。因此，巴西政府與中央銀行大幅轉舵，轉向抑制貨幣量，具體來說就是在一九八〇年的改革中，將原本維持固定利率的政策，轉換為以超越通膨發展的速度積極提升利率的政策。採取貨幣緊縮的方式來因應通膨，這在當時被認為是正面進攻法。

這項政策轉換有讓通膨收斂嗎？很可惜答案是否定的，不僅如此，令人驚訝的是，本來在一九八〇年是一〇〇％的通膨年率，到了一九八五年反而加速上升到二二〇％。明明抑制了貨幣的增發，理應改善貨幣來自結帳服務的吸引力才對，然而通膨卻依舊加速惡化，究竟原因何在？

其中的機制在後續研究中闡明如下：利率因貨幣緊縮而全面上升，公債利率也不例外，結果導致政府支出的利息增加，這件事使得財政更加惡化，原本財政收支就已經因為擴張性財政政策陷入惡化，這件事使情況又變本加厲，因此貨幣的擔保減弱，貨幣的吸引力下降。換句話說，抑制貨幣增發提高了貨幣結帳服務吸引力雖是事實，但伴隨利息負擔增加而來的財政惡化也同時導致貨幣吸引力下降，而後者的效果超過了前者。

判斷失誤究竟是在哪個地方出了錯？巴西運氣不好的地方在於，一九八〇年開始實施貨幣緊縮時，債務餘額已經達到極高的水準，因此隨著利率上升而來的利息負擔增加，與此事造成的財政收支惡化，變得非常嚴重。假如政府債務是普通的水準，隨著利率上升而來的利息負擔增幅勢必會比較小，財政當局也能夠妥善處理才對。

也就是說，在政府債務水準較低的情況下，藉由貨幣緊縮抑制物價上漲的傳統思維並沒有問題，不過在政府揹負巨額債務的情況下，利率的變化會對財政造成極大的影響，並進一步波及到物價。而未意識到這個前因後果，認定貨幣吸引力的泉源只有結帳服務，就是巴西政府與中央銀行的失誤。

從巴西那裡學到的教訓

物價水準財政理論的提倡者西姆斯，在二〇一七年初舉辦的東京演講中敲響了一記警鐘，那就是巴西的狀況也同樣正發生在日本。雖然日本是通縮，巴西是通膨，因此兩邊完全相反，不過有一個重要的共通點，就是兩國都揹負著巨額的政府債務。在西姆斯的眼裡看來，明明有巨額債務卻固守傳統思維，認定貨幣吸引力只來自於結帳服務，他似乎認為日本與巴西在這一點上都犯了同樣的錯誤。

他提出的論點如下：自二〇一三年春天起，日銀為了克服通縮而實施貨幣寬鬆，日本的利率水準幾近於零，有時甚至降到負數的水準，這個超低利率讓財政利息負擔減輕，同時也改善了財政收支。這對於投入財政重建的財務省來說，是值得歡迎的事。不過若從物價的觀點來看，隨著利息負擔減輕而來的財政收支改善，會提高貨幣的吸引力，刺激貨幣需求增加，進而對物價形成一股向下的壓力，所以方向雖然相反，但在忽視貨幣政策會對財政收支造成影響這一點上，日本犯下了與巴西同樣的錯誤——以上就是西姆斯的見解。

那該怎麼做才好？西姆斯的處方箋簡潔明快。因為是透過超貨幣寬鬆改善財政收支所造成的，那就必須同步增加利息費用以外的支出，或者藉由實施減稅來中和對財政收支的影響，如此即可削弱貨幣的吸引力，使貨幣的需求減少，並抑制物價的下跌。

然而，日本政府實際上做出的卻是完全相反的選擇：增稅而非減稅（二〇一四年四月與二〇一九年十月的消費稅增稅）。西姆斯指出，這項政策導致財政收支進一步改善，貨幣吸引力提高，於是更增強了物價下跌的壓力。雖然這個說法是否正確仍有討論的餘地，但我認為這至少點出了重要的關鍵。

2 物價是這樣「編製出來的」

購物遊戲

對於物價是什麼的提問，我第一個回答是蚊柱，其次是貨幣的吸引力，兩者都是理解物價的重要關鍵，但光是這樣還是無法以實際上的資料來掌握物價，不知道該以什麼作為觀察對象。為了藉由數值將物價可視化，還是得從個別商品的價格出發才行，這就是接下來要談的「編製物價」的作業。

所謂的價格，即貨幣與各種商品的交換比率。假如市面上只有一種商品的話，這項商品的價格就會與整體經濟的物價一致，物價的編製也就到此為止了。不過實際上因為有五花八門的商品，商品價格又各有不同的波動，所以事情沒有那麼簡單，必須要有一套技術，將林林總總的商品價格逐一彙總成一項指標才行（這個作業就是「統計」）。以下就來看看這套技術究竟是如何運作的。

請思考以下的購物遊戲：假設你昨天在超市花了一萬圓購物，獲得一〇〇的「效用」，所謂的效用就是消費者食用或使用商品所能得到的滿意度，這裡的意思就是在超市購買各種商品，並在全數消耗後感到滿足，若用數字來表示滿足度的話就是一〇〇。雖然可能會有人立刻吐槽說，一〇〇這個數字是從哪來的？又代表什麼意義？但這個部分先別深入計較，總之就以你在超市購買東西得到了相對的滿意度，並以一〇〇來表示作為繼續討論下去的前提，換句話說，就是你花了一萬元得到一〇〇的效用。

好的，今天也要請你在同一家店購物，但不是隨心所欲地購買自己喜歡的東西，而是得遵守以下兩項規則：①購物的內容要與昨天一樣能夠得到一〇〇的效用，②挑選商品時必須將購物總額控制在最低限度。

當然，只要購買跟昨天一樣品項與數量的商品，即可實現一〇〇的效用，不過那樣並不符合規則②，因為超市每天都有一些價格上的變化，你必須減少購買漲價的商品，多買一些降價的商品，確實做到節約的動作，總之我希望你能將購物總額控制在最低限度。

由於商品價格與昨天不同，因此各項商品的購買量當然也與昨天不同，這裡要關注的重點是，昨天的總額為一萬元，而今天總共會用掉多少錢？接下來，假設今天購物總額是一萬兩千圓好了，在與昨天一樣獲得一〇〇效用的限制下，雖然費盡心力降低支出，結果卻無法控制在昨天的一萬圓額度內，反而花了一萬兩千圓，究竟為什麼購物總額會增加呢？

由於設定了效用要與昨日相等的條件，因此不可能是「因為今天稍微放縱了一點」，此外還設定了盡量降低支出的條件，因此也不可能是「不小心衝動購物」。如此一來，最後剩下的可能性就是物價。因為物價上漲，所以購物總額才增加了。

用今天的一萬兩千圓除以昨天的一萬圓，就是一．二倍，把一．二這個數字視為物價的變化——這就是現代物價計算最基礎的概念。在商品之中有價格比昨天高的，也有比昨天低的，可以把這些全部彙總起來，計算物價的變化程度有多大，就是這個計算的重點。

「為了得到與昨天同樣效用的必要最低限度支出」，其實這才是現在最普遍採用的物價定義。物價理論研究者或編製物價統計的政府負責人，把這個稱為「生活成本指數」，生活成本指數上升就是通膨，反之則為通縮。

與量測者對等的感測器

各位讀者會覺得這個定義哪裡怪怪的嗎？我自己最初在課堂上學到這個定義時，總覺得有點奇妙，而且至今依然有那樣的感覺。

如果拿來與物理學家測量物體溫度的情況相比，那種奇妙感受的真面目就會比較清楚了。兩者非常相似，相似到幾乎可說「物價是經濟的體溫」的程度。根據物理學家友人的說法，溫度是難以測量的東西之一，測量的原理本身很單純，就是身為量測者的人類將某種感測器放在要量測的物體上。前面的購物遊戲中消費者扮演的角色，就是負責「統計」各種商品價格的感測器，只要像那樣相互對照，溫度的測量與物價的測量其實都是一樣的。

不過當然，測量溫度的感測器是機器，消費者則是人類，明明量測者與感測器皆為人類，彼此是對等的，但量測者卻位於高處的房間裡，眺望著感測器的購物現場，老師的說明給了我這樣的印象，而我在課堂上產生奇妙感受的理由就在這裡。

後來，我以研究者身分多次參與這種類型的量測，有機會學習研究的倫理，尤其是以人為對象的研究倫理，並再次認知到我當時的感覺並沒有錯：量測者與感測器是對等的。所謂「以人為對象的研究倫理」，主要會聯想到的是醫學或生命科學，但經濟學也並非與此完全無緣，在處理個人活動紀錄資料或在問卷調查中問及深入的問題時，有些領域是絕對不可以侵犯的，而我們作為研究者是否有適當地遵守倫理規定，會受到嚴格的檢查。在購物遊戲中委託消費者擔任感測器，或許不是什麼需要搬出倫理規定等云云的大事，不過因為這絕對是由一個人（量測者）去侵入另一個人（身為感測器的消費者）的生活，所以在認知到此一事實的前提下，測量時必須具備尊重受試者生活與人權的心態。

以我的經驗來說，如果欠缺那樣的認知，就無法獲得受試者充分的協助，研究也不會順利。即使先不討論當年那位認為與物理學家測量溫度並無二致的老師，在電子化且容易取得個人資訊的時代，研究者究竟能夠被容許侵入個人生活到什麼程度？然後從具體上來說，尊重個人尊嚴的機制又必須建立什麼樣的流程？這些都是非常困難的問題，許多研究者，包括我自己在內，都還在摸索當中。

何謂物價指數？

回到生活成本指數的話題，生活成本指數作為物價計測的概念是無可非議的，不過可惜的是，要從資料來計測這個也是非常困難的一件事，為什麼？其實不用說也知道，因為大部分消費者購物時都會掂一掂自己的錢包有多重，而不是一定要買到跟昨天一樣的效用。雖然實際進行前文的購物遊戲並收集資料並非不可行，但從實施的成本來考量卻是不切實際的，況且也不可能在每次想測量物價時就包下整間超市，因此必須利用人們在一般環境下購物的紀錄資料，來推算生活成本指數才行。

那要怎麼做才有可能進行推算呢？這裡要再玩一次購物遊戲，只是這次會刪掉「效用與昨天一樣」的規定。請像平常那樣購物，也就是掂一掂自己的錢包來購物即可；此外，就算今天是特別的紀念日而稍微奢侈一點也沒關係，只是另外一項「盡量節省」的規定，還是得請你繼續遵守。或許在某些地方會有人過著令人羨慕的生活，可以不看價錢就把所有想要的東西一一放進購物車裡，但大多數的消費者在購物時還是會盡量設法壓低總額。我想這個重新定義過的購物遊戲，設定變得相當符合現實。

假設這次的購物遊戲結果，能夠獲得昨天與今天的兩張收據。收據是掌握購物情形最基礎的資料來源，我們平時很常拿到紙本的收據，背後都存在著電子資訊，而收集這些電子資訊的東西稱作

「收據資料」（receipt data），是許多研究者都會利用的東西。

那麼要從這兩張收據來編製物價，該怎麼做才好？任何人都會立刻想到的，就是使用收據上記載的價格，例如比較昨天收據上的價格平均值與今天收據上的價格平均值。不過我們憑直覺想想就知道，這樣做恐怕行不通，因為雖然考量到買了哪些商品，但每項商品分別買了幾個卻沒有反映在計算裡。

由於收據上記載著哪項商品買了多少個，因此是可以使用那個數字的，問題是該如何使用？重視大量購買的商品價格，輕視少量購買的商品價格，是很自然的想法，但購買量要採納的是今天的購買量，還是昨天的購買量？或者兩個都使用？此外，無論採用的是哪天的購買量，計算出來的數值又如何能保證與生活成本指數一致？

價格的純粹平均值，或用購買量加權計算出來的平均值，都可稱作「物價指數」。只要根據收據動腦思考一下，還能編製出其他各式各樣的物價指數，不過可惜的是，那樣編製出來的物價指數只不過是數字遊戲而已，一點意義也沒有，為什麼？因為這裡並沒有明確定義那是在測量什麼。如果要讓物價指數具有意義，必須保證那與生活成本指數一致或十分接近才行。

自己本身的效用函數

我們如果購物的話，可以憑感覺知道這個地區的物價是昂貴還是便宜，或最近物價有沒有上漲，所以根據收據資料編製生活成本指數的作業，感覺只要稍微動動腦筋，說不定就能算出來了。不過實際上要編製生活成本指數，並沒有想像中那麼容易，其實過往有很多研究者耗時費力在這個題目上。

困難的點在哪裡？舉個簡單的例子來說明好了。由於商品種類太多會很麻煩，因此這裡假設這家店只有兩種商品（商品A與B），此外消費者的購物預算是固定的，假設昨天與今天分別皆為一萬圓。昨天兩種商品的價格皆為一百圓，但今天A降價到九十元，B漲價到一百四十圓（表1-1）。

表1-1　物價指數的計算

		昨天	今天
商品A	價格	100圓	90圓
	購買數量	11個	42個
	金額比率	0.11	0.38
商品B	價格	100圓	140圓
	購買數量	89個	44個
	金額比率	0.89	0.62
生活成本指數		1	1.25
拉氏指數		1	1.34
帕氏指數		1	1.16
費雪指數		1	1.25
童氏指數		1	1.27

首先必須計算在這個價格底下，消費者分別買幾個A與B。要完成這項計算，必須知道消費者的效用函數（反映A的購買數量與B的購買數量能夠獲得多少相應效用的關係函數）。表1-1所顯示的是，我知道自己身為消費者時的效用函數，並將購買量設定為當A與B的價格套入該效用函數中計算，能夠得到最大效用下的結果。

在昨天的時間點，明明兩種商品都是一百圓，購買量卻有很大的差異，分別是十一個A與八十九個B。這是因為我的效用函數可以從B獲得更多的效用，換句話說，可以解釋成B是我個人偏愛的商品。所謂知道自己的效用函數，就是知道自己喜歡什麼東西的意思，這是非常自然的一件事。然後今天A的價格下跌，因此昨天只能買十一個A，今天卻買了四十二個；另一方面，由於B的價格上漲，因此減少到四十四個。

由於我知道自己的效用函數，因此可以計算生活成本指數，實際計算下來可知，假如昨天是一的話，今天就是一．二五，等於上升了二十五%，這代表的就是，如果購物要帶來與昨天相同的效用，支出會增加二十五%的意思。

好的，二十五%這個數字是因為我知道自己的效用函數，所以計算得出來，但我並不知道自己以外的消費者效用函數是什麼樣子，因此要針對每一個人去進行剛才那樣的計算是不可能的事，這一點正是要算出生活成本指數在原理上的困難所在。

尋找理想的物價指數①——拉氏指數

既然要算出生活成本指數有困難的話，那就只能創造出可以替代的指數了。接下來我想介紹幾個以接近生活成本指數為目標所創造出來的指數，我將使用剛才計算生活成本指數的範例，實際示範如何計算，並說明那些分別是什麼樣的指數。

首先是拉氏指數（Laspeyres index），這是提倡於十九世紀，並且包含日本的CPI在內，在各國廣受使用的物價指數。

在剛才的範例中，商品A的價格從一百圓變成九十圓，也就是價格變成〇．九倍，B的則是一．四倍。接下來我們試著將這兩個數值平均一下，只不過不是單純的平均，而是要多做一項工作。首先，計算A與B昨天的金額比率，也就是計算購買金額分別占整體購買金額的多少比率。A是〇．一一（〔價格100×數量11〕／購買金額10,000＝0.11），B是〇．八九（計算方式相同），這個差異反映出B是我偏愛的商品。其次是使用這個比率進行計算：0.9×0.11+1.4×0.89=1.34，相較於一般的平均會給予均等的權重，這個計算的特徵則是分別給予〇．一一與〇．八九的不均等權重。在這個計算結果中所得到的拉氏指數為一．三四，也就是物價上升了三十四%的意思。

拉氏指數比剛才計算出來的生活成本指數高出許多，這並不是偶然。不只是此處的範例而已，一般來說拉氏指數皆以超過生活成本指數而為人所知，至於為什麼會像這樣高估，是因為在拉氏指數中，權重使用的是昨天的金額比率，而未把消費者今天的節約行為納入考量所致。從昨天到今天，兩種商品的價格改變了，消費者為了節約，會把這一點納入考量，改變今天的購買量，而節約行為一定會對今天的支出產生抑制作用，但拉氏指數卻無法反映出這一點，因此才會產生高估的現象。

尋找理想的物價指數②——帕氏指數

接著再來計算看看另一種指數——帕氏指數（Paasche Index），這是與拉氏指數並駕齊驅的代表性物價指數，基本的概念非常相似，只是相對於拉氏指數是以昨天為基準來評估今天，帕氏指數則是以今天為基準來評估昨天，時間方向完全相反是兩者的重大差異。

好的，在剛才的收據上，今天的商品A價格是昨天的〇・九倍，為了用逆行的時間從今天看回昨天，這裡要採用倒數，換句話說，昨天的A的價格是今天的1／0.9倍，同理，B的價格是1／1.4倍。把這兩個數字用「今天」的金額比率去平均的話，就是1/0.9×0.38+1/1.4×0.62=0.86。如果照這樣來看，因為時間方向是逆行的，所以要再用倒數來還原：1/0.86=1.16，帕氏指數計算出來是一・一六，也就是說，物價上漲了十六％。由於這個數字低於生活成本指數的二十五％，因此這次變成是低估了。

帕氏指數會低估生活成本指數的理由，跟計算拉氏指數時一樣，因為從今天評估昨天時，使用的是今天的金額比率，所以漏算了消費者昨天的節約行為效果。是以，從今天到昨天的評估會是高估的，換言之從昨天到今天的評估就會變成低估。

尋找理想的物價指數③——費雪指數

拉氏指數因為沒有考量到「今天」的節約行為效果而高估，而帕氏指數因為沒有考量到「昨天」的節約行為效果而低估，既然如此，是不是只要計算兩種指數的平均，就能將高估與低估的部分互相抵銷呢？實際提出這個方法的人是歐文・費雪（Irving Fisher），當時是一九二二年。這種指數稱作費雪指數（不過這裡的「平均」是所謂的幾何平均，與一般的平均稍有不同），詳細計算過程先省略不提，若根據前文的收據計算費雪指數的話是一．二五，也就是說可以確認與生活成本指數是一致的。

費雪指數的構想來自於以毒攻毒的概念，也就是將拉氏指數與帕氏指數的誤差相互抵銷。雖然這樣的直覺很厲害，但一直要到半個世紀後，在費雪於一九七六年發表的論文當中才被嚴密地證明是對的。附帶一提，那篇論文當中也提到，與費雪指數結構十分相似的童氏指數（Tornqvist index），也是非常近似於生活成本指數的指數。若用剛才的例子計算童氏指數的話，會是一．二七，雖然稍高於生活成本指數，但可以確認也是十分相近的數值。

四九〇二七七七〇〇九七二八＝明治牛奶巧克力

前面使用了非常簡單，只賣A與B兩種東西的範例，來說明什麼是生活成本指數，還有與其近似的物價指數有哪些。然而現實生活中販售的商品卻是琳瑯滿目，如果要根據那些實際的資料來計算物價指數，首先必須要定義何謂「商品」。

為此可以聯想到的，就是超市等流通企業或產品製造商用來識別商品的「日本商品編碼（JAN Code）」。JAN是Japanese Article

圖1-2　商品的條碼資訊

Number的縮寫，圖1-2例示的「明治巧克力」的日本商品編碼就是四九〇二七七七〇〇九七二八。開頭的四九代表這項商品是由日本企業所生產的，接下來的〇二七七七代表生產的企業是明治，再後面的〇〇九七二八則是對應到明治牛奶巧克力這項特定商品的編碼。只要「明治牛奶巧克力」這項商品還有在製造與販售，這個編碼就不會改變。此外，不管在哪家店販售，使用的都是同樣的編碼（只是如果包裝、口味或容量有任何一丁點改變的話，那就會被視為新商品，因此會重新賦予一個與此不同的編號）。

只要用這套日本商品編碼識別商品，即可取得每種商品分別在哪間店（超市等商店）、哪一天、以多少錢的價格賣出多少個的紀錄資料。例如，如果想計算童氏指數的話，就比較某項商品今天的價格與一年前的今天的價格，來計算那項商品的價格在一年之間漲跌了幾倍，接著計算那項商品在今天與一年前的今天的銷售比率，再取其平均，最後用銷售比率當作權重，計算出平均價格變化（一年之間漲跌幾倍），即可完成童氏指數。由於商品種類多達數萬種，因此計算本身有點麻煩，但從原理上來說這就是全部了。

東大每日物價指數

我的研究室從二〇一三年五月開始，以「東大每日物價指數」（以下稱東大指數）的名稱，對外公布用這種方式計算出來的童氏指數（現在移交給株式會社Nowcast管理，並以「日經CPINow」

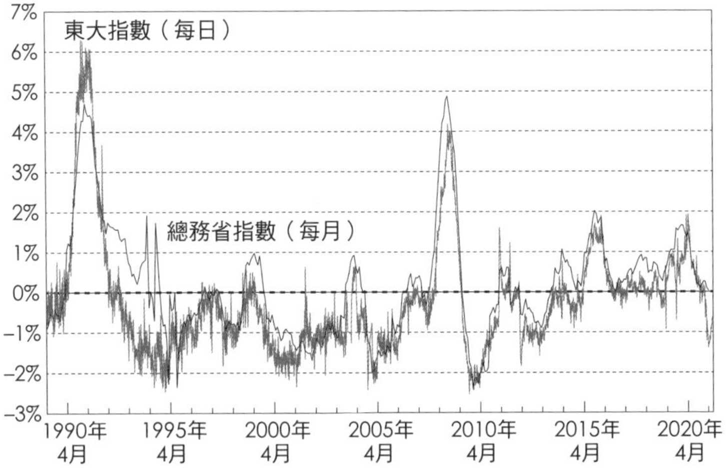

圖 1-3　東大每日物價指數

的名稱持續發布中）。

圖1-3是東大指數與總務省公布的指數的ＣＰＩ比較圖，東大指數是以超市販售的食品與日用雜貨為對象，不包含汽車、耐久性家電，或在餐廳用餐的價格等，而為了與東大指數做比較，總務省的指數也是以同樣的對象品項編製而成。由於東大指數是每日，總務省指數是每月的差異，因此在波動上會有細微的差異，但基本上可以確認的是，兩者的趨勢非常相似。

不過仔細觀察可以發現，其中有非常重要的差異之處，首先是東大指數幾乎在每一個時期都低於總務省指數。如前文所述，童氏指數因為能夠正確地反映出作為比較對象的兩個時間點的消費者節約行為，所以極其近似於生活成本指數，而東大指數也具有這樣的特性，因此東大指數的波動與生活成本指數很相近。

相對於此，總務省指數則如前文所述，是以拉氏指數編製而成，這個指數因為無法反映出消費者在當月這個時間點的節約行為，所以相對地也就會高於生活成本指數。總務省指數偏離東大指數的乖離率（約〇・五％），是無法適切反映出消費者行為所衍生出來的誤差。

此外，這兩個指數之間還存在著無法以童氏指數與拉氏指數的差異來加以說明的乖離，也就是一九九〇年代前半的波動。這個時期是泡沫崩壞時期，股價在一九八九年的年底達到高峰，而不動產價格則在一九九〇年夏季達到高峰，之後分別急轉直下。東大指數與總務省指數皆反映出這一點，年增率都從一九九一年開始下降。

這裡要關注的焦點是，兩個指數的年增率由正轉負的時間點。總務省指數的年增率是從一九九五年開始才持續為負數，換句話說，用總務省指數來看的話，物價下跌的通縮現象始於一九九五年；另一方面，東大指數的年增率則是在一九九二年春天由正轉負。總務省指數與東大指數落入通縮的時間點，大約有三年的落差。

由於這個時期總務省指數的詳細資料並未公開，因此總務省指數轉為通縮的時間點較遲的理由至今依然不明，但可以確定的是，這個延遲對當時的政策決定具有重要的意義。若從總務省指數來看，一九九二到九三年的年增率，接近各已開發國家中央銀行認為理想的二％通膨，因此當時的日銀總裁三重野康才會在一九九三年二月的演講中說：「在對抗通膨這一點上，我國進行得非常順利。」政府與日銀都樂觀看待物價的狀況。

在這樣的背景下，日銀即使面對泡沫崩壞，也沒有立即進入正式的貨幣寬鬆。日銀正式採取貨幣寬鬆政策是在一九九〇年代中期，也就是在確認總務省指數於一九九五年落入通縮之後的事。關於泡沫崩壞後的日銀政策，在日後被海內外專家學者指出轉向貨幣寬鬆的時間點太晚，可以肯定的是，對物價的樂觀認知是其理由之一。雖然是事後諸葛，但假如當時已有東大指數，並在第一時間就能偵測到國家陷入通縮的話，或許貨幣寬鬆也會更早開始吧。

日本的掃描資料的優點

順帶一提，圖1-3中所使用的，是在超市等店家的櫃檯掃描條碼後累積下來的資料，稱作「掃描資料」。用掃描資料編製物價指數的不是只有我們而已，其他像是瑞士、荷蘭或美國等國家，政府都會在流通業者的協助下取得掃描資料，並利用那些資料針對食品或衣著服飾等項目編製物價指數。那些指數都會對外公布，是屬於政府公布的消費者物價指數的一部分。此外，在學術研究方面也是，使用到掃描資料的研究，近年來在美國與歐洲各國都有急速增加的趨勢。

日本的掃描資料有一項他國資料沒有的優點，就是橫跨的期間很長。圖1-3中使用的掃描資料是從一九八九年到二〇二一年的，長度超過三十年。在這段期間內，日本經濟遭到泡沫經濟、泡沫崩壞、金融危機、通縮、雷曼兄弟事件、三一一大地震、新冠疫情等各種事件的打擊，每每造成物價巨幅變動，作為研究資料再好不過。

相對於此，國外的掃描資料期間至多不過五年，差不多是景氣好與景氣差的時期各出現一次的長度，因此會有的問題就是，即使可以從資料中偵測出什麼規則性，也無法區別那是真正的規則性，還是只是碰巧發生的現象而已。

至於日本為什麼會有這麼久遠以前的資料，是因為當時在通產省（今經濟產業省）相關的財團法人主導下，配合POS（銷售時點情報管理）系統在日本地區的普及，日本各地商店POS系統累積的資料會統一被彙集到一個地方。如果當初沒有這樣做的話，各商店的POS系統資料恐怕早已佚失。資料的累積是從一九八八年開始，其後經歷過移交民間企業管理等迂迴曲折的過程，最後才抵達我們這些研究者手裡。對於正確認知到從全國POS系統蒐集並儲存資料有何意義的前人，我想在此對其見識深遠表達敬意，同時也感謝自己如此幸運能夠在研究中使用到這些價值非凡的資料。

「物價黑手黨」的集會

好的，剛才提到與他國比較的話題，各國政府參與編製物價統計的人，每兩年會聚在一起召開一次會議，會議上往往夾雜著拉氏或童氏等詞語，彷彿那是日常用語一般。因為一九九四年初次召開於加拿大渥太華，而被稱為「渥太華會議（與物價指數有關的渥太華集團會議）」，每次約有五十名與會者，代表日本參加的是編製消費者物價指數的總務省統計局，與編製「企業物價指數」

的日銀，我也是這場會議的成員之一。

構成與會者核心的是歐洲各國政府統計局與國際機關的相關人士，他們是實質上決定「物價該如何編製」的國際化標準的人，我私下將他們稱作「物價黑手黨」。

黑手黨老大正是那位證明費雪的直覺正確，並指出童氏指數與生活成本指數極其近似的瓦爾特・埃爾溫・迪韋爾特（W. Erwin Diewert），他是每年都被提名為諾貝爾經濟學獎候選人的權威級人物，他過去所參與的理論研究被各國政府採納為物價編製方法的依歸，因此全部的與會者都好像是迪韋爾特的門生一樣。在會議中間的休息時間，各國政府的物價專家都會圍繞在他左右，開始向他諮商煩惱。

在偏遠地方召開為期三天的閉門會議，連用餐時間也持續討論物價的話題，這場會議精實的程度簡直令人聯想到運動員的集訓。雖然每次都是同樣的成員從早到晚滔滔不絕，不免令人驚嘆話題怎麼永遠不會枯竭，但至少到目前為止根本無需擔心無話可說，因為人們的消費活動與價格相關的狀況每天都在變化。

最近討論得較熱烈的話題，就是智慧型手機或個人電腦等功能快速提升的商品，該如何設定價格的問題。雖說功能提升的新機種，價格也比之前的型號更貴，但我想大家憑感覺也能理解，這並不能說是單純的「漲價」而已。因此，不斷有人提出如何從價格變化中扣除功能提升因素的新方法。

對於網路搜尋或社群網路服務等企業免費提供的服務該如何處理，也是討論得很熱烈的難題。企業並不是義務性地提供服務，而是確實透過廣告收入等形式收取費用，既然如此，那些服務也應該被視為收費服務才對。這種表面上看起來價格為零的服務，又該如何推算真正的價格？各國都開始在反覆試驗各種手法。

參加這場會議還能親身感受到，蒐集價格資訊的方法也產生了巨大的變化。以往都是採取各國政府調查員走訪店面打聽價格的人海戰術，不過近十年來改採新手法的行動也迅速擴張，例如以數位形式向超市等流通企業取得價格資訊，或者由機器人有效率地蒐集網站上標示的眾多價格等等。由於在數位形式的價格蒐集上，各國的手法不一，因此為了讓各國的數字具有可比較性，目前也正在推動國際規則的制定。

3 物價是誰的？──企業的物價、地區的物價、個人的物價

前面說明了物價是根據掃描資料，也就是「何時買、誰買、在哪裡買、買了什麼、買多少錢、買多少個」的紀錄編製出來的。掃描資料數量龐大，被廣泛地應用在行銷等多種用途上。即使單就編製物價這個用途來看，也可以有各式各樣的使用方式。

舉例而言，如果把焦點放在剛才介紹到的日本商品編碼中的〇二七七，可以蒐集到明治這一家企業所生產與銷售的全部商品的購買紀錄。只要使用那份資料，並按照前文說明的方式進行統計，即可編製出「明治的物價指數」。或者統計特定商店蒐集的資料，也可以編製出那家店的物價指數。若再與商店位於何處的資訊結合的話，就完成了地區別物價指數。除此之外，如果使用附有購買者資訊的掃描資料，即可蒐集那個人所有的購買紀錄，來編製出那個人的物價指數。

以下就從一些事例中來看看，當掃描資料經過那樣排列組合，編製出企業別、地區別、個人別等各種物價指數後，分別又有什麼樣的發現吧。

從企業別物價看超貨幣寬鬆的效果

第一個事例是企業別的童氏指數。圖1-4是計算出大約四千家企業的童氏指數後，按各月物價上漲率超過日

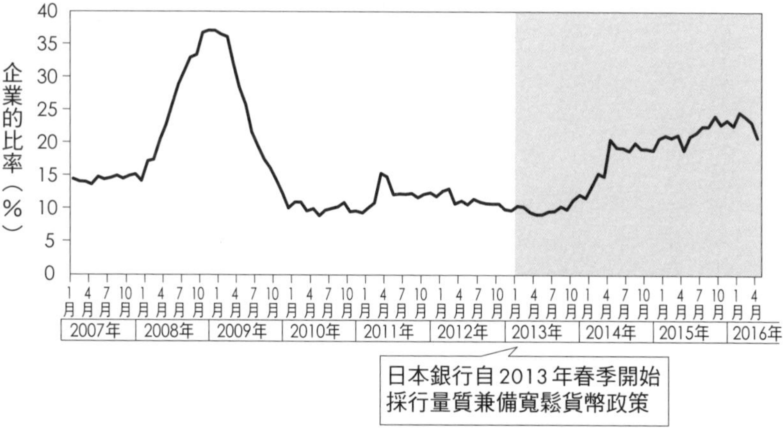

圖1-4　超過日銀目標通膨率2%的企業比率

銀揭示通膨目標二%的企業比率去繪製的示意圖。此外，由於掃描資料的出處是超市，因此四千家企業皆為生產與販賣超市經手的食品或日用品的企業。

第一個高峰是二〇〇八年，這一年小麥等進口原物料價格大幅上漲，反映在數字上就是超過三分之一的企業，物價上漲率超過二%。另外一個高峰是在二〇一三年以後，二〇一三年春季，日銀為了達到擺脫通縮的目標，開始實施貨幣寬鬆，大幅增加貨幣量。在貨幣寬鬆開始前，物價上漲率超過二%的企業不滿整體的一成，但這個比率隨著寬鬆效果的滲透而增加，並在二〇一六年初達到整體的四分之一。

由於是針對約四千家企業分別計算出童氏指數，因此若按照物價上漲率由高至低排列，即可完成企業的物價上漲率排行榜，表1-2即為其例。這個排行榜計算的是從安倍政權經濟政策「安倍經濟學」開始前的二〇一二年，到政策效果全面反映出來的二〇一八年之間的童氏指數，再列出其中對於推升物價貢獻度最大的十家企業，與拉低物價貢獻度最大的十家企業的名單。這裡的貢獻度指的是，對以所有商品為對象編製而成的東大指數年增率有多大程度的貢獻。若將約四千家企業的貢獻度加總起來，就會得到與東大指數數值一致的結果。

推升貢獻率大的包含雪印、明治、日本雀巢、森永乳業等企業。這些企業生產的乳製品或咖啡等商品價格，在安倍經濟學的日圓貶值影響下，在這個時期呈現出上漲的跡象。此外，麒麟啤酒與朝日啤酒等啤酒公司也因為酒稅上漲，導致超市的零售價上漲而擠進排行榜前幾名。

表1-2　物價的企業別排行榜

推升貢獻度前10名企業		拉低貢獻度前10名企業	
雞蛋相關企業A	0.072%	獅王	–0.038%
雪印惠乳業	0.063%	朝日飲料	–0.039%
明治	0.057%	卡樂比	–0.046%
朝日啤酒	0.054%	麒麟飲料	–0.054%
日本菸草產業	0.044%	伊藤園	–0.059%
雞蛋相關企業B	0.039%	日本寶僑	–0.068%
麒麟啤酒	0.039%	三得利控股	–0.102%
好侍食品	0.035%	日本可口可樂	–0.135%
日本雀巢	0.030%	花王	–0.153%
森永乳業	0.022	流通企業A	–0.280%

另一方面，若檢視拉低貢獻的企業會發現，其中有很多飲料製造商，例如朝日飲料、麒麟飲料、伊藤園、日本可口可樂等企業，顯示出在超市的零售價因為價格競爭激烈，導致終端價格下降的結果。獅王、日本寶僑、花王等日用品製造商，也因為同樣的狀況而對拉低物價有很大的貢獻度。

日本商品編碼記載的企業名稱是生產該商品的企業，原則上不包含參與商品流通的企業，但在拉低貢獻度大的企業中，也包含一部分的流通企業，這是因為該流通企業銷售的是自家品牌，並以該品牌的生產企業被記載在日本商品編碼中。自有品牌的價格水平原本就很低，此處顯示其下跌率也很大。

從拉低貢獻度大的企業名單中可以解讀出一件事，就是各個業種的價格都是因為固有因素才下跌，或許可以說是該業種的結構性因素。安倍經濟學或超貨幣寬鬆等推升整體物價的政策，應該也對這些企業的價格制定有所影響才對，可見結構性因素的強度凌駕於這些之上。

不過光看這份名單就斷定這些企業是通縮元凶，恐怕為時尚早，可以推測的是，這些企業為了在各自業界的激烈價格競爭中勝出，都徹底執行了成本削減，才能進而調降價格。從消費者的角度來看，這絕非壞事，因為飲料等每天生活中不可或缺的商品價格下滑，所以錢包裡有多的閒錢，對其他商品的需求應該會增加才對。然後可以想見的是，需求增加會推升其他商品的價格，最終抵銷掉大部分飲料等商品價格下跌的部分。前文在物價飆漲的說明中介紹過傅利曼的見解，也就是石油相關產品的價格上漲會使其他商品的價格下跌，此處也是同樣的原理。

從異想天開的念頭中發現的事

能夠以記載在日本商品編碼上的企業名稱作為關鍵字，將該企業販售的商品資料一網打盡，就表示也能夠將一家企業的營收，拆解到該企業經手的個別商品營收上，這是掃描資料的一大優點。以下就來介紹一個活用此優點的研究案例，那項研究誕生自一個異想天開又非常有吸引力的念頭，就是「看商品就能看出GDP（國內生產毛額）」。

由於GDP是最常用來衡量一國經濟活動水準的指標，因此相信對許多人來說也有一定程度的認識了。概略來說，把一個國家的企業營收全部加總起來的結果，就是GDP，那麼所謂的「企業營收」又是什麼呢？就是一家企業生產與販售的商品營收總和，若把這個與前面提到的GDP

說明結合在一起，則「一國的GDP就是該國所有企業所生產與販售的商品營收總和」，也就是從「某一天，我在某家店買了明治的牛奶巧克力」這種小小的交易開始，只要一筆一筆累積那樣的交易，就會構成明治這家企業的營收，然後再繼續累積下去，最終就會得出日本的GDP。

最初提出這個觀點的，是一個以尤金．史丹利（H. Eugene Stanley）這位美國研究者為核心的團隊，令人驚訝的是，他們竟然是一群物理學家而非經濟學家。他們認為因為GDP、企業的營收還有商品的營收，這三者是息息相關的，所以具有共通的性質，並以理論加以闡明其中的性質為何。不過當初並沒有很充分地將那套理論與實際的資料進行對照驗證，因為GDP與企業營收的資料雖然很容易取得，但個別商品的營收資料在當時卻取得不易。

企業間的差距不僅是營收而已——資料所顯示出來的「大企業責任」

就在此時，掃描資料出現了。我們的團隊注意到這一點以後，便將商品營收所具有的統計特性，拿來與加總後計算出來的企業營收的統計特性做比較，運用資料成功驗證了史丹利等人的理論。除此之外，作為該研究的副產品，我們還得知了以下兩件事實。

第一是營收愈大的企業，通常商品數量也愈多。若一家企業的營收大於其他企業，而要思考原因何在時，往往有兩種可能性：①該企業擁有暢銷商品，②該企業的商品數量比其他企業多。當然，如果逐一檢視每家企業的話，兩種原因都是有可能的，但我們發現整體的傾向如圖1-5所示，由

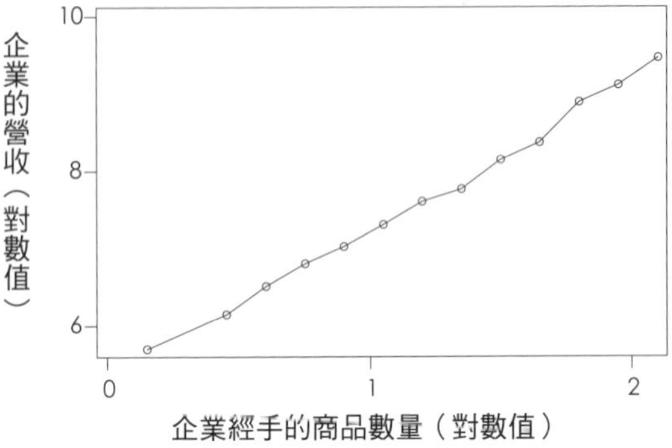

圖1-5　企業的營收與經手商品數量的關係

表1-3　企業的商品數量存在著龐大差距

從商品數量看企業的排名	商品數量	各名次以上的占有率＊
第1名	6703	2%
第10名	2426	9%
第100名	487	57%
第1000名	66	64%
第10000名	2	98%

＊該名次以上所有企業的合計商品數量占整體的比率

圖中可以清楚確認的是，商品數量愈多的企業，往往營收也愈大。

另一項發現是企業之間存在著差距，即大部分商品都集中在極少數的企業。我們在檢視商品數量多寡在企業之間有多大程度的分布不均時，發現明治光是巧克力就有製作許多種類，而其他商品不僅是點心零嘴而已，連乳製品或其他食品也都包含在內，商品數量似乎非常多。另一方面，即使同為食品製造商，也有很多商品數量少的企業。我們在驗證之前就已經預想到，商品數量在企業之間可能存在著相當大的差異。

實際上調查約一萬家企業的商品數量，結果顯示商品數量第一名的企業有六千七百零三種商品（表1-3）。由於最後一名的企業只有兩種商品，因此其中的巨大差異一目了然。若仔細看會發現，前十名的企業占了全部商品的九%，前一百名的企業占了全部商品的五十七%，換句話說，企業之間存在著過半商品都集中在整體一%企業上的差距。

企業之間的營收或員工人數存在龐大差距，是從常識上來想也可以理解的事，而在經濟學的研究中已知，這些營收或員工人數會呈現出一種叫「冪律分布」的重尾分布，然後也確認商品數量與這些一樣都呈現冪律分布。

好的，這兩項事實究竟具有什麼樣的意義？為了思考這個問題，我們不妨先回想一下童氏指數是什麼，這個指數在加總各項商品的價格年增率時，是使用該商品的營收金額比率作為權重，所以自家產品營收金額比率高的企業，對於整體經濟物價的貢獻度也比較大，那麼自家產品營收金額比率高的企業，又是什麼樣的企業？正如我們從第一項事實當中所得知的，就是擁有許多商品的企業。此外，第二項事實是商品數量在企業之間存在龐大差距，由此可以推測的是，擁有非常龐大商品數量的極少數企業，可能影響著整體物價的變動。反過來說，商品數量少的企業——大多數企業都屬於這種類型——由於營收金額比率小，因此對於整體物價變動的影響應該很有限。

圖1-6顯示的是實際確認這件事情後的結果，針對約三千八百家的主要企業計算對整體物價的貢獻度，再依企業貢獻度由大到小排列，就會得到上圖的結果。名列前茅的企業有很大的正數貢獻，敬陪末座的企業有很大的負數貢獻，但中間許多企業的貢獻度小到難以用肉眼確認。此外，上圖各家企業的商品數量則呈現在下圖中。由圖可知貢獻度名列前茅的企業與敬陪末座的企業都集中在商

品數量大的企業。換句話說，正如我們所推測的，整體物價是由少數的大企業（＝商品數量多的企業）所掌控。

若從一項一項商品來檢視的話，價格基本上不可能變成一百倍或百分之一，價格的變化不管是上漲或下跌，頂多也就百分之幾十而已，所以就算有哪一家企業以難以置信的折扣價舉辦特賣會，也不會因此而導致整體物價下跌。不過商品數量有百倍、千倍的差異是完全有可能的事，因此擁有龐大商品數量的企業只要稍微調漲或調降價格，就會影響到整體的物價。所以擁有許多商品數量的企業，對於整

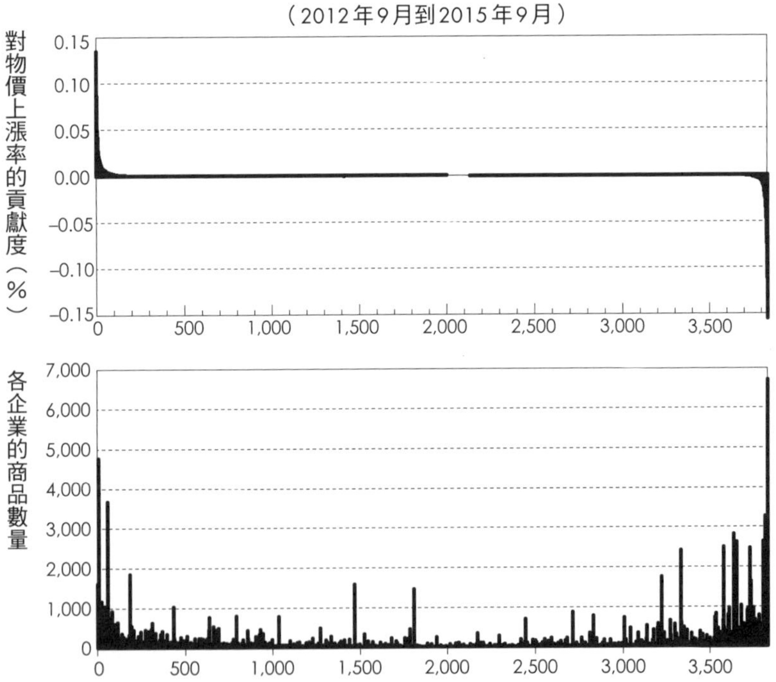

圖1-6　決定物價的是商品數量多的企業嗎？

體經濟的物價穩定可以說是有相對大的責任。

德島的番茄醬很貴——物價為什麼會有地區差距？

各位會好奇日本各地的價格有多大程度的差異嗎？我在關東地區長大，工作地點也在東京，生活範圍很狹窄，或許是因為這個緣故，我以前總認為「像日本這麼小的國家，消費應該全國大同小異，價格應該也不會有太大的差異」。

不過若以日本商品編碼為單位來檢視商品的話，其中卻存在著意想不到的龐大差距，以下就來介紹幾個淺顯易懂的分析案例。

首先，為了檢視消費的地區差異，先來比較各個地區分別購買了哪些商品。購買商品的差異可以用以下兩種方法來測量，第一種是有多少程度的商品在A地區有人購買，但在B地區卻沒有半個人購買；第二種是針對A地區與B地區皆有人購買的商品，衡量購買量在兩地之間有多大程度的差異。

以關東與近畿（關西）為例，若計算只有關東有人購買的商品數量、只有近畿有人購買的商品數量，以及兩個地區都有人購買的商品數量，則只有關東有人購買的商品是十一萬項、只有近畿的是六萬項，兩邊都有的是十五萬項。由於兩個地區有人購買的商品總數是三十二萬，因此其中有一半是共通商品，其餘的是只有其中一邊有人購買的商品。如果因為同樣是日本人，就推測關東與近畿都會購買相同商品，這樣的想法大錯特錯。

接下來在圖1-7中，再次以關東與近畿為例，針對兩個地區都有人購買的共通商品，比較在兩個地區的購買量。圖中一個一個的點代表商品，橫軸代表那項商品在關東賣出多少個，縱軸代表那項商品在近畿賣出多少個（為了簡化圖示，兩軸的刻度皆設定為對數），很多點都坐落在四十五度線附近，這表示在關東銷售量多的商品，通常在近畿的銷售量也很多。

另一方面，也有不少商品

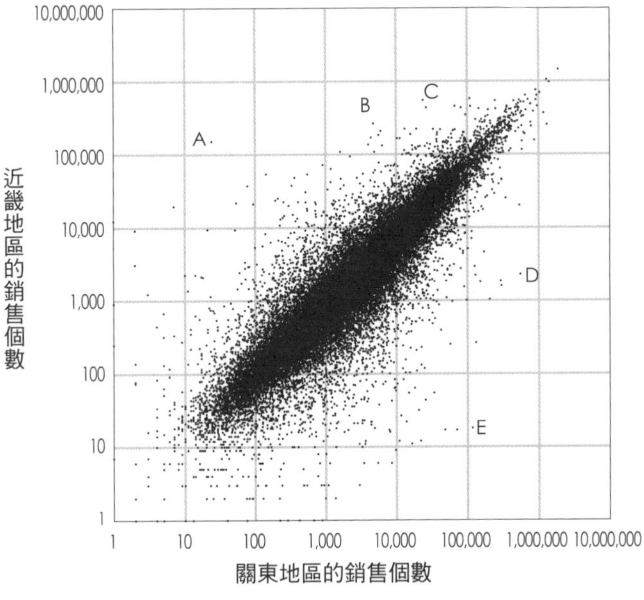

A：山崎麵包「特製杏仁小蛋糕」
B：日清食品「醬汁炒麵」（104公克）
C：富士麵包「本仕込」（吐司、5片裝）
D：丸岡食品「peyoung日式醬油炒麵」（120公克）
E：三洋食品「札幌一番Cup Star醬油杯麵」（71公克）

圖1-7　關東與近畿的銷售個數相關性

距離四十五度線很遠，例如「山崎麵包的特製杏仁小蛋糕」，在關東只賣出數十個而已，但在近畿卻有數十萬的銷售；同樣地，「日清食品的醬汁炒麵」在近畿是暢銷商品，但在關東卻銷量平平。與之相反，雖然同樣是炒麵，但「丸岡食品的peyoung日式醬油炒麵」在東京是人氣商品，在近畿卻乏人問津。

由此可知同樣的商品，在關東與近畿的銷售數量有巨大的差異，但銷售價格又如何呢？圖1-8與前面一樣，是比較關東與近畿共通銷售商品的價格。與銷售數量比較的話，差異一目了然，幾乎所有點（商品）都集中在四十五度線附近，不在四十五度線附近的極度稀少，可以確認的是分散程度非常地小。可以推測是因為如果有哪個地區特別便宜的話，就會發生在其中一邊買進，在另一邊賣出的套利行為。

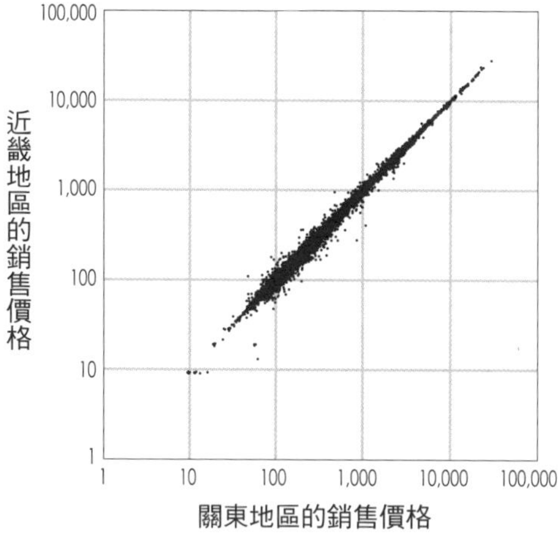

圖1-8　關東與近畿的銷售價格相關性

不過若要說完全沒有差異，事情也非絕對如此，也有些商品的價差高達兩倍以上。表1-4不僅針對關東與近畿而已，還把全日本各地區都納入範圍之內，進行同樣的計算，再列出各地區價格的比較結果。價格差異最大的商品是「台爾蒙番茄醬」，價格最高的四

表 1-4　地區別價差大的商品

商品名稱	價差	最高值	最低值
日本台爾蒙「瓶裝番茄醬」500公克	1.103	四國	東海
羽衣食品「POPORO義大利麵1.6mm 7分鐘」100公克×3	1.070	九州	中國
美樂迪安「糖漿球」9公克×20	1.042	東海	東北
味滋康「料理酒」1公升	0.928	東北	九州
北斗「杏鮑菇」150公克	0.875	九州	中國
更埴「菇類」	0.875	九州	中國
味滋康「味醂風調味料」1公升	0.852	東北	九州
伊藤園「瓶裝旬野菜100%野菜汁」900公克	0.849	四國	中國
伊加利醬料「豬排醬」500毫升	0.844	九州	東北
越後製菓「盒裝櫻花裝飾鏡餅1號」66公克	0.801	四國	東北

國與全國平均比是一．七二一，價格最低的東海則是○．六一九，因此差異相當地大，有一．一○三倍之多。除此之外，其他我們熟悉的商品，也可以看到很大的價格差異。

地區之間為什麼會產生價格差異？可以想到兩個可能性，第一個因素來自商品購買方，正如前面提到的炒麵案例所說，有些商品在不同地區受到喜歡的程度相差甚遠，因此可以推測若某個地區的消費者很喜歡那項商品的話，因為需求強烈，所以價格也比較高，其餘的則價格較低。第二個可以想到的因素來自商品銷售方，如果一個地區基於某些理由限制那項商品的供給量，則因為供給較少，所以價格會比較高。

只要使用掃描資料，就可以區別這兩者。假如價差是受到購買方的因素影響，那麼價格與銷售數量的地區間相關性應該為正相關。舉例而言，假如某個地區的消費者喜歡某項商品，則銷售數量應該會比其他地區還多，價格也會比較高；反之，如果價差是受到銷售方的因素影響，那麼在供給受到限制的地區，由於銷售數量少，價格較高，因此價格與銷售數量的地區間相關性應該會呈現負相關才對。實際計算地區間相關性後發現，雖然有正相關的商品，也有負相關的商品，但整體上來說還是負相關的商品比較多。換句話說，我們應該可以說，價格的地區間差距很多都來自於銷售方的因素。

即使在網路時代，價格離散的現象也不會消失

在超市加入會員並申辦會員卡，可以獲得點數或折扣等優惠，若站在店家的角度來看，由於可以觀察每位顧客的購買紀錄，因此在發出促銷活動等通知時很方便。此外，蒐集行銷資訊的企業會與消費者簽訂追蹤合約，用數位資料記錄消費者在什麼地方用多少錢買什麼東西，並在採取保密措施的前提下建立資料庫。包含日本在內的各個國家，都有儲存像這樣與每一位消費者連結的掃描資料，不僅在商業上，連學術研究也都可以加以運用。

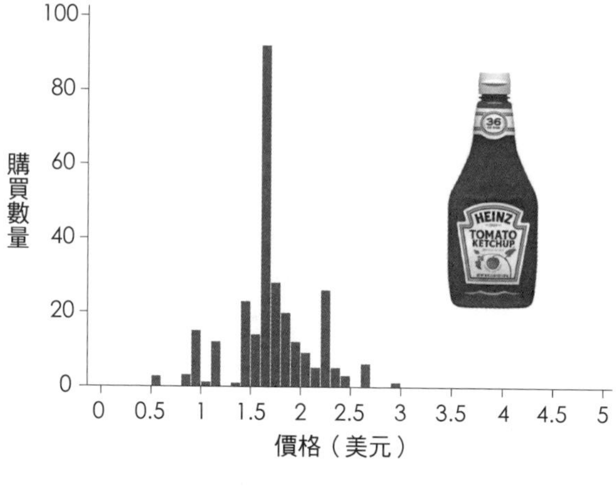

圖1-9　花多少錢購買亨氏番茄醬

來看一個具體實例好了，圖1-9是以美國明尼蘇達州明尼亞波利斯市（人口約四十萬人）為對象所儲存的一部分資料，圖中所顯示的是每位消費者分別花了多少錢購買亨氏番茄醬，同樣的商品有人用五十美分購買，也有人花了將近三美元，差距幾乎有六倍之多，這種價格離散的現象可以推測的原因所在多有，例如不同店家之間的差異、特價活動或折價券的發送等等。

不同消費者之間有不同的購買價格，是我們當前每天都在經歷的事，不過在網路正式普及的二〇〇〇年前後，很多人預測價格離散將成為類比時代的遺物，遲早有一天會消失，因為當時認為在邁入網路社會的「近未來」，人們想像中的購物將會變成以下這樣的型態：當所有商品都能從網路購買以後，很容易就能查到每家店的售價，而且只要點擊一下就能下單，不需要特地跑去實體店面。在某種程度上，這確實是已經實現的事情，但當時認為一旦購物型態變成那樣以後，所有的訂單都會集中到定價最便宜的店家去，其他店家（也包含實體店面）不得不用同樣的價格販售，最後價格離散的現象就會消失。

結果如何呢？許多國家用線上價格資料進行分析，卻沒有任何報告指出價格離散的現象消失了，價格的離散至今依然存在。如果連網路上都這樣的話，實體店面當然依舊有價格離散的狀況。

一分鐘的價值

那麼究竟為什麼即使網路普及了，價格離散的現象卻依舊沒有消失？由於其中包含一個非常重要的論點，因此第三章會再詳細說明，但一言以蔽之，就是因為並不是所有消費者都掌握到哪家店賣得比較便宜的資訊。掌握到那些資訊的消費者，當然會在最便宜的店家購買，但沒有掌握到資訊的消費者，則不會意識到自己其實買貴了，這種現象無論在網路上或實體店面皆然。

那什麼樣的消費者才會知道最便宜的店在哪裡？舉例來說，就是那些知道哪一家店在什麼時候會促銷亨氏番茄醬的人，至於他們為什麼知道？就是因為他們經常確認網路或報紙夾頁等廣告，那麼那些不看促銷廣告的消費者，為什麼不看呢？明明用促銷價格購買比較划算，為什麼還會眼睜睜地錯過那些機會？

這種問題火星人或許答不出來，但因為我們很有經驗，所以立刻就能知道理由是什麼：因為忙到不想浪費時間仔細瀏覽促銷廣告。應該也有人認為與其花時間在那裡，更想把時間花在自己的興趣上。如果是處在育兒階段的家庭，或許更想珍惜與孩子相處的時光。如果是對工作很有熱忱的人，或許會覺得有那個時間看促銷廣告，不如拿來準備明天的工作。不管是何者，都有比檢查促銷廣告更重要的事情要做，因此不會接收到促銷的資訊，結果也就錯過促銷的機會。

時間的價值因人而異，差距天差地別，舉例而言，對於軟體銀行（softbank）創辦人孫正義來說，一分鐘的時間價值跟我的一分鐘比起來，差距大得根本無法相提並論，因為孫正義工作一分鐘能獲得的報酬，與我能獲得的報酬差了好幾位數；另一方面，在促銷中能獲得的金額，我與孫正義都一樣。所以孫正義不會看廣告（儘管我並沒有直接向本人確認過）。時間價值的差距反而隨著網路的普及而逐漸擴大，這就是購買價格的離散現象不會消失的理由。

退休世代買得比較便宜嗎？

如果時間價值的差距，取決於在那段時間內工作所能賺取的金額，那麼差距會變大的，就在勞動世代與退休世代之間，因為勞動世代只要多工作一小時甚至一分鐘，都能夠賺到薪水；相對於此，退休世代本來就無法賺到薪水，因此假如時間價值完全取決於薪水的話，那麼退休世代應該會比勞動世代更勤勞地看廣告，所以可以用促銷價格買到商品才對。

圖1-10顯示的是驗證這個推論正不正確的結果。上圖是美國的研究案例，橫軸為年齡，縱軸為購買價格，隨著年齡增加，購買價格下降，尤其是超過五十歲以後，購買價格會大幅下降。在美國用其他資料做的研究，也發現有同樣的趨勢，美國退休世代會很投入在促銷資訊的蒐集上，所以東西都會買得比較便宜已成定論。

另一方面，下圖顯示的是我們團隊用日本的資料，按照年齡層推算出童氏指數的結果，手法與美國的研究應該沒有太大差異，但結果卻大相徑庭：超過五十歲以後，購買價格愈來愈高。由於日本的退休年齡是六十歲上下，因此照理來說購買價格應該會從這裡開始下降才對，結果卻不是這樣（這一點即使用其他資料進行驗證，結果依舊顯示退休後的價格很高）。

至於為什麼與美國不同，至今依然不曉得正確的理由。時間價值的差距取決於能夠賺取的金額

美國案例

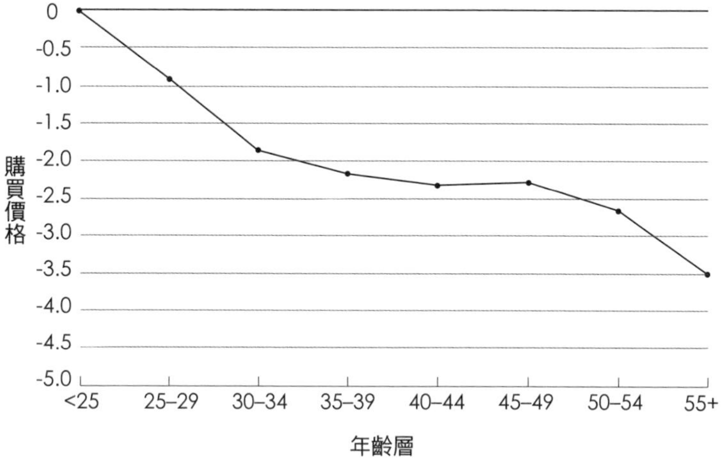

日本案例

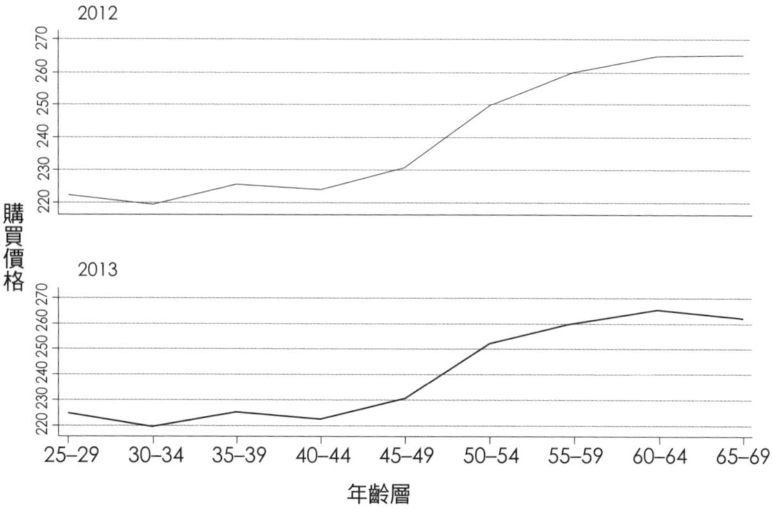

圖 1-10　年齡別的購買價格

（薪水）差距，或許在日本並不適用。此外，即使得知哪家店在促銷的資訊，難以移動到那裡的年長者會放棄用促銷價格購買，也是一個可以推測的原因。不過這種狀況應該不僅限於日本而已。雖然我的美國朋友堅稱因為美國年長者很常開車，所以這一點與日本不同，但這個說法的真偽還沒有定論，要釐清哪些人會因為什麼理由而買得比較便宜，似乎還需要一些時間。

個別通膨率——「消費者」不是一個人

前面介紹的案例是運用掃描資料，從企業、地區或世代等切入點來編製物價，並且可以分別從中觀察到什麼，由於掃描資料是連結到消費者的東西，因此我們也可以針對個別消費者，去計算購買價格的年增率，也就是以個人為單位的通膨率。

圖1-11是用童氏指數衡量個別消費者的購買價格年增率，再繪製成頻率分布的示意圖，分布的高峰落在稍低於零的地方，與整體消費者年增率一致，不過消費者之間的離散程度驚人地高，有的人「通膨」超過一〇％，也有人劇烈「通縮」到負的一〇％。雖然這張圖是用日

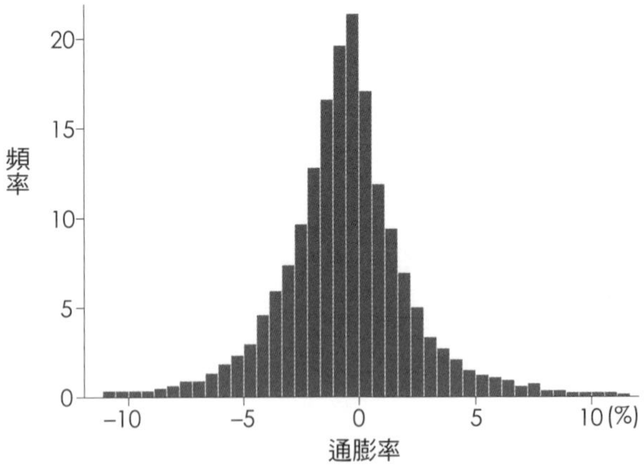

圖1-11　消費者別通膨率

本的資料製成，但即使用美國的資料進行相同的計算，也可以確認離散程度幾乎相同。

對於購買價格離散程度很大這件事，前面已經看到，在一定程度上可以用個人時間價值的差異來加以說明。不過通膨率的離散程度這麼大，光用這個理由是說不通的，因為舉例來說好了，時間價值低的人，在促銷時購買的頻率應該比較高，假如去年與今年都在促銷時購買的話，由於兩年的購買價格都很低，因此從去年到今年的年增率不會受到影響。

假如有一個人某一年的通膨率是一〇％，那他其他年份的購買價格年增率也會很高嗎？從資料分析可知，情況並不是那樣的，通常都是漲跌互見，例如某一年是一〇％的人，下一年可能就移動到負數的範圍去，結果就是以數年為單位來檢視的年增率，離散程度會遠小於以一年為單位的分布。漲得很高的人，如果後續也一直都很高的話，恐怕很難維持生活，所以通膨與通縮交互出現，以結果來說會使購買價格趨於穩定，對那個人來說也是好事。但為什麼會出現這種結果，目前依然無法了解其中的機制。由於消費者別通膨率的研究才剛開始而已，研究案例也僅限於美日二國，因此包括離散發生的機制在內，許多都是接下來要釐清的問題。

物價為誰存在？——從金權式物價指數到民主式物價指數

不過消費者之間離散程度很大的事實，對於物價指數的編製方式，不單只是今後的研究課題而已，也喚起了極為重要的問題。

前一節在說明「物價的編製方式」時，把消費者寫得就像單一的個人一樣。如果大家的通膨率都大同小異的話，就算有很多消費者，寫得「像單一的個人一樣」也不是什麼大問題，然而實際上，消費者之間的通膨率卻有大幅的差異，這樣的話就會產生一個新的問題，就是究竟該如何把這麼多消費者之間差異甚大的通膨率累加在一起。

最快可以想到的，就是以調整權重的方式相加，將消費金額大的消費者賦予較大權重，金額小的消費者賦予較小權重。其實剛才介紹的東大指數就是這樣構成的，把每位消費者按照權重計算出來的物價加總在一起。此外，總務省的ＣＰＩ也是採用近似於此的方法。

這個方法乍看之下似乎很合理，但消費金額大的消費者就是有錢人，因此會變成以有錢人為優先的物價指數，換句話說就是輕忽沒錢的消費者的物價指數。個人所得、財富乃至消費金額存在巨大差距一事，是不爭的事實，只要社會差距一天不消失，用這種方法計算日本的ＣＰＩ，少數有錢人的購買行為就一定會大幅左右物價。

政府或日銀在決定政策時會以物價作為參考。換句話說，因為是對整體社會來說很重要的決策指標，所以沒錢的人受到輕忽並非一件令人樂見的事。此外，ＣＰＩ也會被使用在勞資的薪資談判中，以避免薪資跟不上物價上漲的幅度。若從這個用意來看，此處的物價應該要是勞動者所面對的物價才對。在公共年金的部分，因為採用的是物價上漲就提高給付額的浮動機制，所以依靠年金生活者所面對的物價應該也很重要才對。

用每個人個別消費金額加權計算出來的物價指數，稱作「金權式（plutocratic）物價指數」，與此相對的則是「民主式物價指數」，立意很單純，就是跟選舉一樣一人一票，不給消費者任何權重，如果是這樣的話，就不會因消費金額多寡而有所區別。

計算民主式指數的困難之處在於必須要有每個人的資料，雖然這個提案本身從很久以前就存在，但從來沒有實際計算過。幸好在電子化的趨勢下有掃描資料可以運用，因此門檻也降低了。技術的進步終於開啟從「金權式」到「民主式」之路，所以我認為應該藉此機會討論該如何轉換的問題。只是如果要將總務省的CPI或東大指數，從現行的金權式指數轉換為民主式指數，必須要全面修正量測方法才行。此外，薪資或年金等隨物價調整的東西，決定的方式也會徹底改變。在進行詳細討論的同時，也必須留意這幾點才行。

第 2 章
是什麼使物價變動？

① 通膨與通縮都看人心情

「景氣由心生」——無法避免預期的搖擺不定

今天的物價比昨天高，明天的物價又比今天更高——這就是通膨；反之，物價逐日下跌則是通縮。通膨與通縮都會讓我們的生活變得混亂，因此兩者皆不令人樂見。可以的話，誰都希望能免則免，那究竟為什麼明明沒有人希望通膨或通縮發生，卻還是發生了呢？

正如我們已經在前一章所看到的，各項商品的價格變動與蚊柱（＝物價）的移動是兩回事，所以「通膨與通縮是因為各種商品價格的漲跌才發生」，這種單純的回答並不能夠解答我們的問題。

蚊柱的移動取決於對貨幣的需求與其背後的貨幣吸引力。所以要回答「為什麼會通膨？為什麼會發生通縮？」的問題，必須理解貨幣需求增減的機制才行。

此時很重要的一點就是，對於貨幣的需求不僅要看貨幣今天的吸引力，也要看明天的吸引力。舉例而言，假如我們知道明天貨幣將會增發，貨幣吸引力將大幅減少的話，就算今天的吸引力再大，也不會想在今天持有貨幣，結果就會導致今天的貨幣需求減少，物價上漲；反之，如果我們知道今天的貨幣雖然增加，但那只是暫時性的，而明天就會恢復原來水準的話，則貨幣的吸引力與需求都不會減少，物價也不會改變。這裡所說的「今天」，就是今天這短短的一瞬間，但「明天」卻是接下來的每一天，是會持續到很久以後的未來，所以人們所關注的焦點，也不會是貨幣的吸引力在「今天」有什麼變化，而是「明天」會如何變化。

由於在決定要持有多少貨幣的時候，將來貨幣的吸引力會如何變化是非常重要的事，因此人們會絞盡腦汁進行預測，不過就算再怎麼努力，也不可能百分之百掌握未來，一定會有幾分不確定性，因此關於貨幣吸引力的「預期」會搖擺不定是無法避免的事，這種搖擺不定就會引起物價的變動。

俗話說：「病由心生。」但我還聽過一種說法是「景氣由心生」，如果企業經營者或消費者認為景氣很好，所以順勢積極而為的話，最終也將使景氣變好；如果他們對將來很悲觀，支出變得比較謹慎的話，景氣也會變差。換句話說，意思就是景氣取決於人們的心態。一寫到「心態」就有種不太對勁的感覺，好像比起科學更接近精神論，但現代經濟理論把這描述為人們「預期」的搖擺不定。跟景氣一樣的是，物價不管是上漲還下跌，也都取決於人們的預期（心態）。

建構現代經濟理論核心，尤其是有關物價、景氣循環、貨幣政策等理論的權威傅利曼，在一九七〇年發表的著作中，有一段敘述的主旨是「通膨與通縮皆為貨幣現象」。意思就是說，流通在市面上的貨幣量過多就會通膨，過少就會通縮。但這裡隱含著一個更重要的訊息，傅利曼透過這段敘述提出了一個主張，就是物價並非取決於對個別商品的需求與供給。他也主張人們的預期會在物價的決定上扮演核心角色，並且因為這項成果而在一九七六年獲得諾貝爾經濟學獎。根據傅利曼的研究成果，即使說成是「通膨與通縮都看人心情」，我想在天上的他應該也不會生氣吧。

投資人的心情會引發通膨或通縮？

關於預期的搖擺不定會引發通膨或通縮的原理，稍後會再詳細說明。在那之前，我先在此讓各位感受一下預期搖擺不定的重要性何在。

這裡先假設有一位生活在美國的日本人，他在美國企業工作，薪水拿的是美元，他雖然會購買當地的商品，但因為食品等類型還是偏好日本商品，所以會利用網路或拜託認識的人從日本進口。我們來思考看看這個人的物價，跟在日本國內工作生活的人的物價，究竟有何不同？

對他來說，物價是美元這種貨幣與商品的交換比率。如果限定在購買日本製商品的話，由於商品價格是用日圓標示，因此貨幣為美元、商品為日圓，貨幣單位是不同的。若商品日圓標示價格上漲，貨幣可購買量減少，這一點跟住在日本的日本人一樣，但他的貨幣可購買量還要考慮到匯率。若日圓升值、美元貶值，日本商品換算成美元的價格會上漲，貨幣的可購買量就會減少；若日圓貶值、美元升值的話，情況則相反。雖然商品的日圓標示價格大幅波動並非常態，但匯率卻會每天大幅變動，所以他應該會強烈意識到匯率的波動才對。

至於匯率為什麼會起伏不定？因為動用大筆資金的投資人，會基於種種的預期而買賣日圓，換句話說，匯率會因為投資人的預期而變動。舉例而言，若許多投資人預期日圓接下來會貶值並賣出日圓的話，結果將使日圓變便宜，如此一來對這個人來說的物價就會下跌。

日圓會貶值的投資人預期背後，肯定有他們精心思索過的理由，不過從第三人的角度來看，預期只不過是投資人的臆測而已，雖然聽起來有點冒犯，但就是端視投資人的心情。所以對這個人來說，物價取決於投資人的心情，通膨或通縮也取決於那些人的心情。

再舉一個比特幣的例子好了，在我周遭用比特幣付錢的人也增加了不少，不僅如此，聽說也開始有人收取比特幣作為勞動的報酬，也就是薪水。對那些人來說，物價就是比特幣與商品的交換比率。按照目前的現狀，比特幣的價值多以與日圓的交換比率來表示，在與日圓對比之下，比特幣價值上升就表示，如果商品的日圓標示價格沒有改變的話，那個人的物價下跌的意思。

有交易過比特幣的人就知道，比特幣與日圓的交換比率忽高忽低，因此對此人來說，物價也會劇烈變動。至於比特幣與日圓的比率為什麼會忽高忽低，是因為以投機目的持有比特幣的人群會照自己的預期去交易，如果覺得接下來會漲的話就買進，反之則賣出。由此也可看見，通膨或通縮背後，存在著人們搖擺不定的預期。

不知道這些例子是否讓你體會到，心情或預期的搖擺不定有多重要？接下來，我們來看看預期的搖擺不定會招致什麼更重大的結果。

2 惡性通膨告訴我們物價的本質

物價會露出本性，是在大幅變化的時候。在現在的日本或歐美，物價的年率長年都維持在極小的變動率，最多也就漲跌幾個百分比而已。不過回首過去，還是有物價明顯大幅變動的情形，那就是所謂的「惡性通膨」現象。惡性通膨被定義為物價每月上漲超過五十％的現象，每月五十％跟現在的日本或歐美的通膨比起來，已經差了一個位數，是脫離常軌的高度通膨。光是從紀錄可追溯到的範圍來看，也是全世界不滿六十例的極稀有現象。

如果是像現在的日本或歐美這種小幅度物價變動，價格資料中所含的統計雜訊，往往會掩蓋掉那些有助於理解本質的變化，要從被觀察的物價變動中單獨抽取出有意義的部分是非常困難的。不過惡性通膨由於變化本身就非常大（儘管雜訊也會變大），因此比較容易掌握到物價變動的本質，尤其是可以順利抽取出預期的搖擺不定對物價造成的影響。

與蘇丹留學生教學相長的半年

話說，我認為每個人對於未曾親眼見識、親身經歷過的事，是無法真正理解的。我自己對於惡性通膨只具備從教科書或論文上習得的粗淺知識而已。身為一名經濟學家，這件事情曾令我惴惴不安，直到有一天，一名惡性通膨的見證者出現在我的眼前。那位來自蘇丹的留學生前來拜訪我的研究室，說想研究母國的物價並寫成論文。

蘇丹在一九八九年到九六年之間發生了高度的通膨，他希望以此作為研究的主題。蘇丹的通膨率最高的時候曾經達到全年一六五%。如前文所介紹的，由於定義是要達到每月五十%以上，因此嚴格來說並不算惡性通膨，但仍然是極高度的通膨。

我對於蘇丹為何發生高通膨一無所知，因此便請他從頭開始詳述。我們就這樣快樂地度過了半年教學相長的時光。

雖然蘇丹的通膨率在一九八〇年代前半期，也都高達全年二十%到三十%，但到了八九年的時候，一下子加速到超過全年一〇〇%，變化的理由是一九八〇年代的內戰與反覆乾旱，造成國家財政困難，為了支應財政赤字而大量增發貨幣，最終導致通膨加速，這是主流的見解。

然而，一度超過年率一〇〇%的通膨率，卻在一九九七年急速降溫至四十六%，九八年降至十七%，契機是九六年春天正式展開油田的開發。在中國政府支援下展開管線的建設，當政府公布原油收入預計將改善財政的消息後，為貨幣需求的減少踩下煞車，物價上漲的速度也就此減緩。

受高通膨所苦的不只是蘇丹而已，其他惡性通膨的例子還有辛巴威（一九九九年到二〇一三年的年平均通膨率為一八〇〇%）、剛果民主共和國（舊稱薩伊，一九七六年到二〇〇六年的年平均通膨率為一一四五%）、白羅斯（一九九三年到二〇〇六年的年平均通膨率為三六三%）等等。這些國家必須發行有很多個零的高額紙幣，卻趕不上通膨的速度，連日常購物也得捧著大量鈔票前往，這種喜劇般的場面，對當事人來說卻是極為嚴重的事態。

雖然這在現今的日本是完全無法想像的事情，但要說絕對不會發生在日本嗎？那可不一定。日本從一九四五年戰敗後，到四九年初道奇計畫（編按：二戰後美國為使日本經濟獨立與穩定所制訂的財政計畫，由美國占領軍財政顧問道奇〔Joseph Dodge〕提出而得名。）為止的期間，也曾經歷過物價暴漲七十倍（年平均一九〇%）的高度通膨。

針對這樣的高通膨有各式各樣的疑問產生，例如原因是中央銀行政策失敗嗎？降溫的關鍵是什麼？前述蘇丹留學生的碩士論文，最初也是以探討這些疑問為目的，不過在與他互相討教的過程中，我自己關注的方向卻稍微有了不同。

在與他談話中最令我意外的，就是即使身處在異常高的通膨率下，人們的生活並沒有因此土崩瓦解，有一餐沒一餐的狀況似乎也不是一定會上演。豈止如此，按照他的說法，日常生活基本上跟過去沒有太大差別。這件事情著實令我驚訝，究竟蘇丹的經濟發生什麼事？

整齊劃一地漲價

身處在通膨下的蘇丹，那些銷售商品的人在想些什麼呢？那就是把上漲的進貨成本轉嫁到售價上。此外，售價如果比其他同業的售價低太多會虧損，高太多又不會有客人上門，因此配合其他同業的價格也很重要。除此之外，店裡員工的薪水也必須以適當的幅度提高才行，否則在所有東西都漲價的情況下，他們的生活會無以為繼。商店經營者會像這樣一邊觀察進貨價格、其他同業的價格以及薪水，一邊用相同幅度提高銷售價格。

由於每家店或廠商都採取相同的行動，因此每項商品的價格與薪水，也都以幾乎相同的比率上漲。當然，也可能會有企業因為某些理由，調薪幅度較低，造成在那家企業工作的勞工蒙受損失，或是漲價幅度比其他同業小而吃虧，不過從整體來看，各式各樣的產品價格與薪水在那幾年間，都以幾乎相同的速度持續上漲。

如此一來，由於各企業營收實質上沒有太大改變，因此經營者也可以暫時鬆一口氣。而消費者也是，因為薪水在實質上並沒有太大的變化，所以不至於使購買力大幅下降。蘇丹的日常生活就這樣勉強得以維持。此處的重點是，如果所有價格（也包含勞動對價的薪資在內）上漲幅度幾乎一致的話，就算上漲率非常高也不會造成致命性的打擊。

聽完蘇丹留學生的說明，我一方面感到豁然開朗，一方面又被所有價格與薪水幾乎同步上漲的神奇現象所吸引。價格與薪水整齊劃一地上漲，簡直像蚊柱的移動一樣，而且移動速度還快得令人不可置信。

不過若靠近蚊柱定睛一看，各項商品的價格會因為生產企業或銷售店面的個別情況，呈現相當混亂的波動狀態。在高通膨底下，那種混亂的程度絕非一般情況可以相比，所以「整齊劃一」純粹只是遠觀所見而已。像蚊子與蚊柱這種微觀與宏觀的對比雖然一直都存在著，但在高通膨底下，會顯得比平時更清晰易見。

要實現「整齊劃一」，必須要有商品間的調和才行，那又是什麼創造出調和呢？假如政府對企業或勞工下令統一變更價格或薪水，或是企業互相交換密約提高價格的話，應該會相對較容易實現吧。不過據說蘇丹既沒有政府的管制，也沒有企業間的密約，那究竟是什麼創造出調和的呢？

創造出調和的，就是人們的預期。經營者先預期其他同業或供應商會訂出什麼價格，再決定出自己的價格。此外，勞工會先預期生活所需的各種商品價格將如何變化，再各自要求雇主提高自己的薪水。價格或薪水的相關決策者，會費心預測其他人的定價行為，再拿來與自己決定的價格整合。在這個過程中很重要的一點是，人們的預期大抵上都是一致的。當人們的預期一致，再根據這個基礎進行個人的定價時，就會創造出「整齊劃一」的結果。

範數——物價與薪水的「預設選項」

所謂人們的預期一致，就是物價與薪水的未來行情有社會共識的意思。以甘迺迪與詹森這兩位美國前總統的經濟顧問聞名於世的亞瑟・歐肯（Arthur M. Okun），將這種社會共識稱為物價或薪水的「範數（社會規範）」（norm）。

所謂的「範數」，簡單來說，就是社會上的人們共有的行情觀點。對於熟悉手機或電腦的人來說，「預設值」（各種設定下的初始狀態）這個說法或許更容易理解。近來社會上各種有關約定事項的初始設定，也有愈來愈多被稱作預設值。

關於物價或薪水，有「每年大約提高這麼多」的範數／預設值，那就是整個社會所共有的。當然，與手機的初始設定一樣，雖然可以改變設定，但變更有一定的程序（例如獲得相關人士同意等等），而且很麻煩，因此若非逼不得已，否則就像手機的選項一樣，會維持初始設定，這便造就了範數的持續性。

範數會受到景氣好壞、政府或中央銀行的政策、技術進步、人口動態等各式各樣的因素所影響。歐肯強調的重點是，範數雖然會反映這樣的社會變化而改變，但那個改變是很緩慢的。比方說，就算目前的景氣暫時表現得很好，範數也不會立刻有所反應，景氣的改善要持續到一定程度以後，範數才會開始反應，而且範數與預期密切相關，因為在社會上大多數人都遵循範數來決定價格或薪水的狀況下，只要知道範數就能夠預期其他人的定價行為。

其實我自己是直到最近才開始使用範數的概念，使用的契機是與經營避險基金的美國友人討論日本的通縮之際，想要設法表達出日本社會充斥著「物價不會上漲」的氣氛卻辭不達意時，這個代表一般社會規範（不僅限於物價）的「social norm」一詞，便自然而然地脫口而出。

幾天之後，在與當時研究室就在我對面的吉川洋教授閒聊時，得知凱因斯（John Maynard Keynes）的後繼者們曾在一九六〇年代到七〇年代，針對範數作為物價或薪水最重要的決定因素進行過研究。這個用詞在經濟學史上有很明確的根源，不過以一九八〇年代初期為分水嶺，「範數」

一詞從此消失在論文或教科書上。理由據他所說，是因為被「預期」這個更有吸引力的概念（當時的經濟學家如此相信）給取代了。

雖然前面寫說預期與範數密切相關，但其中仍然存在著無法忽視的差異。實際上，我在向避險基金的友人說明時，之所以使用「範數」一詞，是因為我感覺用「預期」並不能夠充分表達出日本的狀況。即使時至今日，我依然有不少時候會有這種感覺，認為「範數」比較適合用來說明物價的現象。

雖然從心境上來說，我是希望在這本書中，也能以「範數」為核心來談論物價，不過「範數」既已消失在學界的聚光燈下，我自己的研究成果也幾乎都奠基於「預期」的情況下，那是不可能的事。本書將繼續以「預期」一詞進行說明，但當你覺得預期這個用詞似乎哪裡不太對勁時，我強烈建議可以試著代換為「範數」看看。

在起初已有預期

人們的協調行為與其背後的預期，不僅是在蘇丹的事例當中扮演重要角色而已，在其他高通膨的事例中也一樣。在調查惡性通膨事例的研究中，造成高通膨的機制可以推測如下：①大家都預期物價會以X％的比率上漲，②企業或店家改寫標價，③結果物價實際按照那個比率上漲。

由於這套機制是人們預期的事情被實現在現實中，因此又稱「自我實現預言」。因為這樣而發生的，就是「自我實現的通膨」。「在起初已有預期」的心理是重點，從這個意義上來說，是預期決定了物價。如果事後的結果正如當初所預期的話，人們會更加確信自己當初的預期是對的，接下來就會以那個預期為前提來採取行動。當這樣的循環一再上演，那個預期就會逐漸擴散，成為整個社會所共有的。

在起初已有預期——那麼那個預期又從何而來？感覺隨即會有人提出這樣的疑問。物價的預期究竟是如何形成的？這不管是對研究者或像日銀這種政策制定者來說，都是極為重要的論點。細節留待下一章深入探討，總之本章先預設有某種機制會決定預期，並優先說明後續將發生什麼事情。

若要白話地解釋「在起初已有預期」是什麼意思，那就是在X％裡填入什麼數字都無所謂。如果人們預期物價每年上漲二十％，實際上就會上漲二十％；如果認為是五十％，實際上就會上漲五十％。無論是什麼樣的預期，最終都會實現。

看到這裡應該也有人會心想，如果X是任何數字都無所謂的話，那麼就算是一千、一萬或更高的數字也都有可能囉？或者應該也有不少讀者覺得，因為設法避免讓X變成天文數字是政府或中央銀行的責任，所以說明中完全沒有提到那些組織的話，實在難以令人信服。事實上，說X可以填入任何數字是有點誇大了，必須符合特定的條件才行。

那麼那個條件又是什麼？這裡必須要引述兩個理論，分別是由費雪與凱因斯這兩位二十世紀最具代表性的經濟學家遺留給後世的智慧，兩者皆為討論物價時必不可缺的理論。

以下就一邊來介紹兩位偉大學者提出的理論，一邊探討X的條件。為此，我們先重新來思考一下，「如何才能讓物價以二十%的年率上漲？」換句話說就是，如何才能引起高通膨？儘管是很令人不安的思想實驗，但這應該會幫助各位更容易理解費雪與凱因斯發現的重要理論精髓。

費雪效果——物價與利率的橋梁

首先，我們從一個具體案例來掌握費雪理論的核心。

假設某國有三種商品，並且分別有三家企業生產那些商品，而消費者會攝取等量的三種商品維生。此外，消費者都在那些企業上班賺取薪水。假設不管在三家企業中的哪一家工作，能夠賺到的薪水都一樣。

接下來，我們來想像一下X這個數字是二，也就是通膨率為二%的情況好了。換言之，三種商品價格的平均值，即物價，每年會以二%的比率上漲。由於人們預期日後也會維持那樣的狀態，因此X也是二%。此外，假設薪水也是每年上漲二%，然後假設這個情形是常態。

好的，我們本來想要把X設為二十%，所以接下來就來想想看，假如有一天突然變成二十%會是什麼狀況吧。換句話說，人們的預期會變成，從今天開始到明年的今天為止，所有商品價格與薪水都會上漲二十%。如歐肯所說，範數會經歷一段時間緩慢地變化，所以認真說來，人們的預期在某天突然變成二十%的通膨，基本上是脫離現實的，不過為了盡量簡化說明，請讓我用這種形式

表2-1　預期通膨與貨幣量

	平時	惡性通膨	零通膨	通縮
預期通膨率（X）	2%	20%	0%	−2.5%
利率	5%	23%	3%	0.5%
實質利率	3%	3%	3%	3%
貨幣量	1	0.4	1.3	2.4

（注）實質利率等於利率減去預期通膨率。

假設。

在這樣的預期下，各家企業經營者想必會跟蘇丹的案例一樣，開始提高商品的售價與薪水，隔天按照二十%除以天數去計算（20%÷365）調漲的比率，再隔天繼續按照同樣比率去調漲。

接著要登場的新角色，是從事金錢借貸的人們，這些人碰到這種狀況會如何反應？在人們預期改變的第一天，已經有借錢的人肯定會非常高興，因為大部分的借款合約，都是約定在未來某個特定期限前，歸還事先約定好的金額，意思就是說，假如一年後必須歸還一百萬圓的話，如果物價在那段期間上漲了二十%，歸還當下的實質負擔也就相對降低了。

因為人們的預期改變，結果導致借錢的人獲益、出借的人受損，這是一件很不合理的事，而社會會採取一些措施，來避免這種不合理的事情發生。為了防止不合理的事情發生，只要變更成能反映二十%的物價上漲的合約即可。

至於該怎麼做呢？因為金錢的借貸會附帶利息，所以就在新合約中把利率提高二十%的程度。舉例而言，如果在最初通膨率二%的狀態下，利率是五%的話，那就提高到二十三%（表2-1）。假設今天借款一百萬圓，若按照以往的利率，一年後償還一百零五萬即可，提高後利息會變成一百二十三萬。如此一來，債務人與債權人都不會有獲益或損失，債權人會滿意新的合約，債務人或許會有一點無法釋懷，但畢竟也沒有因此吃虧，所以應該會同意新的合約吧。

由以上說明可知，人們對於通膨率的預期一旦有所改變，利率也會有同等程度的變化。這種現象稱為「費雪效果」，最初是由費雪在一九三〇年刊行的書上提出這個理論。

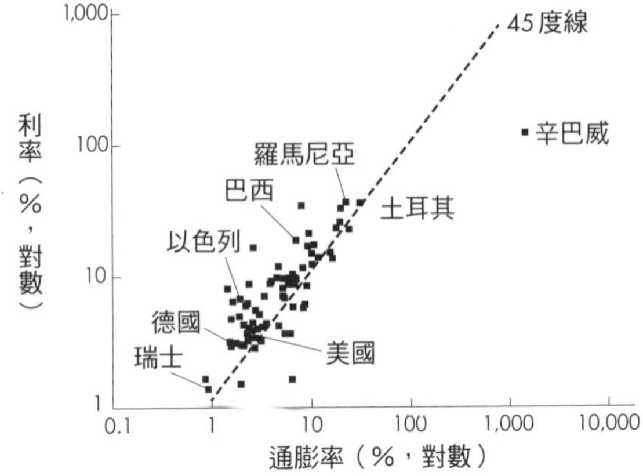

圖2-1　費雪效果

物價是在生產商品或消費商品等情況，也就是在製造商、流通業者或消費者活躍的地方登場的變數。另一方面，利率則是資金借貸等金融市場的變數，那是銀行或證券公司等機構活躍的地方。兩者乍看之下居住在不同的世界，關係似乎很薄弱，但費雪的發現告訴我們一件事，就是實際上兩者是以非常單純的形式，擁有十分密切的關聯。費雪效果是連接商品生產消費現場與金融現場的橋梁。

剛才只用簡單的例子與道理說明費雪效果，但這套理論真的有在社會中運作嗎？以下就來看看實際的資料吧。

圖2-1的散布圖橫軸是通膨率，縱軸是利率，上面每一

個點代表不同的國家，圖中有像日本或美國這種通膨率低的國家，也有像辛巴威這種惡性通膨的國家。這裡要請各位注意，由於各國通膨率存在龐大差距，因此為了更容易掌握整體概況，橫軸與縱軸的刻度皆採用對數。

由圖明顯可見，通膨率高的國家，利率往往也比較高，這表示費雪效果在現實世界中也運作得十分透徹。若看得更仔細一點可以發現，幾乎所有點都落在稍高於四十五度線（＝通膨率與利率一致）的位置。換句話說，利率只會比通膨率稍微高一點。利率減去通膨率就稱作「實質利率」，那表示許多國家的實質利率都是正數。

凱因斯的流動性偏好理論

好的，托費雪的福，我們知道物價與利率密切相關，所以如果通膨率從二％上升到二十％的話，利率就會反映人們的預期，從五％上升到二十三％。

利率一旦上升，人們就會減少持有貨幣。為什麼人們會變得沒那麼想持有貨幣？因為與其把貨幣留在手中，不如拿去運用在公債等債券上還比較有利。

一萬圓鈔票放在保險箱裡，放了一年還是一萬圓，換句話說，紙幣的的利率是零，然而同樣金額若運用在債券上會產生利息，在利率會上升的預期下，應該會有很多人想要持有債券而非貨幣。也就是說，在通膨的預期下利率上升的話，對貨幣的需求就會減少。

我們把想像力發揮得再極致一點，想想看當人們變得「不想持有貨幣」時，會採取什麼行動？人們應該會採取到銀行或證券公司，購買公債等債券的行動吧，也就是放棄貨幣，替換成利率上漲時比較有利的債券。

這就是前文預告過的凱因斯的發現。在一九三六年刊行的凱因斯著作《就業、利息與貨幣的一般理論》（編按：後文簡稱《一般理論》）中提到，人們對於流動性（＝貨幣）的需求，會隨著利率上升而降低，這個概念就稱作「流動性偏好理論」。

好的，這些受到流動性偏好驅使的人們，到銀行或證券公司拋售貨幣後，暫時感到放心了，但收到貨幣的銀行或證券公司又該如何是好？他們應該也會基於完全相同的理由，想要持有公債等債券而非貨幣才對，結果他們出售公債給客戶後，手上的貨幣愈來愈多，這究竟該如何處理才好？銀行或證券公司會想要中央銀行接手這些貨幣，換句話說，就像客戶把貨幣交給銀行或證券公司一樣，這一回輪到銀行或證券公司把貨幣交給中央銀行了。

或許有讀者會想像銀行或證券公司的人，踏入位於日本橋的日銀總行莊嚴建築內，在窗口購買公債的模樣。當然從原理上來說，的確會進行這樣的交易，但實際上的形式稍有不同。日銀會採取的操作是賣掉自己手上持有的公債，並收取貨幣作為價款，這就是高中課本上也會出現的「公開市場操作」。日銀會以此方式吸收人們捨棄後，堆積在銀行或證券公司的貨幣。日銀進行這樣的操作以後，才算完成所有的流程，也才終於實現二十％的通膨。

至此為止花了好長一段篇幅說明，因此先在這裡爬梳一下好了。我們剛才進行了一個令人不安的思想實驗，就是該如何才能引起高通膨。我們知道要實現通膨，必須具備兩個條件：第一個條件是人們對此有所預期，並且那份預期要形成社會共識，第二個條件是中央銀行進行操作，吸收氾濫的貨幣，兩個條件缺少任何一個，通膨都不會發生。說得諷刺一點，通膨就是預期通膨的人們，與不遺餘力幫助實現那份預期的中央銀行，雙方密切合作之下的產物。

德國的惡性通膨

人們一旦預期會通膨，人們的貨幣持有量就會減少——實際上究竟有沒有發生過符合這套理論的案例？我們從資料上來確認看看吧。

圖2-2所呈現的是德國在一九二〇年代發生惡性通膨時，預期通膨率與貨幣量的走勢，此處所顯示的貨幣量是德意志帝國銀行（Reichsbank），也就是當時的中央銀行，所發行的銀行券流通金額除以物價的數字，此處以除以物價的方式，來衡量貨幣的實質價值。

這張圖在說些什麼應該不需要說明吧？圖中很清楚呈現出預期通膨率上升，貨幣量就會減少的相關性（負相關）。前文提到惡性通膨因為物價的本質表現得比雜訊更為明顯，所以很便於理解，相信從這個地方就能體會到那句話是什麼意思。

若要再補充一點當時德國的情況，那就是在惡性通膨的漩渦中，貨幣量本身是增加的。例如

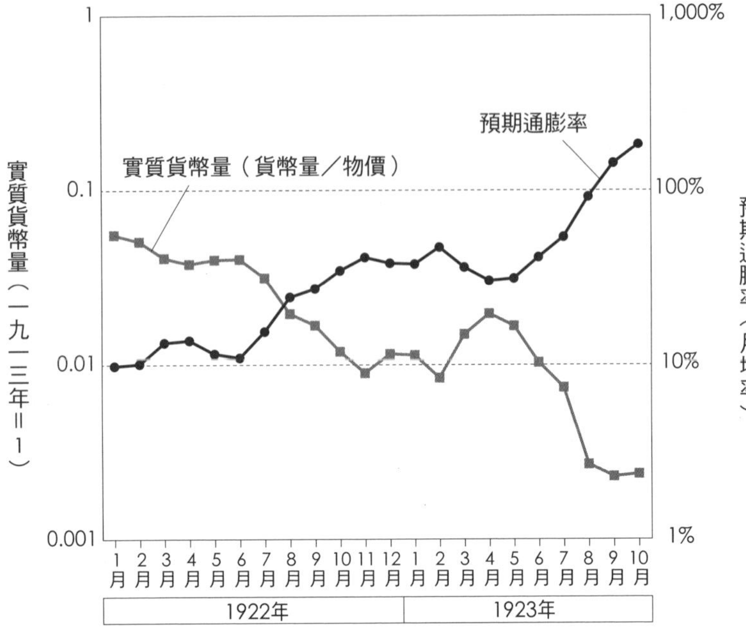

圖2-2　德國惡性通膨期間的預期通膨率與貨幣量

在一九二二年一月到二三年八月之間，貨幣量增加了五．七倍。由於在惡性通膨期間，人們會捧著滿手貨幣去買東西，因此貨幣量增加這件事情本身並不值得驚訝。

我們該看的不是那一點，而是那種貨幣可以買到多少商品。德國同一時期的物價漲了二十五．七倍，換句話說，如果從與物價的對比來看，人們持有的實質貨幣量減少到原來的五分之一左右，這個現象又稱為「逃離馬克」（編按：馬克為當時德國的貨幣單位）。

前面描述的內容都彙總在圖2-3中。這張圖是用日本的資料推估貨幣需求會如何隨利率改變，這就叫做「貨幣需求曲線」。圖的縱軸代表國家的利率，橫軸代表對實質貨幣的需求。貨幣需求曲線是一條負斜率的曲線，表示利率上升的話，對貨幣的需求就會減少。雖然是張乍看之下平凡無奇的圖，但光這一張圖就集結了本章所有想說明的內容。這條貨幣需求曲線也是根據實際的資料，呈現出凱因斯流動性偏好的概念。

圖中的A點為出發點，通膨率是二%，利率是五%。假設在這張圖上，A點對應到的貨幣量是一，那麼當人們預期會有二十%通膨，使得利率從五%上升到二十三%的話，就會移動到圖中的B點，對應到的貨幣需求就會減少至〇・四。中央銀行執行的貨幣吸收操作規模就會是一與〇・四的差，也就是〇・六。

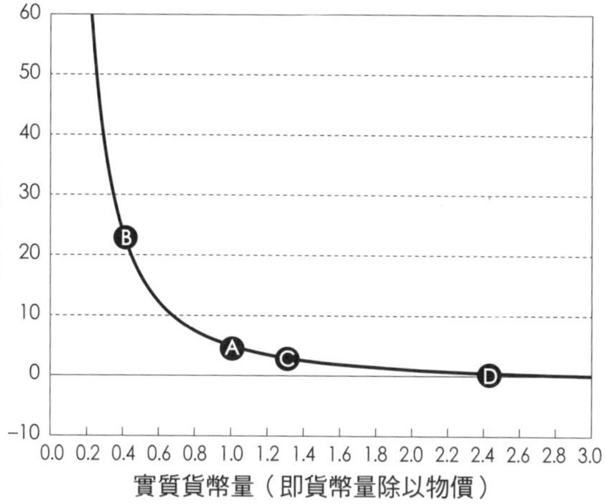

圖2-3　貨幣需求曲線

附帶一提，教科書上看到的貨幣需求曲線很多都畫成負斜率的直線，但若按照實際資料繪製貨幣需求曲線的話，雖然會如圖一樣呈現負斜率，卻會是稍微複雜的形狀而非直線。其實貨幣需求曲線呈現這樣的複雜形狀而非直線，對於執行貨幣政策的中央銀行，尤其是飽受物價下跌的通縮所苦的日銀來說，具有重要的意義，這一點會在稍後詳細說明。

3 與預期的搏鬥

好的，到目前為止我們思考了惡性通膨究竟是如何發生的，但無庸置疑的是，惡性通膨絕對不是一個令人樂見的情況，而且假如有人真的去思考該如何引起惡性通膨的話，那應該是個危險分子吧。

話雖如此，想要阻止炸彈恐怖攻擊，必須精通炸彈的製法才行。從如何預防惡性通膨的觀點來看，了解引起惡性通膨的方法是有益的。實際上，中央銀行與政府一直以來為了如何預防惡性通膨的問題，千方百計地做了各式各樣的努力，那些努力也在一定程度上發揮作用，因此至少近年來並未在各已開發國家看到惡性通膨的事例。在本節當中，我們一起來看看中央銀行如何在抑制物價上辛苦奮戰，而那樣的苦戰又是在什麼樣的架構中進行的吧。

價格變化的兩個面向

防止惡性通膨的智慧關鍵，就是X%的X要由中央銀行或政府決定，而不是讓群眾來決定。如果群眾擅自決定X是多少的話，由於人們的心情很容易變來變去，因此X會起伏不定，通膨率的振幅也會變大，如此一來經濟就會變得不穩定。

X由官方主導來決定，而不是委由民眾決定，看起來或許違反了自由主義經濟下政府不隨便插手的原則，不過那純屬誤解。就算說X由官方來決定，也不會變成戰時價格管制那種狀況，每一項商品的價格絕對還是保有變動的自由。

例如生產力高度成長的企業，商品價格會以稍微低於X％的速度上漲；反之，生產力低的企業，價格則以稍微高於X％的速度上漲，結果前者的商品價格雖然會比後者的商品低，但這都是反映生產力差距的健康差異。

換句話說，價格變化是由兩個因素所構成，分別是所有商品共通的趨勢性因素，還有由個別商品固有情事所決定的因素。物價是各種商品價格的平均值，而在由商品固有情事所決定的部分，各項商品價格的高低會互相抵銷弭平，這在統計學中稱作「大數法則」。相對於此，所有商品共通的趨勢性因素則會殘留下來，不會消失，這個部分才是物價。

金本位制與固定匯率制

相信經過這樣的整理後即可明白，各種商品價格平均值的物價變化固定在X％，與各種商品價格因反映生產力差距等因素而自由變動，絕非互相矛盾的兩件事。用蚊子與蚊柱來說的話，決定X就相當於決定蚊柱的移動方向或速度，但這也不代表會嚴格控制每一隻蚊子的移動。

回顧過去的歷史，人們曾經設計出各種機制作為決定X的方法，例如金本位制便是其一。日本在一八九七年頒布貨幣法，日本銀行約定用〇・七五克的黃金兌換一圓的日本銀行券。當時的日銀券上明確印有「憑本券可兌換金幣拾圓」的字樣，黃金自古至今都是稀有的資源，而且每年的產量也不會大幅變動，因此黃金的價值向來穩定，約定用固定比率兌換黃金與日圓，讓日圓的價值保持穩定，也就是讓物價保持穩定，是設計這個制度的目的。在日圓價值與黃金價值掛鉤，且黃金價值穩定的狀況下，人們就會預期「X趨近於零」。

第二次世界大戰結束後，凱因斯等戰勝國代表聚集在美國東北部的布列敦森林，討論該如何建立新的體系來取代金本位制，當時導入的就是固定匯率制，這也可以視為決定X的機制之一。例如以美元與日圓來說的話，兌換匯率直到一九七一年發生尼克森衝擊（Nixon shock，編按：指時任美國總統尼克森為解決國內通膨問題，突然片面宣布美元與黃金脫鉤等經濟舉措，造成各國金融動盪。）前，都固定在一美元兌三百六十日圓。

在這個狀態下，假如日本選擇了比美國的X更高的水準，日圓就會貶值到超過三百六十圓，為了維持一美元兌三百六十日圓，日本與美國的X必須是相同的值才行。換句話說，固定匯率制具有防止日本與美國的X值乖離的功能。

當時的美國因為是大國，所以美國政府在實質上擁有權利，可以憑著自主判斷來決定X；另一方面，身為小國的日本則是接受美國所選擇的X值，因此美國政府或中央銀行一旦因為任何失誤陷入通膨過高的狀況，日本的通膨率也會隨之高漲。此時的日本不僅在安全保障上，連在「通膨率的決定」這層意義上，也可以說與美國是命運共同體。

通膨目標制

現在日本採取的是浮動匯率制，而非固定匯率制，不需要被動接受美國選擇的X，可以自行決定X。在二〇二一年的現在，日銀與日本政府選擇的X是二%。日銀與政府在二〇一三年決定導入「通貨膨脹目標制」（以下稱通膨目標制）的機制，這套機制正如字面上的意思，是預先決定好通膨率的目標值，再推動日銀的政策以實現那個目標值。

目前導入這套機制的不僅日本而已，許多主要已開發國家，例如美國或歐洲等等，也都採用同樣的機制，只是每個國家的X值略有差異。美國或歐洲與日本同樣都是二%，因此在這樣的設計下，世界主要貨幣的美元、歐元以及日圓間的兌換匯率不會大幅變動；相對於此，鄰近的國家則各不相同，例如韓國在一九九八年導入通膨目標制當時是九%（後來階段性地降到現在的二%），印尼是五%，菲律賓是四%。由於這些國家的通膨率本來就高於已開發國家，因此考量到這一點才把目標值設定得比較高。

紐西蘭、加拿大、英國這三個國家，是全球率先導入通膨目標制的國家（圖2-4），一九八〇年代後半期的紐西蘭苦於逼近二十%的高通膨，為了克服此事在八九年修正中央銀行法，並導入通膨目標制。一開始設定的目標是讓通膨率收斂到〇至二%的範圍內，實際導入後不僅通膨率的水準下降，通膨率的起伏不定也停止了。而通膨率水準下降與變動幅度縮小，在加拿大與英國的部分，同樣可以從實際的資料上進行確認。

這樣的效果一般認為是因為中央銀行向人們宣布目標通膨率一事，使得社會形成共識，認為通膨率應該不會與目標有太大差距。換句話說，在中央銀行與政府主導的形式下決定X值，成功地讓人們的預期朝著那個數字收斂。只是就如我們即將在下一章所看到的，關於人們的預期收斂是否完全，仍然殘留著不確定的部分。

尋求物價的錨

決定X的機制統稱為「名目

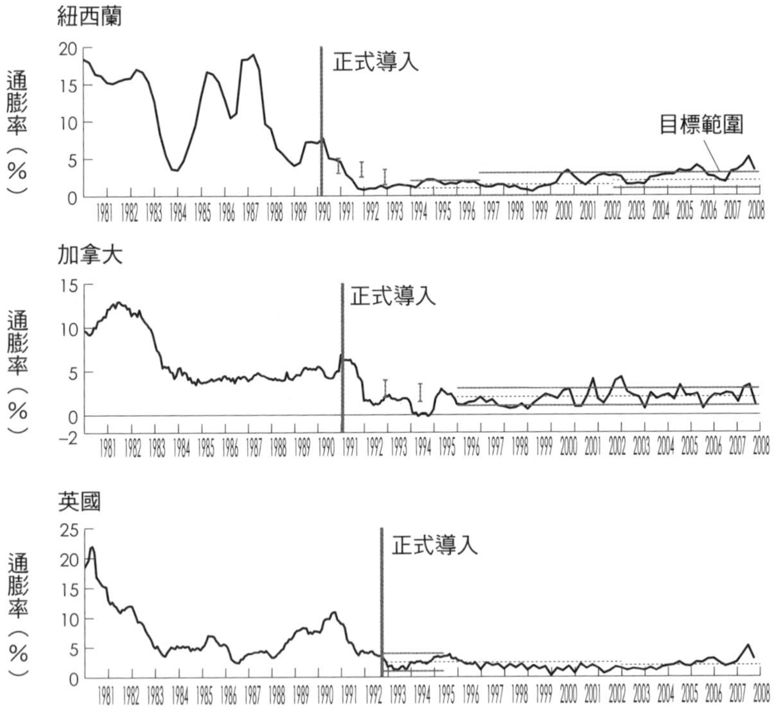

圖2-4　通膨目標制的導入案例

定錨」（nominal anchor），金本位制、固定匯率制、通膨目標制都是名目定錨的制度。名目就是指用日圓或美元等各國貨幣單位來表示的意思，錨即船錨，為了避免各國的貨幣（以日本來說就是日圓）價值像在狂風暴雨中被沖到外海的船一樣，所以需要好好地定錨。

至於名目定錨要如何創造比較好，這個問題目前依然意見分歧。例如有人主張應該要回歸到金本位制，而在設計貨幣制度的過程中，也有不少時候名目定錨被當作討論的重點。

比方說德國與法國目前都使用歐洲的共同貨幣歐元，這個狀態即可視為德國的歐元與法國的歐元個別存在，並以一比一固定匯率來掛鉤的固定匯率制。在導入歐元的二〇〇二年當時，這被認為是一種理想的名目定錨。不過隨著英國脫歐等事態發生，也開始出現一些意見，認為各國是不是該恢復原本的貨幣，像德國就是馬克，法國就是法郎這樣，並改採浮動匯率制。

此外，最近在區塊鏈等技術進步的背景下，貨幣的電子化正急速進展中，說不定在不久的將來，就會有哪個國家的電子貨幣變得更方便，可以跨越國界在各地使用。如此一來，就會與現在各國中央銀行讓自己發行的貨幣衡量的物價保持穩定的情形大不相同。在這之中，關於名目定錨該以何種形式存在，想必也會是今後持續討論的議題。

只是一般認為在目前這個階段，還是會維持現行的架構，也就是美元、歐元、日圓等主要貨幣之間為浮動匯率制，而各國與地區則透過通膨目標制，各別建構出自己的名目定錨，以下內容將以此為前提繼續探討下去。

中央銀行vs.民間——爭奪X主導權的拉鋸戰

在此重新複習一下，在通膨目標制底下，決定X的不是民間而是中央銀行，中央銀行會在某一天公告X的值，然後群眾會預期商品的價格或薪水，將按照那份公告上漲，於是利率會隨之改變，人們的貨幣需求也會進一步改變，最後中央銀行會因應貨幣需求的變化，進行買賣公債的操作。

這套劇本的假設是人們會接受中央銀行所公告的X，並預期會發生X%的通膨。但人們並不是永遠都如此順從，也有可能中央銀行公告「X是二%」，但企業經營者或消費者堅信X是別的值，而決定出與中央銀行意向相反的價格或薪水。

尤其如果是那些到昨天為止都還是高通膨的國家，就算中央銀行總裁公告說從今天開始X是二%，或許經營者與消費者還是會無視那份公告，依舊按照過去的速度調升價格或薪水。如果使用名目定錨的定錨一詞來描述的話，這個狀況就是中央銀行試圖把人們對於通膨的預期定錨在二%，結果大家卻不跟著走，而陷入失敗的窘境中。

在導入通膨目標制的初期，實際上就發生過這樣的狀況，例如英國在一九九二年導入通膨目標制，把目標設定為一至四%，但試圖穩定物價的中央銀行與重視經濟成長的政府之間，在導入後依舊持續拔河，到了景氣惡化的一九九五年，財政大臣判斷比起把通膨收斂到目標範圍內，刺激景氣應該是更為優先的事，便不顧中央銀行總裁的反對，毅然決然推動貨幣寬鬆，使情況陷入一片混亂，英國著名雜誌《經濟學人》如此報導當時的情形：

即使公布通膨目標值，人們對通膨的預期依舊沒有按照政府與中央銀行的期望下降。人們不相信政府會使通膨率收斂到目標範圍內，認為政府遲早會違背承諾。

那麼假如人們不遵循中央銀行的公告，究竟會發生什麼事？我們來想想看這樣的狀況好了：假設中央銀行公告為二%，但人們無視那份公告，並堅信X是二十%，經營者會以一年二十%的速度調漲各種商品的價格，薪水也會以同樣的速度調漲，而在金融現場，利率會按照二十%的水準去調升，對於貨幣的需求則會相對減少。

到此為止的過程都是在民間主導下推進的，沒有中央銀行的戲份，不過接下來就不一樣了，如前一節所看到的，中央銀行會收到將貨幣換成公債的請求，此時才是中央銀行大展身手的時刻。如果中央銀行按照人們的要求交換貨幣與公債的話，就會變成在為二十%的通膨推波助瀾（請回想一下引起通膨的兩個條件），想要替二十%的通膨踩下煞車的話，此時必須戒急用忍，採取對策才行。

可以想到的一個方法是，因為人們紛紛上門要求中央銀行收取貨幣，所以乾脆採取強硬拒絕的方式，來干擾二十%的實現。不過假如強硬拒絕的話，那就代表在執行貨幣寬鬆的意思。以結果來說，市面上會充斥著貨幣，利率會下降，利率降低將進一步招致物價攀升。換句話說，這是在對原本就預期高通膨的社會火上澆油。

所以在這種情況下，不是要強硬拒絕人們的請求，反而應該要吸收比請求量更多的貨幣。雖然聽起來自相矛盾，但這是讓通膨平息下來唯一的路。

一旦中央銀行開始大力吸收貨幣，原本充斥在市面上的貨幣就會反過來變得有點稀缺，結果將使得利率大幅上升到超過二十%的水準，而這就是貨幣緊縮，對於抑制通膨具有很強的效果。

舉例而言，假設中央銀行超額吸收貨幣，讓利率上升到三十%好了，由於利率比想像中的更高，因此經濟會冷卻下來，通膨率會降低。在現實生活中看到通膨率降低的人們，對於二十%通膨會持續下去的預期不再滿懷自信。於是原先滿腦子堅信X＝二十%的人們，在預期被擊潰之後，應該會轉念變換到比二十%更低的X吧。

即使如此，那個X說不定還是高於中央銀行的二%目標值。在那種情況下，中央銀行可以進一步採行超額貨幣吸收，來瓦解人們的預期。反覆執行這道程序，最後人們選擇的X將會下降到二%，也就是中央銀行的通膨目標值。到此為止，中央銀行與民間的拉鋸戰才宣告落幕。

貨幣政策的鐵則——「泰勒法則」

當人們預期的通膨率比中央銀行期望的水準高時，藉由大幅（超過人們預期通膨率的幅度）提高利率的方式來對抗人們的預期——這是中央銀行政策運作的鐵則。包含日本在內，各已開發國家的中央銀行都是遵循這項鐵則進行政策的運作。只是雖說是「鐵則」，歷史也並不是那麼地悠久。約翰．泰勒（John B. Taylor）提出這個法則的一九九三年，相對來說其實是最近的事。現在這個鐵則一般稱為「泰勒法則」（Taylor Rule）。

泰勒法則是讓通膨目標制發揮功能的必要條件。在通膨目標制這套機制下，雖然中央銀行高調宣告通膨目標值容易引起關注，但光是大聲宣告並不能夠改變人們心中相信的X。必須在宣告目標值的同時告知人們，對於人們相信的X偏離中央銀行目標值這種緊急事態，中央銀行是有所準備與決心的。只要條件具足，即使是到昨天為止都還持續高通膨的國家，也可以隨著中央銀行總裁的宣告，將X誘導向中央銀行設定的目標水準。

泰勒曾經檢驗美國的中央銀行，即聯邦準備系統（Federal Reserve System，以下簡稱聯準會）過去的行動是否符合這個法則。根據檢驗結果，在一八九七年到一九一四年的貨幣緊縮期間，通膨率每升高一％，聯準會隨之而來的反應是將利率提高〇．〇三四％。

在通膨率上升時提高利率當然是正確解答，但問題是調升的幅度。明明通膨升高一％，利率的調升幅度卻這麼小，借錢的人應該會借入更多錢，並且支出更多錢吧？那樣一來，就無法阻止景氣過熱，通膨也不會下降。泰勒法則要求的是通膨率每上升一%，至少要調升一%的利率。當時聯準會的行動並未符合泰勒法則，抑制通膨的意志可以說還不夠堅決。

針對一九六〇年到一九七九年期間進行同樣的推算後發現，通膨率每上升一%，利率調升的幅度提高到〇・八一三%，有了大幅的改善。但即使如此，利率調升幅度還是低於一%的通膨率，因此仍未符合泰勒法則。

狀況大幅改變是在進入一九八〇年代以後。在一九八七年到九七年的貨幣緊縮時期，通膨每上升一%，利率調升幅度升高到一・五三三%，這時總算才符合泰勒法則。

後來經過研究確認，不符合泰勒法則的時期，通膨率的波動較大。這次檢驗揭曉了當時聯準會在政策運作上還不夠熟練，無法妥善抑制人們的通膨預期起伏。

自我實現的通貨緊縮

好的，前面我們探討的是人們預期的X超過中央銀行目標值的情形，那如果反過來的話，人們預期的X低於目標值的情況又如何呢？

首先，我們來想想看假如X為零（X＝0%），也就是稍微低於中央銀行的二%目標時，會是什麼情形。由於通膨率比目標低二%，因此利率也相對低二%的水準，就是三%（參考表2-1「零通膨」那一行）。此時，對貨幣的需求會增加到一・三，因為利率較低，公債變得比較沒有吸引力，人們會考慮持有較多的貨幣。

先用剛才的圖2-3（九十九頁）來確認看看吧。出發點A點是X與中央銀行通膨目標值二％一致，利率對應到五％；相對於此，現在思考的是C點，這裡的X為零，利率是三％，C點對應到的貨幣量為一・三。

如果要避免X低於二％的狀況，中央銀行必須供給超過人們要求的貨幣，讓貨幣供過於求，好讓利率降低到三％以下。這是在X低於二％情況下的泰勒法則。降低利率即貨幣寬鬆，具有提高通膨的效果。

到目前為止，只有剛才看過的X大於二％的情況，與完全相反的情況發生而已，因此沒有什麼特別新奇的，但當X更低的時候，情況就不一樣了。我們來思考看看X變成負值的狀況（X＝−2.5％），也就是人們預期物價會下跌的通縮狀況。對照表2-1最右邊那一行的話，利率為〇・五％，圖2-3的D點所代表的就是這個狀況。

此處該關注的是D點對應到的貨幣量。由於利率變得更低了，因此公債更加沒有吸引力，人們會想要持有大量的貨幣。此時貨幣的需求量是出發點A點的二・四倍，是相當高的水準。按照泰勒法則，若要擊潰人們的預期，就要供給比這個水準的貨幣量還要更多的貨幣。

這從原理上來說或許並非不可能，但從中央銀行的實際業務來想的話，要執行如此大規模的操作絕非易事。供給巨額貨幣量就是向銀行或證券公司收購等額的公債，即使買下銀行等單位所持有的全部公債，也有可能無法達到那個金額。如此一來，操作幾乎是不可能的。

一旦無法執行操作，中央銀行就無法擊潰預期。最終二．五％的通貨緊縮將會實際上演。這個的意思就是人們預期通縮，且這個預期最後會實現，又稱「自我實現的通縮」。雖然物價的變化方向完全相反，但與自我實現的通膨在原理上是同樣的現象。

假如自我實現的通縮之所以發生，是因為「無法進行巨額操作」這個實務上的理由的話，那麼針對這個部分或許還有一些施力的空間，不過糟糕的是，自我實現的通縮的發生，從原理上來看是無可避免的。

這件事情只要假設X是更大的負值，例如X＝－20％的狀況來想，就能夠理解了。如果人們預期會有這麼劇烈的通縮，利率就會變成負數。X＝－20％對應到的利率，計算出來會是負的十七％。泰勒法則會要求中央銀行增加貨幣供給量，以實現比這個水準還要再低的利率水準。不過這是不可能的，因為即使沿著圖2-3的貨幣需求曲線往右前進到比D點更遠的地方，也無法達到那麼低的利率水準。如圖所示，不管往右前進多少，利率頂多只會到比零低一點點的地方而已。也就是說，中央銀行無論再怎麼掙扎，也不可能實現負十七％的利率水準，沒有辦法擊潰X＝－20％的預期。

對於人們預期的X太高的狀況，即使X再高也有辦法擊潰那個預期；相對於此，在X太低的情況下，一旦超過臨界點就無法處理，不可能擊潰那個預期。從這層意義上來說，中央銀行控制物價的能力，在通膨與通縮上是不對稱的。

身為生意人的中央銀行

這種通膨與通縮之間的不對稱性究竟從何而來？從前文的說明可知，不對稱性是出自於貨幣需求曲線的形狀。如果貨幣需求曲線是直線的話，中央銀行應該只要採取完全相反於因應通膨預期時的操作，即可應付通縮預期。不過實際上貨幣需求曲線並不是直線，而是如圖2-3（九十九頁）所示，呈現複雜的形狀（向下凹的形狀）。由於圖2-3是使用實際資料描繪出來的，因此貨幣需求曲線實際上就長這個樣子，這一點是無庸置疑的。那麼貨幣需求曲線究竟為什麼會呈現這樣的形狀？

要說明這件事情，比較方便的做法就是把中央銀行視為一家企業。既然是一家企業，就必須要有銷售的商品才行。中央銀行販賣的商品是貨幣（銀行券），人們會把貨幣使用在各種型態的支付或結帳上，但中央銀行是透過發行貨幣這件事，向人們提供這種結帳服務。由於銀行券的發行在許多國家都是中央銀行的專利，因此中央銀行是獨占供給結帳服務的特殊企業。只要供給較多的貨幣，結帳服務的供給也會等比例增加，結果將使得人們的支付增加，經濟活動變得更活絡，這就是中央銀行所執行的貨幣寬鬆。相反地，若限縮結帳服務的供給，經濟活動就會受到抑制，變成貨幣緊縮。

增加貨幣供給量，並增加結帳服務的供給，假如一直不斷持續下去的話，最後會發生什麼事？相信任何企業都一樣，一旦大量供給自家產品，人們遲早會說已經吃膩那個產品，或者因為手邊已經有很多，所以不需要再買更多了。這是對那項產品的需求已經飽和的狀態，由於誰都不希罕了，因此那個產品的價格就會跌到零元。

舉例而言，在聖母峰峰頂向人們販售氧氣是很好的生意，氧氣可以高價賣出，買了氧氣的人應該就能活力十足地活動了吧。不過在平地販賣氧氣就不是太聰明的生意，由於平地有取之不盡的氧氣，氧氣的需求已經飽和，因此就算想賣氧氣也沒人會買。就算有人免費分送氧氣好了，也不會有人理睬，人們的活動更不會因此而變得活躍。

結帳服務也是同樣的道理。不斷增加供給的話，需求總有一天會飽和，這就是「貨幣需求的飽和」。手邊持有現金的話，可以用來應付不時之需，因此很方便，不過那也是程度的問題，只要有一定程度的現金就夠了，剩下的以公債或股票等形式持有比較聰明，所以就不需要更多的結帳服務。所謂貨幣需求飽和，就是這個意思。

貨幣需求的飽和點

結帳服務一旦達到飽和點，中央銀行的生意就會在質性上有巨幅變化。由於人們不再需要更多的結帳服務，因此就算中央銀行追加供給結帳服務，人們的行為也不會有任何改變。換言之，一旦達到飽和點，貨幣寬鬆的效果就會消失。如果過度增加貨幣量，中央銀行就會像在平地賣氧氣的企業一樣無計可施。雖然中央銀行被賦予獨占供給銀行券的權限，從這層意義上來講是相當特殊的，但本質上仍然是生產與販賣自家產品（銀行券）的企業。製造太多自家產品並且被顧客嫌膩的話，也就不再具有神通力了。

凱因斯在《一般理論》中提出貨幣寬鬆不可能無止盡地持續下去，寬鬆總有一天會到達極限的概念，並將這個狀態命名為「流動性陷阱」。凱因斯的文章難解，只讀一次恐怕無法理解流動性陷阱究竟代表什麼意思，幸好他的後繼者約翰．理查．希克斯（John Richard Hicks）在一九三七年的論文中，提出了流動性陷阱即貨幣需求飽和的解釋。本書的說明也是以此為依據。

希克斯的論文中也有出現與圖2-3形狀相同的貨幣需求曲線，只是在他撰寫那篇論文的時候，並沒有很充分的資料可以佐證，當利率趨近於零時，利率與貨幣需求的關係會呈現什麼型態，因此也可以說希克斯是憑著想像力提出飽和點的預言。

說得更正確一點，在凱因斯與希克斯的母國英國，大約從一九三〇年代中期開始利率就很接近零，距離貨幣需求的飽和點很近。這個時期是史稱經濟大蕭條的景氣衰退期，美國與歐洲等地方都面臨嚴重通縮。可以想見他們會認為利率趨近於零是理所當然的事，而在這樣的前提下經過一番思索後，才會想出流動性陷阱的概念。

然而進入一九五〇年代以後，利率開始上升，後來足足有半個世紀都維持著利率遠高於零的狀態（圖2-5）。這段期間內，學界為了希克斯的預言爭論不休，莫衷一是，當中還出現了飽和點根本就不存在等看法。

不過近年來，針對飽和點的爭論終於看見了落幕的曙光。因為一九九〇年代以後，各已開發國家的利率持續走低，大約從二〇一〇年起幾乎趨近於零，而且跟凱因斯與希克斯的時代不同，現在有大量有關利率與貨幣量的資料，可以用來觀察貨幣需求曲線。不僅是飽和點存不存在的問題而已，如今研究已推進到實測飽和點並思考相關政策的程度。

睽違百年的零利率

順帶一提，對希克斯而言，貨幣需求飽和會奪走貨幣政策的力量，是必須忌憚的對象。不過如果以氧氣的例子來比喻，人們之所以可以充滿活力地在平地生活，而不需要擔心缺乏氧氣，就是因為氧氣十分充足，跟山頂上呼吸困難的不便生活比起來，那件事情本身絕對是好事。關於貨幣應該也是如此，人們手邊擁有充裕的貨幣，可以充分享受結帳

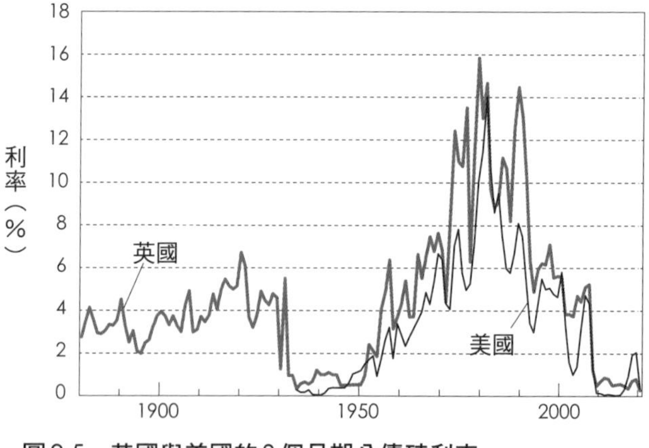

圖2-5　英國與美國的3個月期公債殖利率

服務肯定也是好事才對。

第一個指出貨幣需求飽和有這種正面特性的人是傅利曼，他在一九六九年的論文中，針對中央銀行應該供給多少貨幣量才符合社會期望此一問題進行考察，並主張應該要增加供給量到貨幣需求飽和的程度。他的論點極其簡明，一萬圓鈔票的製造成本約為二十圓，跟票面比起來成本幾乎為零，而因為成本為零，所以中央銀行不該吝於提供能讓人們生活更方便的結帳服務。這個概念又稱「傅利曼法則」，如今被定位為討論貨幣量操作政策之際的理論性出發點。

明明貨幣需求飽和的狀態在希克斯眼中有如地獄，在傅利曼看來卻是最幸福的世界，這實在是件很有趣的事。不過兩者並未互相矛盾，傅利曼站立的位置是大幅低於貨幣量飽和點的地方，從那裡向上看飽和點，所以才會提出應該以飽和點為目標，增加貨幣量的方針。另一方面，希克斯站立的位置則已經處於飽和點，他從那裡戒慎恐懼地觀察超過飽和點的世界，並提醒超過飽和點以後就不能再繼續前進，兩者皆為事實。

在二〇二一年的現在，日本、美國與歐洲等各已開發國家，睽違百年又來到零利率的飽和點。這也可以說是各國持續追求拉低人們通膨預期（即X的值），讓數字穩定維持在零附近的政策成果。所以我們或許該向前人為了克服通膨所做出的努力表示敬意，同時充分享受傅利曼曾在心中描繪的幸福世界。

不過與此同時，我們也該謹記在心的是，飽和點的前方是死路一條，而希克斯所恐懼的世界也近在眼前，亦即X如果變得再低的話，之後就會陷入中央銀行力不能及的世界。

第3章

物價可以控制嗎？

——理論的進化與政策的變化

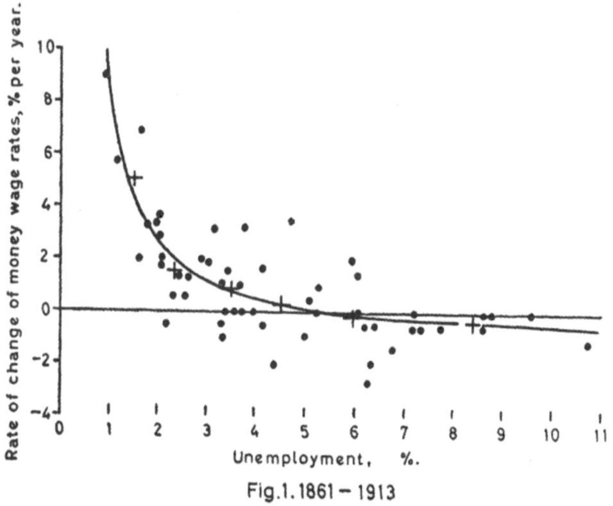

Fig.1.1861－1913

第一線的智慧促進研究發展

前一章說明了高通膨或通縮等物價不穩定性的原因，來自於人們對於通膨的預期起伏不定。這一章要來思考的是，對於未來物價好像會上漲或下跌的預期，究竟從何而來。

關於通膨預期的部分，近半世紀以來，研究人員的理解有了大幅進展，結果顯示通膨率的變動背後是通膨預期的搖擺不定，因此物價要穩定的話，通膨預期的穩定是不可或缺的。同時，如今也愈來愈清楚要讓通膨預期保持穩定，什麼樣的政策或制度是必須的。雖然目前還有很多尚未釐清的點，近年來的發展應該可以說是相當出色。

我想先強調的是，這個發展並不是一群經濟學家窩在研究室裡絞盡腦汁思索出來的紙上談兵，而是他們親身面對通膨或通縮的貨幣政策第一線，有過無數次的失敗與從失敗中獲得的教訓後，由此一點一滴累積了實務知識；接著，經濟學家把這些整理成理論，並依據這些理論來決定接下來的政策方向；不過實際在第一線執行後，卻沒有得到預想中的效果，於是經濟學家又再開始思考——像這樣，政策制定者（中央銀行或政府等在政策第一線規畫與實行政策的人）與經濟學家緊密合作，並經過各種試錯後，與通膨預期有關的知識才逐漸成形。

現正進行中的戰鬥

這種試行錯誤的主要舞台是美國。若觀察美國的通膨率（圖3-1），一九六〇年代後半期到八〇年代前半期都是高水平，而且波動很劇烈，簡而言之就是物價很不穩定，又稱「大通膨」時代（美國在碰到經濟大事件時，稱呼上有加上「Great」的慣例，一九三〇年代經濟大蕭條的英文也是Great Depression）。

沒想到到了一九八〇年代後半，又一下子進入通膨率很穩定的時期（這個時期又稱大穩定時代〔Great Moderation〕）。這個時期不僅通膨很低，GDP的變動也很小，在價格與數量這兩個面向上都很穩定。雖然關於通膨變得穩定的理由眾說紛紜，但其中最有力的就是中央銀行的政策運作很順利。換句話說，當時是以大通膨時代的失敗為借鏡，加深了關於通膨與通膨預期的理解，最終才如此開花結果。

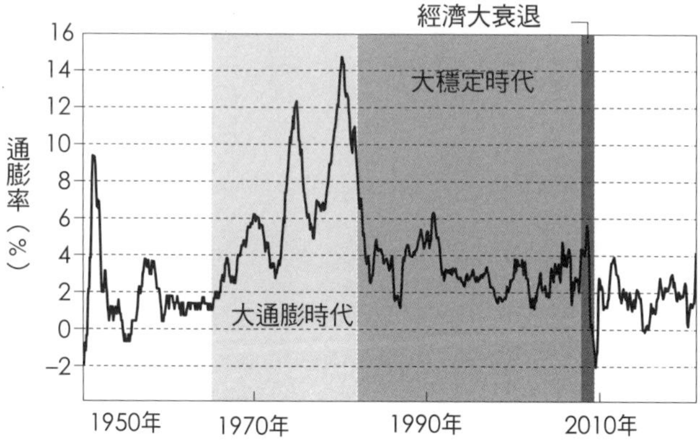

圖3-1　美國的通膨率

在這個穩定的時代，也有人宣稱說已經完全學會駕馭通膨的方法，並且期待這個穩定的時代會永遠持續下去。不過就在二〇〇八年，雷曼兄弟事件的爆發打破了這樣的期待，並從此迎來經濟大衰退（Great Recession）的動盪時代。不動產泡沫破裂與其中發生的損失造成金融機構破產，就是當時的導火線。在這個時代，物價的上漲率慢慢下降，最後甚至發生了低於零的情形。克服通膨的喜悅有如曇花一現，從此以後中央銀行開始應付棘手的通縮。

前一章說明了雷曼兄弟事件造成利率睽違百年降為零的事，而通縮同樣也是睽違百年，這兩件事情是成雙成對的現象。而且麻煩的是，通膨現象與通縮現象絕非對稱的，因此將通膨經驗中學到的技巧反過來操作，這種便宜行事的作法是無法對付通縮的。政策制定者與經濟學家面臨到全新的課題，就是在通縮下該如何控制人們的預期。這場戰鬥如今依然在進行中。

本章將從大通膨到經濟大衰退的這五十年左右的時間，按照時間順序說明政策制定者與經濟學家面對到什麼樣的現實，並以什麼樣的視角來捕捉那些現實，又試圖使用什麼樣的工具來幫助理解。另外，他們達成了什麼樣的共識，或至今仍依然一知半解的部分在哪裡，也是我想傳達的重點。

1 菲利浦曲線的發現

通膨與失業
——描繪「惱人的抵換關係」曲線的發現

事情的開端，是有人在失業率與薪資上升率之間，發現了負的相關性。

圖3-2的橫軸是一八六一年到一九五七年的英國失業率，縱軸是對應到的時期的薪資上升率，用每年的資料畫成散布圖。圖中清楚可見，一旦景氣變好、失業率下降，薪資上升率就會提高的相關性。這種相關性最初是在一九五八年由奧爾本·威廉·豪斯戈·菲利浦（Alban William Housego Phillips）所發現，因此被命名為「菲利浦曲線」。

進入一九六〇年代後，又進一步確認了菲利浦曲線也存在於其他國家，還有縱軸即使不是薪資上升率，而

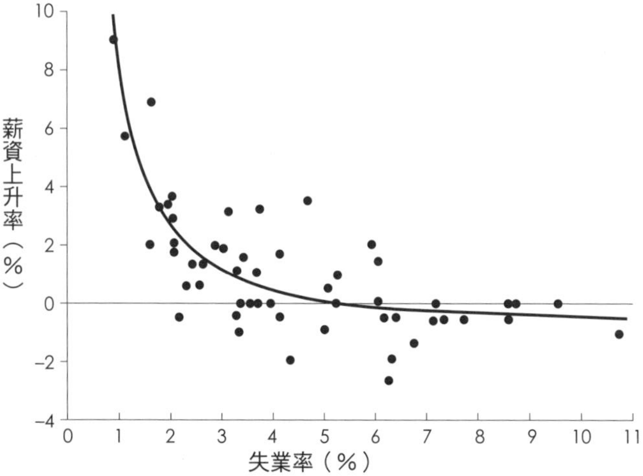

圖3-2　菲利浦曲線的發現

代換成物價上漲率，也就是通膨率，仍然呈現同樣的負相關。

菲利浦曲線對於政策制定者來說具有非常重要的意義。比方說，假如處於嚴峻的經濟狀況中，景氣不好，失業率也高，那麼為了消除社會的不安，政府或中央銀行應該會採取各種經濟對策，例如增加財政支出或增加貨幣量等等，那些對策雖然無法避免通膨率上升這個副作用，但菲利浦曲線可以告訴政策制定者，那個副作用的程度會多大。

失業率低肯定是一件好事，不過如果試圖帶到極端低的水平，通膨率就會變得非常高，成為引發全新社會問題的火苗。那麼究竟可以降低到什麼程度呢？——在菲利浦曲線被發現之前，一般認為變化是不連續的，也就是在失業者尚未完全消失前，薪資永遠不會調漲，直到失業者變零的那一瞬間，薪資才會劇烈地上漲。不過菲利浦曲線告訴我們的是，變化並不是像那樣不連續，其實是連續的。

當一方成立，另一方就不成立，這種關係叫做「抵換」（trade-off），菲利浦曲線描繪的就是失業率與通膨率之間的抵換關係，而且可以定量性地藉由曲線的斜率來掌握抵換的程度。在一九六〇年代的美國，凱因斯的後繼者們以經濟顧問身分活躍於政權中樞，舉凡美國經濟的先行預測，或者為了調查「推出某種政策後社會上會如何改變」而進行的政策模擬，都充分運用了菲利浦曲線。

失業率或用來計算失業率的就業人數，是用來表示經濟「數量」的指標；相對於此，通膨率則是「價格」的指標。也有人把表示數量的變數稱為「實質變數」，表示價格的變數則稱為「名目變數」。相對於名目變數的單位是日圓或美元等貨幣，實質變數的單位則是幾人（例如就業人數）、幾台（機械設備的量）、幾噸（生產量）等等，這是兩者較大的差異。

實質變數之間的相關性（例如生產量與就業人數的相關性）很容易理解，而名目變數之間的相關性也一樣。不過關於實質變數與名目變數之間的相關性如何，過去對於這一塊的理解並不充分。在這樣的情況下被發現的菲利浦曲線，是為實質變數與名目變數搭起橋梁的工具，不僅可以運用在政策上十分方便，在學術上也具有非常重要的意義。

「義大利麵曲線」批判與自然失業率假說

政策制定者之所以將菲利浦曲線應用在政策運作上，是因為他們相信失業率與通膨率的抵換關係是穩定的，不過實際上關係並不穩定。圖3-3是美國的菲利浦曲線，在菲利浦論文發表後的一九六〇年到六九年期間，

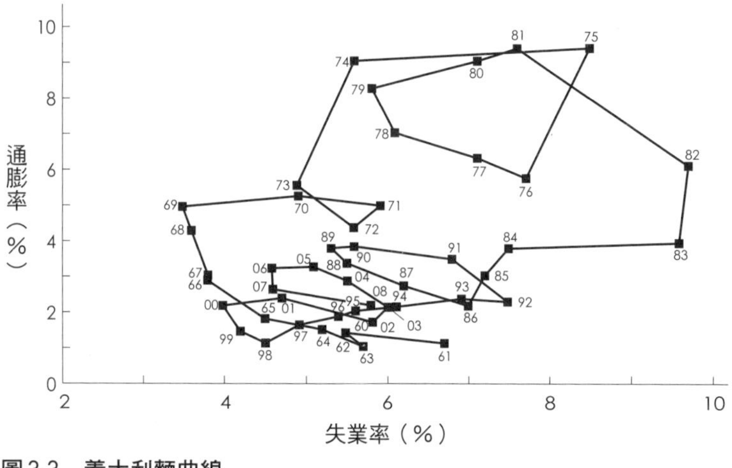

圖3-3　義大利麵曲線

看起來確實是向右下方遞減的相關性。然而，到了一九七〇年代以後，就開始迷失方向了。

一九七三年到七五年，在失業率上升的情況下，通膨率也明顯呈現上漲的趨勢，比起負相關更接近正相關。伴隨景氣惡化而來的失業率上升，與通膨率上升同時進行的情形，又稱「停滯性通貨膨脹」（stagflation，由表示經濟停滯的 stagnation 與表示通貨膨脹的 Inflation 結合而成）。若繼續追蹤後續的變動，一九七〇年代後半一度看似恢復負相關關係，但一九八三年到八六年之間又再次呈現正相關，再更往後看又重新回到負相關。菲利浦曲線迷失方向的模樣，讓曲線變得像盤子上的義大利麵一樣糾纏在一起，因此被揶揄為「義大利麵曲線」。

變調的菲利浦曲線讓政策制定者開始猶豫，不知道該不該使用在政策的建構上。與此同時，經濟學家開始思考為什麼會變成義大利麵的狀態。仔細觀察圖 3-3 會發現，向右下方傾斜的菲利浦曲線好像反覆地在位移，第一次的位移是一九七〇年代前半，往右上方位移，接著一九八三到八六年是往左下方位移，後面也發生過好幾次往右上或左下位移的情形。換句話說，菲利浦曲線並沒有消失，而是因為三不五時位移的關係，所以變得難以看出清楚的相關性。

那麼是什麼因素引發了菲利浦曲線的位移呢？學界開始討論當中的真相，其中傅利曼與埃德蒙．史特羅哲．費爾普斯（Edmund Strother Phelps）分別在一九六八年與六七年提出假說，認為是通膨預期的變化讓菲利浦曲線位移。這個假說又稱「自然失業率假說」，後來作為構成物價理論的核心理論廣為人知，並成為各種討論的依據。

若用數學式來表示自然失業率假說，則「通膨率＝通膨預期－a×失業率＋b」（由於本書希望使用平易近人的語言來傳達經濟學的精髓，因此我並不想使用複雜的數學式，但這裡如果不借用數學式的力量，討論起來會不夠精確，因此還請諒解我會盡可能使用最低必要限度的數學式）。a與b是正的常數，採用的數值因國家而異。如果暫時不看這個式子中的通膨預期那一項，那麼由於與失業率相乘的係數是負數，因此表示只要失業率上升，通膨率就會下降，這就是菲利浦曲線。綜上所述，假如通膨預期不改變的話，應該就能夠觀察到其中的負相關關係。據信菲利浦所調查的英國時代與美國的一九六〇年代，都是這樣的情形。

但通膨預期改變的話，那又另當別論了，就有可能會看不出負相關的關係。比方說，假如在失業率上升的時期，通膨預期因為某些理由而上升的話，通膨率就有可能會上升而不是下降。一九七〇年代前半的失業率與通膨率同時上升的情形，據信就是這樣發生的。

不可忽視的事實——商品的價格並不會天天改變

自然失業率假說就是像這樣藉由帶入「通膨預期」這個第三項因子，試圖理解通膨率與失業率之間觀察到的相關性，可以說是解開糾纏的義大利麵的一個劃時代想法。但這時候如果冷靜下來重新思考的話，會產生一個疑問：明明是在思考通膨率與失業率之間的關係，為什麼必須把通膨預期這種東西也端出來呢？

自然失業率公式的右邊有失業率與通膨預期，而通膨率會取決於失業率，應該不是什麼太令人意外的事。失業率降低的話，由於也會出現人手不足的企業，因此可以想像到的是薪資也會提升，然後物價應該也會隨之上漲。關於通膨預期在等號右邊的理由，雖然我很想解釋成只要人們覺得會發生通膨，實際上就會通膨，但人們的預期與實際上發生的事當然是兩回事，用心想事成這種精神論來硬辯，恐怕有點強詞奪理。

其實這個部分就是自然失業率假說的關鍵。要說明這件事，必須從本書在前文說明中一律忽視掉的、與價格有關的重要事實開始介紹才行。那個事實就是：商品的價格並不會天天改變。

超市裡面雖然陳列著許多商品，但所有商品的標價並不會每天都重寫一次，大部分的標價都跟前一天一樣。雖然特價商品會調降價格，但不是所有商品都會特價。此外，特價商品在經過幾天以後，等特價結束就會恢復原價。今天的標價會跟昨天一樣的，不僅是超市這種通路而已，從事生產的企業也一樣，製造企業批發給通路時的價格也很少會變更。此外，服務雖然不是商品，但情況也不例外，理髮店的費用或餐廳菜單的價格等等，大多數情況下都跟昨天是一樣的。根據一項觀察市面上所有商品價格的研究顯示，價格被固定住的商品比例，在一般月份大約占整體的四分之三。

如果價格是由需求與供給所決定的，那麼就像下雨天很少客人會到餐廳用餐，因此餐點的價格應該會下降一樣，即使價格每天隨著需求與供給的變動而朝更暮改，也不是什麼令人意外的事。在飯店的房費等部分，實際上那樣的例子也愈來愈多，也就是所謂的動態定價。不過那樣的定價方式仍屬少數，大部分的商品與服務價格都與需求無關，仍然會維持與前一天同價。

第一個提出這種特性很重要的人是凱因斯，這又叫做「價格僵固性」。經濟學可以二分為個體經濟學與總體經濟學，概略來說，個體經濟學中認為價格會隨供需而彈性變動，相對於此，總體經濟學中則認為價格是僵固的。說到個體與總體，本來的意思其實是微觀與宏觀的視角差異，但實際上其中並沒有太大的差別，與之相比，把價格視為彈性的還是僵固的，這個部分的差異反而更大。

價格為什麼是僵固的？這個問題本身對經濟學來說就是非常重要的議題，至今依然有許多研究者苦心鑽研。在這之中孕育出來的想法之一，就是「菜單成本假說」，在此先簡單介紹一下。

餐廳要改變價格必須重寫菜單才行，而那需要一筆費用，重寫菜單所需的費用雖然不會太貴，但也肯定不會是零。舉例而言，假如萵苣的價格上漲時，中華料理店的老闆想要調漲萵苣炒飯的價格，但那家店的菜單如果是以很精緻的皮革製成，老闆會認為「為了一個萵苣炒飯就重新印製也太不划算」，結果萵苣炒飯的價格就被固定在那裡了。像這樣因為不想更新菜單而導致價格僵固——這就是「菜單成本假說」。

正因為不會改變，才更要預測未來

關於價格僵固性的原因，除了這個以外也有其他人提出各種假說，但現在先不去深入討論。接下來我想在價格不是每天改變的前提下，把焦點放在此時決定價格的人們，腦袋裡在思考些什麼。

假設現在有兩家經營房屋租賃事業的企業，其中一家（A公司）今年會蓋好新物件出租出去。相對於此，另一家企業（B公司）決定今年不蓋新物件，繼續出租原有的物件，預計等到明年改建以後，再當作新的租賃物件投入市場。好的，這時必須決定今年房租的是A公司（B公司會用跟去年一樣的租金繼續出租）。A公司會考量現階段的物件需求，同時也會估計明年的需求狀況來決定房租。至於為什麼連明年的事情都要考慮進去，那是因為租賃合約的期間是兩年，因此如果沒什麼特殊狀況的話，明年的租金也會跟今年一樣。

這裡假設他們觀測到明年似乎會採行貨幣寬鬆。如果現在正在討論如何設定租金的A公司，認為貨幣寬鬆會使不動產市場變得活絡，並且預期明年投入新租賃物件的B公司會因此提高租金的話，他們應該會根據這一點，考慮把租金設定得比較高吧。此處的重點是今天決定的租金，取決於對未來租金（此例中是B公司明年的新物件租金）的預期。

租賃事業由於與承租人之間的合約期間是固定的，因此房東的定價會考慮到對未來的預期，這一點相信是很好理解的。雇用合約（尤其是年薪制的雇用合約）也與此非常類似，如果是一年以上的合約，對於租金行情在未來會如何變化的預期，就會影響到今年租金的決定。

相對於此，在其他商品或服務的部分，由於並沒有明確訂出合約期間，因此無法確定要考量到多久以後的事情，但例如家電產品製造商好了，他們在開發新產品要投入市場之際，也會預估那項商品生命週期間的需求與供給，來作為定價的依據。其他商品或服務也是，決定價格的人會抱持著

「現在決定的價格將會維持到未來一段時間」的認知，並依據對未來價格變化的預期，來決定今天的價格。自然失業率假說的公式中會出現通膨預期，原因就在這裡。

用菲利浦曲線做義大利麵

自然失業率假說的公式為什麼長那個樣子，不知道各位是否大致理解了呢？那麼接下來要思考的是，這個公式究竟代表什麼意義，尤其更想知道的是，我們能不能藉由那個公式重現義大利麵曲線？

如果是擅長數學的人，說不定只要一直盯著自然失業率假說的公式看，就能在某一瞬間突然看出答案。不過沒有那種天賦的我們，為了掌握數學式的意義，必須下一點工夫才行。所以接下來，我們就用一個帶入數字的實例來思考看看吧。

圖3-4的左圖是當貨幣量的成長率從二%增加到一

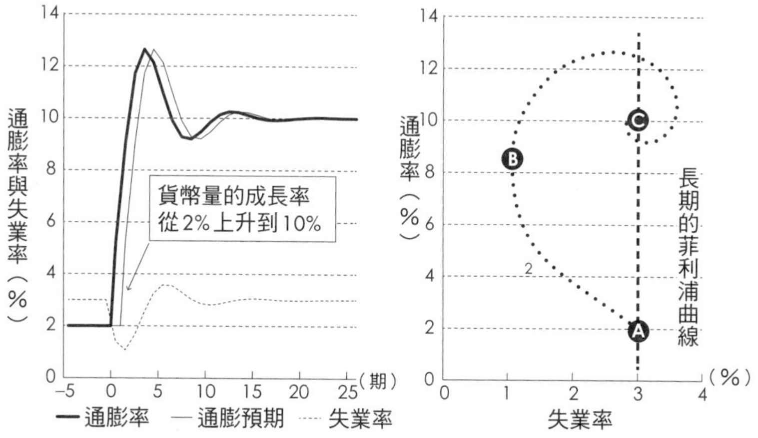

圖3-4 貨幣量增加的效果

〇%時，用這個公式計算通膨率、通膨預期與失業率，分別會出現什麼樣的變化所得到的結果。

自然失業率假說公式的a與b，套用的是從過往研究中得到的值，而在通膨預期的部分，則是假設人們會預期前一期通膨率也將延續到這一期來進行計算。至於這個假設究竟合不合理，後文會再詳細說明，因此現在只要知道通膨預期是在這樣的假設下進行計算即可。

我們來看一下貨幣量成長率升高以後的時期。在通膨率上升的同時，失業率是下降的，顯示失業率與通膨率呈現負相關。這是因為通膨預期的反應比通膨率的反應慢。通膨預期雖然也會反應，但與通膨率的反應相比之下，反應較為遲鈍，呈現相對沒有在變動的狀況，這就造成了失業率與通膨率的負相關關係。

然而，隨著時間經過，情況逐漸有所改變。通膨預期隨著時間上升，逐漸追上通膨率。通膨率與通膨預期的差距慢慢被填補，過了一段時間以後就變得幾乎沒有差距。這代表的意思就是貨幣量增加的環境變化，已經完全被納入通膨預期裡了。隨著通膨率與通膨預期的差距縮小，拉低失業率的效果也減弱，失業率便逐漸恢復到原先的水準（在此數值範例中為三%）。

我們用其他圖形來呈現同樣的模擬結果看看。圖3-4的右圖是用跟菲利浦曲線一樣的軸重新畫出來的圖形，橫軸為失業率，縱軸為通膨率。從A點出發到達B點的時期，是向左上方移動，與菲利浦曲線一模一樣。不過通過B點以後，開始往右上方移動，這代表的是停滯性通貨膨脹的意思。然後最終到達C點，這樣就完美重現了義大利麵曲線。

短期與長期的個別意義

這裡再稍微改變一下視角，比較看看貨幣量增加的環境變化發生前（A點），與針對變化完成調整之後（C點）有什麼不同。這是事前與事後的比較，我們可以知道通膨率從二%上升到一〇%，這是因為貨幣量成長率從二%增加到一〇%，所以是極其理所當然的事。相對於此，失業率卻恢復原本水準，這就無法很理所當然地接受了。明明進行了貨幣寬鬆，失業率卻與出發點一模一樣，這應該是必須深入探討的問題吧？相信在自然失業率假說問世的一九六〇年代末期的研究者們，應該也都抱有相同的疑問。

失業率沒有改變的原理是這樣的：請回想一下前文說明過的經營房屋租賃的企業，在貨幣量開始增加前決定好租金的企業，由於不曉得未來貨幣量會增加，因此定出了較低的租金，那個較低的租金在貨幣量剛開始增加的那段期間也沒有改變。不僅是經營房屋租賃的企業而已，不少企業都在貨幣量開始增加前定出較低的價格，並在貨幣量增加後仍然維持同樣的價格經營了一段時間。換句話說，在貨幣量增加的初期，因為價格僵固性的關係，仍然保留著先前的舊價格（即此例中較低的價格），結果就導致了物價沒有隨著貨幣量增加而上漲的狀況。貨幣量除以物價的結果又稱實質貨幣量，這就表示實質貨幣量增加了。

所謂的貨幣寬鬆並不是只要貨幣量增加即可，在貨幣量增加的同時，如果物價也等幅上漲的話，就無法達到寬鬆的目的。在貨幣量增加的初期，由於實質貨幣量增加，因此會產生寬鬆效果，失業率降低。然而隨著時間經過，舊價格遭到淘汰，並且被置換為將貨幣量增加納入考量後所決定的新價格。如此一來，物價會加速上漲，最後追上貨幣量的增加，而實質的貨幣量也隨之恢復到原先的水準。C點即貨幣量與物價皆上漲一〇%，物價完全追上了貨幣量的增加。由於實質貨幣量與出發點相比並沒有增加，因此失業率也與出發點一樣。

這一點也可以經由數學式來確認。由於C點的通膨率與通膨預期皆為一〇%，因此從「通膨率＝通膨預期－a×失業率＋b」的公式中，可以計算失業率＝b÷a。另一方面，由於A點是出發點，因此通膨率與通膨預期皆為二%。於是從同一個公式中可得，失業率＝b÷a。在通膨率與通膨預期相等的狀況下，失業率的水準（此例中為b÷a）稱為「自然失業率」。

連接A點與C點可以得到一條垂直的線，這條線叫做「長期菲利浦曲線」。所謂的長期菲利浦曲線，就是通膨率與失業率在經過充分的時間以後，已經停滯不再變動的關係。相對於此，從A到B之間在移動中觀察到斜向右下方的菲利浦曲線，則稱作「短期菲利浦曲線」。長期與短期的差異在於經過的時間，但更正確一點來說，其實是差在通膨預期的調整是否完成。通膨預期的變化還不夠多，與走在前面的通膨率存在差異的狀態為短期；通膨預期的調整結束，與通膨率之間不再有差異的狀態則為長期。至於所謂的「長期」大概是多長，一般認為實際上大約是二十四個月左右。

簡而言之，關於貨幣政策的效果，自然失業率假說的公式告訴我們以下的事：首先，在貨幣量增加的初期，只要稍微忍受一點通膨，就能夠讓失業率降低。換句話說，名目變數的貨幣量能夠影響實質變數的失業率，這就是短期的效果。

不過隨著時間經過，失業率逐漸恢復原狀，通膨率卻維持上升的狀態。也就是說，貨幣量增加帶來失業率降低的理想效果是暫時性的，最終還是會消失，只剩下對經濟的負面影響，也就是通膨率上升而已，這就是長期的效果。

貨幣量增加在短期上雖然有理想的效果，但長期卻有害（高通膨）而無益（失業率毫無改善）——在一九七〇年代初期，這樣的理解成為經濟學家與政策制定者之間的共識。

2 信任與獨立

貨幣寬鬆雖然在短期上能夠期待失業率降低的效果，但長期卻會提高通膨——知道這件事是一個很大的進步。不過，自然失業率假說只不過是在描述經濟以什麼樣的機制運作而已，並沒有直接解答實務專家的疑問，也就是為了讓經濟的運作方式更符合期望，中央銀行與政府應該實施什麼樣的政策運作、應該建立什麼樣的經濟制度等等。

為了回應社會的這類要求，自然失業率假說在一九七〇年代到八〇年代之間，又達成了更進一步的進化，為政策運作方式與中央銀行的制度設計帶來了決定性的變化。本節將一邊回顧在那段期間內完成的理論進展，一邊更深入地挖掘物價與預期之間的關係。

「昨天發生過的事，明天也會發生吧」

關於通膨預期機制的掌握，有一個非常重要的進展，就是從「回顧式（Backward-looking）預期」到「前瞻式（Forward-looking）預期」的變化。

回顧式是什麼意思呢？最典型的就是這樣的預期方式：明天也會發生跟昨天、今天一樣的事情。但不只是這種單純的情況而已，例如今天發生的事、昨天發生的事、前天發生的事、大前天發生的事……像這樣一一回顧過去，並認為明天會發生平均下來的事，這也是一種回顧式的預期。更複雜的還有針對比較近的過去事件給予較大的權重，比較遠的過去事件給予較小的權重，也是一種方法。

美國經濟學家菲利浦・凱根（Phillip D. Cagan）認為，人們的通膨預期是以過去通膨率的加權平均來決定。加權一詞在這裡的意思就是會改變權重之意，例如比較遙遠的過去權重較小，比較近期的過去權重較大。圖2-2（九十八頁）的預期通膨率就是以回顧式預期為前提所量測出來的。

一九六〇年代以前的經濟學家大多都採取回顧式預期的概念，並從中發表了許多相當切合實際資料的研究案例。站在過去的延長線上預測未來，是極其自然的思考方式，也肯定是對人類所採取的預期型態的一種適切描述。

不過回顧式預期卻有個困難點，那就是無法預期過去沒發生過的事。舉例而言，假設中央銀行決定導入以往沒實施過的新政策，並對外宣布這項決定，這種時候就無法確實掌握會發生什麼事。

可以想見的是，一旦中央銀行公布新政策，人們的預期會改變，同時行動也會改變。比方說，前一章介紹的通膨目標制因為是過去沒有的制度，所以各國在導入之際，總裁曾透過大眾媒體或與人們直接對談的方式詳加說明，目的就在於讓更多人能夠認識新制度，藉此改變人們對於通膨率走勢的預期。不過這樣的特性卻是回顧式預期這種站在過去延長線上預測未來的觀點所無法妥善因應的。

理性預期假說

此處要登場的，就是前瞻式預期的概念，簡單來說就是透過各種管道蒐集未來會發生什麼事的資訊，並根據那些資訊去預測未來的經濟會如何發展。

這裡的重點是「資訊」。資訊當然也包含過去的事件，但不僅限於此。以通膨目標制的例子來說，就是中央銀行會用各種方式釋出導入新制度的資訊，人們在接收到那項資訊以後，就以此為前提去預測通膨率這個變數在一年後或多年後會如何變化。

回顧式預期是機械式地從過去發生的事件描繪未來的預期方式。相對於此，前瞻式預期則是以人類自主取得資訊，並活用資訊進行預測的這種主動型態為前提。

前瞻式預期的概念最初是以「理性預期假說」的名稱登場，小勞勃・盧卡斯（Robert E. Lucas Jr.）於一九七二年發表的論文，則是實質上的出發點，其後在經濟學家的社群之間，廣泛普及到「只要說到預期，除了理性預期假說以外沒有其他可能」的程度，掀起了一波所謂「理性預期革命」的巨浪。

理性預期假說不僅包含了前瞻式預期，也如同字面所示，納入了「根據理性進行預期」的概念。關於這個概念，後來將面臨巨幅的修正。現在一般認為一個人的個人經驗、主觀感受、偏見等不見得理性的部分，也會影響到預期。另外，關於前瞻式預期的部分，現在不僅限於學界而已，在中央銀行等實務的領域，也普遍認知到其重要性。

預期會從「模型」中產生

針對預期這種東西的掌握方式，另一個重要的進展就是「人們會使用模型預測將來」這種想法的出現。

除非是賭博之類的事情，否則在日常消費活動或企業管理上所做的預期，通常都跟來自上天的啟示、靈光乍現或直覺之類的東西不一樣吧。只要不是具有能夠預見未來能力的超能力者，預期這種東西都是靠著自己的力量完成的，而不是從天而降、坐享其成的東西。而用來完成預期的工具，就是模型。

世界上有許多以經濟預測為業的企業或組織，例如一般稱為智庫的企業，很多都會發表對日本經濟或世界經濟的預測。智庫等機構的預測有各式各樣的製作方式，各家智庫似乎都有類似祖傳祕方的東西，不過在大部分情況下，都會有用來進行預測的模型。

模型是什麼？如果要說得更具體一點，就是物價、失業率、利率等各種經濟變數，在相互依存中被決定出來的機制。經濟學家的工作大致上來說，就是建立那樣的模型，或是改良前人建立的模型。

圖3-5是菲利浦曲線的那位菲利浦，在一九四九年建立的經濟模型MONIAC（Monetary National Income Analogue Computer，國民貨幣收入類比計算機）。來自紐西蘭的菲利浦，為了將金錢在母國經濟中的流動可視化，製造了這台機器，讓被視為金錢的水在這台機器中流動，藉以描摹出人們的支出、儲蓄等行為或銀行的放貸等活動，也可以模擬出當各種條件改變時，金錢的流動會如何改變。這台機器至今依然在紐西蘭中央銀行附屬的博物館運作中（至少我大約五年前造訪時還在運作）。順帶

圖3-5　菲利浦的經濟模型

一提，菲利浦曲線在經濟學的每一本教科書上都會出現，但菲利浦發明這台機器的事情卻鮮為人知。

後來在一九五〇年代，美國有人開發出一種使用電腦的模型叫克萊恩－戈伯格模型（Klein-Goldberger Model），開始被運用在預測或政策模擬上。這種模型是用大約二十條數學式來表現美國經濟，後來隨著電腦的計算能力提升，模型也擴大規模，也就是使用到的數學式數量愈來愈多。日本在一九七〇年代，當時的經濟企畫廳與日銀等機構，也建立了同類的模型，開始運用在經濟預測或模擬上。

「個人模型」的概念

這些模型是經濟學家等專業人士使用的模型，一般人沒什麼機會接觸到。不過使用模型這件事情本身並不是專屬於經濟學家的特權。有一種概念是，其實包含你自己在內，幾乎所有人都有跟這個類似的模型，而且都在用那個模型預測未來。這是約翰・弗雷澤・穆斯（John Fraser Muth）在一九六一年發表的論文中提到的概念，這個概念如今已是現代經濟學中探討人們如何形成預期的基礎。

由於這在當時是個非常嶄新的概念，因此最初發表時也遭遇不少抵抗。其中最多的批評聲應該是：「市井小民從沒看過也沒聽過政府機構或智庫使用的模型，所以要說每個人都根據與那個類似的模型進行預期，根本是無稽之談。」

當然，人們不可能知道政府等機構使用的精密模型，不過每個人對於「世界如何運作」都有自己的理解。理解的方式可能因人而異，也並沒有整理成數學式，但關於各種經濟變數的相互依存關係，應該都有個人的一套理解才對。從這層意義上來說，本質上與政府等機構的模型並無二致。人們根據自己的理解預測明天，再憑著那個預測來做今天的決策——這個描繪應該沒有偏離現實太多吧。

然而，穆斯這種「所有人都與經濟學家有類似的模型」的想法，被很多人解讀為所有人都與經濟學家一樣聰明，但那恐怕不是穆斯的本意。他想說的應該是完全相反的概念，也就是經濟學家不可能比市井小民還聰明。他的想法是因為連那些沒那麼聰明的經濟學家都有模型了，所以人們當然也都有模型。對於穆斯來說，經濟現象這場戲劇的主角完全是市井小民，經濟學家不過只是觀眾而已。熟知經濟的不是評論戲劇的觀眾，而是那些主角，我認為這應該才是穆斯想告知同行（＝經濟學家）的事情。

每一個人都有自己的模型，並用那個模型進行預期，我把這個概念在本書中稱作「個人模型」（My Model）。這是我擅自參考「個人水壺」（My Bottle，編按：即環保杯）與「個人編號」（My Number，編按：類似台灣的身份證字號）等日式英語所取的稱呼，既非專有名詞也非正統英語，但我認為能夠充分傳達出大家各自擁有模型的語感，所以以下都會使用這個稱呼。

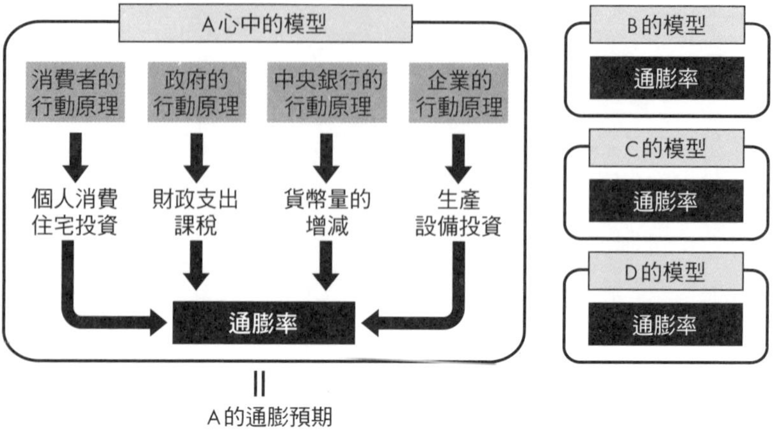

圖3-6　人們心中的「個人模型」

中央銀行也只是玩家之一

以下再針對個人模型的概念說明得更具體一些。

在人們所擁有的模型當中，會有企業、消費者或勞動者等角色登場。各家企業會生產與販賣商品，而那些活動當中應該有什麼目的才對，比方說想讓當前的利潤最大化、想要盡量提高自己企業的股價，或是想要提高員工的滿意度等等，可能有各式各樣的目的。但無論如何，應該都是為了某些目的而採取行動，因此會產生企業的「行動原理」。

同樣地，消費者與勞動者也會有某些目的與行動原理。這些登場人物都按照各自的行動原理採取行動，最終決定了生產量或消費量等各種變數的值。只要使用這個原理，未來的通膨率也會在模型中決定，而那個通膨率就是通膨預期（圖3-6）。

此處最重要的一點，就是政府或中央銀行等公家的主體，與企業或消費者是同一列的登場人物。政府會進行道路建設、調整年金金額、變更稅率等各種活動。中央銀行也會進行增加或減少貨幣量的活動。相信在進行這些活動之際，政府或中央銀行也跟企業等角色一樣，都有各自的目的與隨之而來的「行動原理」。例如中央銀行的話，可以想到的目的就是物價的穩定。為了達成這個目的，物價下跌就增加貨幣量，反之則減少，這樣的行動就是中央銀行的行動原理。

「政府或中央銀行只不過是登場人物之一」是多麼劃時代的概念，我想各位只要與初期的模型比較一下就能夠理解了。在克萊恩－戈伯格模型與後繼的模型中，並沒有出現政府或中央銀行，那些模型的登場人物只有企業或消費者與勞動者等民間的主體而已。

至於那時政府或中央銀行究竟在哪裡，就是在模型的外側。政府或中央銀行被認為像是神一樣的角色，俯瞰著民間經濟主體在模型裡面活動的模樣。描摹神在增加公共投資或增加貨幣量時，生存在下界的民間主體的行動會如何改變，就是模型的功能。從中並不會產生由民間主體去預期政府或中央銀行行動的想法。

日銀過去使用的是這種舊式的模型，也就是日銀本身像神一般位在模型外側。轉換到新模型是一九九〇年代中期的事，距今也並不算太久遠。之所以這麼晚才轉換到新模型，是因為日銀對於被與民間經濟主體等同視之一事有強烈的抗拒。不是只有日銀比較特別而已，德國等其他國家的中央銀行似乎也有過這樣的抗拒。在那個只要變更基準利率，其他利率也會全部連動的時代，日銀或許是與民間經濟主體不同層次的、有如神一般的存在。實際上在戰後擔任總裁的一萬田尚登，就曾因為他強大的權限而被敬畏為「教皇」。對於經歷過日銀如神的時代的人們來說，在心情上或許很難接受新模型。

從單行道到「繞圓環」

到目前為止，已經針對通膨預期相關理論的重要因子，即自然失業率假說、前瞻式預期、個人模型等概念進行說明。接下來就用這些來模擬研究一下，啟動政策時會發生什麼事情吧。

具體來說，這裡要思考的就是當中央銀行總裁宣布未來的貨幣政策時，通膨預期與通膨率分別對此會有什麼樣的變化。雖然會變得有點複雜，但為了充分理解對中央銀行的信任或中央銀行的獨立性等與物價有關的重要問題，這是無法避免的環節。雖然就算沒有那些麻煩的理論，一樣可以討論對中央銀行的信任或獨立性，但唯有確實建立好邏輯，才有可能看見超越常識的景象。由於這樣做有不少的好處，因此還請各位稍微配合一下。

在進入詳細的討論之前，先做個簡單的整理吧。前一章思考的問題是在人們先有預期的情況下，中央銀行對此會如何因應，但暫時不過問那些預期從何而來。現在因為導入了個人模型的概念，所以可以探討那些預期是如何形成的，這是向前邁進了一步。此外，前一章是「人們有通膨預期→中央銀行在這個給定前提下推出政策」的單行道，但現在要思考的方向是「中央銀行宣布未來的貨幣政策↓人們預期未來的通膨」，從某種意義上來說與前一章是反方向。若將兩者合併在一起，中央銀行與群眾（企業或消費者）之間，就會產生繞圓環般的相關性。

面對這種圓環般的情境，有一種方便的工具叫「賽局理論」。其實通膨預期相關理論之所以有飛躍式的進展，賽局理論就助了一臂之力。以下就用簡單的例子來描寫中央銀行與群眾之間的互動，並借助賽局理論來說明彼此的互動最終如何達成平衡。

貨幣政策的賽局理論

假設有三個時間點會發生事情，第一個時間點是中央銀行宣布要不要執行貨幣寬鬆時。所謂的貨幣寬鬆就是以一〇％的比率增加貨幣量的政策。如果不採行這個政策的話，中央銀行就會以正常速度——此處假設為二％——來增加貨幣量。

第二個時間點是人們形成通膨預期時。人們在聽到會執行貨幣寬鬆的公告時，會預期一〇％的通膨。如果宣布不執行貨幣寬鬆的話，通膨預期則為二％。第三個時間點是中央銀行實際執行政策時，有寬鬆與不寬鬆這兩種可能性。

表3-1是將這個設定整理過後的結果。最上列的「宣布執行貨幣寬鬆」與「宣布不執行貨幣寬鬆」，代表的是在第一時間點宣布的兩種可能性。最左邊那一行的「實施貨幣寬鬆」與「不實施貨幣寬鬆」，代表的則是第三時間點的兩種可能性。舉例來說，A欄位代表的是宣布貨幣寬鬆並按照

表3-1　貨幣政策賽局

	中央銀行**公告****執行**貨幣寬鬆	中央銀行**公告****不執行**貨幣寬鬆
中央銀行**實施**貨幣寬鬆	**A** 通膨預期＝10% 通膨率＝10% 失業率維持原狀	**B** 通膨預期＝2% 通膨率＝2%＋α 失業率改善
中央銀行**不實施**貨幣寬鬆	**C** 通膨預期＝10% 通膨率＝10%－α 失業率惡化	**D** 通膨預期＝2% 通膨率＝2% 失業率維持原狀

公告實施貨幣寬鬆，然後人們聽到公告以後，會把通膨預期提高到一〇%，結果實際實現的通膨率也是一〇%，因此通膨率與通膨預期沒有差異。這跟長期菲利浦曲線是相同的狀況。在這個狀況下，通膨率為一〇%，失業率則維持原狀。

另一方面，B欄位由於公告不執行貨幣寬鬆，因此人們的通膨預期是二%。然而中央銀行卻違背當初的公告，實施了貨幣寬鬆。由於是在通膨預期低的狀態下實施貨幣寬鬆，因此與短期菲利浦曲線的狀況相同，失業率暫時獲得改善。在貨幣寬鬆下通膨率也會升高，但由於通膨預期維持在二%的低水平，因此通膨率大約是略高於二%的水準。

C欄位的情況是公告會執行貨幣寬鬆，實際上卻沒有實施貨幣寬鬆；D欄位的情況是公告不執行貨幣寬鬆，且如同公告並未實施貨幣寬鬆。由於B與C欄位的公告與實行並不一致，因此就表示中央銀行在說謊。

好的，在這四個欄位中，哪個才是中央銀行最想要的呢？我們來站在中央銀行總裁的立場想想看吧。假設我們在最初公告的時間點，考慮該選擇哪個才好，如果總裁不可能說謊的話，選項就只有可能是A與D。A的選項是公告將採行貨幣寬鬆，實際上也執行了貨幣寬鬆，結果最後造成一〇%的高通膨。D的選項是公告不採行貨幣寬鬆，且言行如一地沒有執行貨幣寬鬆，讓通膨率維持在二%。由於總裁希望維持物價穩定，因此會毫不猶豫地選擇D吧。

剛才看到的是在公布的那個時間點，總裁所做的判斷，接著來想想看實際上在執行政策的時間點，又會做出什麼樣的判斷吧。由於已經公告說不會採行貨幣寬鬆政策，因此人們會預期二%的通膨。接下來要再次請出前一節經營房屋租賃的房東登場。房東以二%的通膨為前提決定好租金，而且已經簽完租賃合約。同樣地，許多企業也以二%的通膨為前提，已經決定好價格。換句話說，在總裁實施政策的時間點，這些價格的決定已經是過去發生的事情，這是很重要的一點。

若給定的預期通膨為二%的話，可能的選項非D即B。在D的情況下，雖然通膨率低是令人樂見的事，但失業率就不會有所改善。相對於此，B則是通膨率略高於二%，這一點雖然比不上D，但在失業率改善這一點上，卻具有相對較佳的特性。儘管要選擇何者是個令人頭疼的問題，但如果是希望兼顧物價穩定與景氣（失業率）穩定的總裁，應該會認為B比較符合期望吧。

臨時取消考試的老師——時間不一致的理論

B所代表的意思是明明在公布的時間點，宣布不採行貨幣寬鬆政策，實際上到了執行政策的階段，卻選擇貨幣寬鬆政策。說得直接一點就是總裁在說謊，若用比較文雅一點的經濟學用語來說，則稱作「時間不一致性」。意思就是在公布的時間點與執行的時間點這兩個不同的時間點，做出不一致的選擇。目前已知這個特性不是貨幣政策中固有的東西，各式各樣案例中都有可能發生這種在不同時間點要重覆做出同一項決策的情形。最先提及這個概念的，是在芬恩・基德蘭（Finn Kydland）與愛德華・普萊斯考特（Edward Prescott）一九七七年的論文中。

為了直觀地理解總裁為什麼會說謊，以下就用最簡單的例子來思考看看。請試想一下老師安排考試的狀況：這位老師充滿教育熱忱，而且很為學生著想，希望讓學生盡量多讀書，以學習到更多東西，並且認為只要公布說要考試，學生就會努力讀書準備考試，因此學習成果就會有所提升。好的，這位老師宣布說一星期後要考試，教室瞬間一陣喧騰，但學生還是乖乖開始準備，因此學習效果應該會有所提升。就這樣過了一星期後，來到考試的日子，這時老師再次開始考慮，究竟該不該考試。

如果實際安排考試的話，就必須改考卷才行，既費時又耗力。由於這位老師是個好老師，因此他並不討厭為了改考卷付出時間與勞力，但他覺得如果要把那麼多時間與精力用來改考卷的話，不如拿來好好準備下星期的課，對學生還比較有幫助。另一方面，由於學生已經認真讀書一星期了，因此熟悉度應該遠比上星期來得高才對，他已經達成了想讓學生讀書的目的。在經過綜合考量後，這位老師的結論就是今天的考試取消。

在此例中有兩個時間點，分別是一星期前與今天，決策的內容則是要不要考試，而一星期前的選擇是要考試，今天的選擇則是不要考試，也就是在不同的時間點做出不同的選擇。為什麼老師會做出不同的選擇呢？宣布考試具有影響學生的預期，讓學生坐在書桌前讀書的效果，不過在一星期後的今天這個時間點，學生坐在書桌前讀書已經是過去的事情，今天不管做出什麼選擇，讀書的事實都不會消失。相較於一星期前做決策時，還把坐在書桌前讀書的效果納入考量，今天則沒有考量那個效果，這就是產生時間不一致的理由。

在貨幣政策上也可以這麼說。在中央銀行公告的時間點，總裁已將公告會對人們通膨預期造成的效果納入考量，不過在實際上實施政策的時間點，人們預期通膨的行為已經結束了，因此不必考慮會對通膨預期造成什麼效果。綜上所述，總裁才因此成了說謊的人。

對中央銀行缺乏信任

這樣一來謎題就解開了。不過事情還沒有結束，回到現實冷靜地想想，總裁騙人的狀況實在不像是日常會發生的事。此外，違背公告的這種作法，就算騙得了一次，也騙不了第二次。那位老師如果宣布說下星期還要考試，相信也不會有學生相信老師的話乖乖唸書了吧。同樣的道理，人們會預期「總裁想讓失業率有所改善，因此肯定會採取貨幣寬鬆政策」，並預期通膨率會達到一〇％。

站在總裁的立場，明明宣布說不採行貨幣寬鬆，卻遭人們視而不見，通膨預期變成一〇％，在這種狀況下，在實施政策的時間點能夠選擇的，不是A就是C了。由於C的失業率會惡化，因此根本沒有理由選擇這個。總裁儘管很為難，最終還是會選擇A。由於已經有過前車之鑑，人們懂得預測總裁未來的行動，因此即使總裁沒有這個打算，還是得選擇採行貨幣寬鬆這條路，最終便引起高通膨。

為什麼會演變成這種令人不樂見的結果呢？直接的原因就是人們預期會有一〇%的高通膨。如果人們的通膨預期是二%的話，應該不會演變成這樣的結果，但人們並不是沒有任何根據就預期會有高通膨。因為預測總裁會採行貨幣寬鬆政策，所以才預期高通膨。然後由於總裁實際上實施了寬鬆政策，因此那個預期是準確的，錯並不是出在預期高通膨的人們身上。

既然錯不在人們身上，那麼可疑的就是總裁了。話雖如此，如果逐一檢視總裁所做的選擇，似乎也沒有哪裡做得不好。何止如此，總裁甚至還公告說不採行貨幣寬鬆政策，努力地想將通膨預期控制在二%，他只不過是盡力做到他該做的事情而已。不過可惜的是，他想誘導通膨預期的努力失敗了，人們看穿總裁說的是謊言，因此無視他的公告。

失敗的原因並不在於總裁的怠慢或失職，而在於對中央銀行欠缺「信任」。之所以不受人們信任，是因為總裁的人格或見識有什麼問題嗎？絕對不是那樣。在考試的例子中，老師也是為學生著想的好人，不是那種為了一己之利而欺騙學生的道德淪喪之人。中央銀行的總裁也一樣，是希望降低通膨率、降低失業率，好讓人們安心生活的好人。這個問題的癥結點在於，即使善良的人出於好意所採取的行動，仍然有可能引起不好的結果。

好的，到目前為止所討論的，可以視為由中央銀行總裁與人們來擔任玩家的賽局，而表3-1則可解讀為賽局的設定。如果總裁與人們參與這個賽局的話，結果將會是A，這就是依據賽局理論所做出的預測。實際上，美國在一九六〇年代後半與七〇年代的高通膨，一般認為就是因為這個機制才發生的。

中央銀行的獨立性

一九七〇年代，經濟學家認為如果持續深陷在這個泥沼中，高通膨就不會有結束的一天，並絞盡腦汁思考如何才能脫離泥沼。然後最先提出解決方案的人，就是肯尼斯・羅格夫（Kenneth Rogoff）。儘管經濟學的論文大多會做出符合常識的結論，但他在一九八五年發表的論文卻沒有那麼簡單。

他提出的處方箋是，為了改變人們的預期，應該要任命鷹派的人物擔任中央銀行總裁。所謂鷹派的人物，指的是非常關注通膨率，無論如何都想要實現低通膨，並且對於其他事情，例如失業率等數字毫不在意的人物。這種就算街上到處都是失業者也毫無感覺的人物，一般在討論他是否適任總裁前，更令人擔心的恐怕是他的為人，但羅格夫反而主張這樣的人物更適合擔任總裁。

應該有不少人難以理解，這種事情怎麼能成為解決方案，那麼我們就從頭到尾來思考一遍，如果這樣的人物坐上總裁的位置，究竟會發生什麼樣的變化。

假設情況與剛才設定的一樣，總裁宣布不採行貨幣寬鬆政策，而人們相信了他的話。人們會預期二%的通膨，到此為止都與前面一樣，不過接下來到了實施政策的時間點，這位總裁在面臨要選擇B或D時，會毫不猶豫地選擇D。為什麼？因為這位總裁不在意失業率，所以B的失業率獲得改善，對他來說毫無吸引力。另一方面，這位總裁強烈關注的通膨率部分，儘管只有些許差異，但D還是比較低，所以這位總裁會選擇D。

由於人們預期新總裁會做出這個判斷，因此認為沒有必要改變二%的通膨預期。在第一位總裁（非鷹派的總裁）當時，看到失業率能獲得改善而選擇B，就是錯誤的第一步。由於新總裁不會重蹈覆轍，因此會成功實現D。在不會受到失業率改善所吸引的這層意義上，新總裁屬於鷹派，而那將有助於解決問題。

相信從前文這段說明即可理解，為什麼指名鷹派人物擔任總裁有助於解決問題。然而，指名鷹派人物擔任總裁在現實上來說又代表什麼意思呢？人們認為通膨率與失業率都是愈低愈好；相對於此，新總裁認為通膨率愈低愈好，這一點與一般人的感覺一致，失業率則是高或低都無所謂。因為對於滿街都是失業者這件事毫無感覺，所以新總裁的價值標準與一般人相去甚遠。

代議制民主主義的原則，是由與人民擁有共同價值標準的人物（政治家），作為人民的代表來進行決策。政治家所掌控的政府也是，會與人民擁有共同的價值標準。相對於此，新總裁領導下的中央銀行卻偏離了人民的價值標準。「根據與人民相異的價值標準來選擇政策」，從這層意義上來說，中央銀行便是從人民與政府當中獨立出來了。

這樣一想，羅格夫的處方箋所提案的，不外乎就是中央銀行的「獨立性」。雖然說到中央銀行的獨立性，很多時候會解釋為「能夠在不受政府或政治家支持或意向的束縛下決定貨幣政策」這種程序上的自由，但羅格夫所說的獨立性卻不是這個意思。他所說的獨立性有更加強烈的含義，指的是中央銀行並未與政府和人民共享價值標準與從中衍生出來的行動原理。

前一章已經說明，為了不讓通膨預期起伏不定，在制度面上設計的是名目定錨。而這裡的獨立性也可以視為名目定錨之一，金本位制或固定匯率制是為了預防中央銀行增加貨幣量後引起通膨所導入的機制，意圖藉由緊緊束縛住中央銀行的手，剝奪政策的自由，來防止過度的貨幣寬鬆。其後，在許多國家陸續改採浮動匯率制的過程中，通膨目標制作為替代方案逐漸普及。不過光是由中央銀行宣布通膨的目標值，並不足以構成約束，人們是不會相信的，唯有透過獨立性來彌補信任的不足，才能充分具備名目定錨的功能。相對於金本位制或固定匯率制緊緊綁住中央銀行的手這種暴力的特性，獨立性則是藉由巧妙地操作總裁的動機，而非綁住總裁的雙手，來防止過度的寬鬆，從手法上來說可以說是比較溫和的。

說個題外話，羅格夫也是個西洋棋好手，棋藝好到曾在國際賽事上奪冠，甚至在即將升研究所之際，還一度猶豫過要成為職業棋手還是經濟學家。他那篇一九八五年的論文邏輯架構清晰，令人百讀不厭，可以感覺到他的西洋棋才能在這當中獲得了充分的發揮。

其後，羅格夫把領域從理論研究拓展到使用數據的研究，以獨創的構想創造豐碩的成果。尤其是二〇〇九年出版的《這次不一樣：八〇〇年金融危機史》（譯注：繁中版出版於二〇一五年）更成為全球暢銷書，因此應該也有不少讀者是經由此書聽聞其名的吧。

鷹派或鴿派

羅格夫提出獨立性提案的一九八五年剛好是大通膨之後，是對通膨還殘留著強烈警戒的時代。其後經過大穩定時代，在二〇〇八年的雷曼兄弟事件之後，突然進入經濟大衰退，於是一夕之間開始有更多人意識到，可怕的是通縮而非通膨。然後即使中央銀行把利率調降到零，通縮也未見改善，就在進退維谷之際，人們再次開始注意到羅格夫的提案。

只是這一回聽到的聲音，是要求要鴿派而非鷹派的總裁。第一位發出這種聲音的人是保羅．克魯曼（Paul Krugman），他在一九九九年的論文中，以日本的通縮為題材，建議應該讓不負責任的人物擔任總裁，意思就是說在通縮的時代，不要把重心放在物價的穩定上。與過去羅格夫認為偏好物價穩定的人物比較適合的想法相反，他認為輕視物價穩定的人物才是比較適合的。出發點是由於通縮與通膨相反，因此總裁的性格也找相反的即可。

不過這個論證並不正確，因為通膨與通縮絕對不是完全對稱的。如前一章所看到的，中央銀行對於通膨預期，無論再高也都有方法去應對，只要中央銀行確實處理，高通膨是一定能夠預防的。不過即使是這樣，實際上卻依然發生高通膨，就是因為對總裁來說，伴隨高通膨而來的失業率改善更有吸引力，才會無法抗拒誘惑而選擇高通膨。但是相對於此，在通縮發生的狀況下，總裁並不是輸給了什麼誘惑才主動選擇通縮。當人們的通縮預期越過界限以後，中央銀行無力瓦解人們的預期，結果才會違反總裁的意向，產生通縮的情形。由於原因並不是出在總裁輸給誘惑，因此即使從鷹派換成鴿派也無法解決問題。

3 多嘴的中央銀行

中央銀行的寧靜革命

從發現菲利浦曲線開始，通膨預期相關的理論發展，也大幅改變了中央銀行的實務型態。其中最大的變化還是中央銀行的獨立性。從歷史上來看，中央銀行所擔任的角色就像替政府管錢的人，因此長久以來都被編制在政府的組織架構中。但從一九九〇年前後起，各國陸續變更中央銀行設立依據的法律，讓中央銀行從政府中獨立出來。全世界約有兩百家中央銀行，而在現階段，其中約有八十％擁有獨立性。日本也在一九九七年修正日銀法，賦予日銀獨立性。

中央銀行之所以必須擁有獨立性，相信有很多人會這樣說明：如果把貨幣政策的掌舵權，交給為了得到當權者支持而一味重視景氣的政治家，物價的穩定就會被疏忽掉。這番論述就是試圖挽回對中央銀行信任的羅格夫，在一九八五年那篇論文當中提到的。這是學術性研究反映在現實制度設計上的一大案例。

以理論的發展為契機，實務面上出現的另一個重要變化，就是中央銀行變得多嘴了。身為精通貨幣政策理論與實務的經濟學家，同時也擔任過聯準會（美國聯邦準備系統＝美國的中央銀行）副主席的布蘭德（Alan S. Blinder），把過去貫徹「沉默不語」的中央銀行一夕之間變得能言善道一事，稱作中央銀行的「寧靜革命」。布蘭德採用這樣的描述方式也顯示出，他認為這是種時間跨度相當大的變化正在進行中。

在背後支撐這種劇烈變化的，是與人們預期相關的經濟理論發展。尤其在前瞻式預期與個人模型的概念成為政策制定者之間的共識後，中央銀行更開始認為向人們正確傳達自己的行動原理是很重要的，因為他們認知到減少人們對未來政策的不確定性，最終將有助於提高政策的效果。這樣的認知就是「寧靜革命」的起點。

接下來這一節，我們就來詳細檢視一下，寧靜革命具體上有什麼樣的變化、目前進行到什麼樣的階段，又面臨到什麼樣的問題吧。

中央銀行使用的方言

歷史上有過這樣的時代：關於眾議院解散與基準利率的變更，大家都說謊也無所謂。意思就是說，當首相或日銀總裁被大眾媒體問到實施面上的相關問題時，即使說謊也是可以原諒的（由於基準利率已經許久沒有使用，因此如果要為年輕讀者特別說明的話，就是日銀借錢給銀行等機構時適用的利率，過去日銀總裁最重要的工作即為調整基準利率。後來機制改變，不再使用基準利率，而是採用了由日銀針對「同業拆款利率」〔亦即金融機構互相借貸資金時適用的利率〕決定目標值並調整資金量，以期達成目標水準的方法）。

姑且不論關於解散的謊言，作為（曾是）利率王者的基準利率，是會對許多金融機構或企業經營造成影響的變數。說謊也無所謂這種事，在強調資訊公開與透明性的現在，是一件令人難以置信的事。

不過當時也有這麼做的道理，其中一個可以想到的原因，就是可以期待休克療法式的效果，也就是在事前無人知曉的情況下公布基準利率的變更，讓人們受到意外的刺激。若在公布前走漏風聲的話，到了正式公布當下早已人盡皆知，如此便失去新聞價值，政策效果也會減弱。只是那樣的休克療法是否真的有效，無論是當時或今日都依然意見分歧。

若深入追究「說謊也無所謂」的這種想法，我認為背後隱藏的思維是讓人們知道政策的變更並沒有積極的意義，說得更明白一點，就是如果容許外部人士插嘴的話，政策的品質就會下降，另外也有「由少數具備專業知識的菁英來決定，會比較有效率」這樣的認知。有一句描寫當時日銀的話叫「行動勝於雄辯」，當時的認知是：重要的是基準利率變更的這個行動，而冗長乏味的說明不管在公布前或公布後都是沒必要也沒人想要的。

日銀並不是特例，全世界的其他中央銀行也大同小異。一部實地採訪聯準會的報導文學作品，成了一九八七年的暢銷書，書名叫《寺院的祕密：聯準會是如何使美國運轉的》（*Secrets of the Temple: How the Federal Reserve Runs the Country*），意思是聯準會不知道在想什麼、做什麼，就像寺院一樣充滿外部人無法窺探的祕密。這本書是一本八百頁的鉅著，鉅細靡遺地解說聯準會內部的事項。如今讀來或許不是那麼令人驚訝的祕密，但在資訊很少流出聯準會外部的當時，恐怕對許多人來說都是第一次知道的事實吧。

聯準會的人在當時也很常使用「constructive ambiguity」一詞。「Ambiguity」是模糊的意思，指的是中央銀行在討論中的事項或已經決定的事項，只會模糊地傳達出去。然後藉由加上「constructive」（建設性）的字眼，賦予較為正面的語感，表示不讓人們知曉並不是一種負面的隱匿行為。

最先使用這種表現的是美國前國務卿季辛吉（Henry Alfred Kissinger），起初似乎是不要洩露外交機密的意思，後來開始被使用在中央銀行的語境中，於是「中央銀行特權式地占有政策相關重要資訊」的語感就變得更為強烈。此外，聯準會也有一段時期存在著俗稱「Fedspeak」的「方言」，指的是當被國會或大眾媒體問及政策相關事宜時，聯準會為了故弄玄虛而刻意用冗長無謂的說明或不必要的換句話說來混淆真意的說話方式。

從圓桌到會議

到了一九九〇年代，日銀、聯準會以及其他中央銀行的方針，也都有了一百八十度的大轉彎，「寺院」對外掀開了帷帳。

日銀政策的決策有個實質上的慣例，是由日銀內部董事等人所組成的「圓桌」會議在進行。法規上正式的政策決策機構是政策委員會，但素來被揶揄為「睡著的委員會」，完全沒有在運作。

直到一九九八年，事情才有了重大的轉變。首先是「圓桌」遭到廢止，改成在新設的「貨幣政策決策會議」這個公開場合上，進行政策的討論與決策。然後會議上討論的要旨必須在一個月後公開，變成讓外部人士也能得知會議內容的機制（詳細記錄與會者發言的議事錄也會在十年後公開）。此外，日銀總裁、副總裁、審議委員等貨幣政策決策會議的主要成員，各自對GDP或物價的未來趨勢有何看法也會對外揭露。

現在則是在貨幣政策決策會議後，直接召開總裁的記者會，除了傳統的報章媒體與電視新聞，還會利用網路直播等管道，向社會大眾廣泛傳遞訊息。在提供資訊時所使用的語言部分，也考量到對日本市場（股票市場等）有興趣的海外投資人，以零時差的方式公開日英雙語書面資訊。

另一方面，美國中央銀行的聯準會從一九九四年開始，會在貨幣政策的決策會議後出具聲明。在那之前，即使在會議中做出什麼決策，也從未對外公布消息，聯準會會根據會議中的決策事項進行釋放或吸收資金的操作，但據說金融機構往往都要等到看見那些操作與以往不同時，才會察覺到會議中好像做出了什麼決策。

聯準會政策決策會議的議事要旨也開始對外公布，公布時間自二〇〇四年起階段性地提前，現在已經提前到在會議三週後對外公布。在政策決策會議上會有各式各樣的討論，其中也有不少尚未成熟的議題，或是建立在與會者的誤解上的議題。對當事人來說，自然會希望避免外流，即使要對外公布，也最好等到熱度消去後再進行。實際上在二〇〇四年以前，等到群眾關注降低再低調公布是常態，如今變成毫不修飾地對外公開目前正在進行中的討論，所以是很巨大的變化。

中央銀行開始對外發聲的理由

為什麼會有這樣的變化？當然最根本的原因，肯定在於對政府或企業要求公開資訊與透明化的社會趨勢。此外，也有一部分是因為既然從政府那裡獲得了獨立性，中央銀行自然得擔負起相應的說明責任。不過比起這些原因，還有其他更決定性的，而且是中央銀行特有的經濟面而非政治面上的理由。

其中之一就是金融市場的規模變大，市場參與者也變得更多樣化了。此處的金融市場指的是銀行、證券公司等互相借貸資金的地方。其中的交易金額在過去並沒有那麼龐大，而且是封閉在國內的，來自國外的參與者會受到限制等等。中央銀行就像池中的鯨魚一樣，只要中央銀行進行操作，向那個市場釋放資金，或從市場上吸收資金，就會產生巨大的波浪。

不過如今金融機構的交易規模變得龐大，各國的金融市場與其他國家的市場緊密相連。中央銀行只不過是交易額稍大的市場參與者一員而已，不再能夠光靠蠻力拉扯等招式就把貨幣市場引導到自己想要的方向。中央銀行如果想要實現自己的政策意圖，勢必得獲得市場參與者的理解與協助才行。

另一個理由則是中央銀行不得不去意識到人們的預期。日銀操作基準利率的時代，是法定利率的時代。利率當中包含各式各樣的利率，有銀行的存款利率、向銀行借錢時的貸款利率、企業發行公司債時的利率、政府發行公債時的利率等等。在法定利率底下，這些利率的決定全部都與基準利率是連動的。例如事先規定好如果基準利率提高一%的話，哪個利率會相對提高多少百分比，所有的利率都會按照規定機動地進行調整。

不過隨著「利率自由化」，也就是定期存款等利率可由金融機構自行決定的工作，在一九九四年完成以後，法定利率的時代也宣告落幕了。基準利率的名稱也在一九九五年走入歷史，由同業拆款利率取而代之，成為日銀的操作對象。

同業拆款利率是銀行等金融機構之間，借貸資金一個晚上所適用的利率。由於基準利率是日銀借錢給金融機構時的利率，因此借出資金的日銀本身擁有決定權。不過同業拆款利率是金融機構之間借貸的利率，日銀並不是當事者，因此無法隨心所欲地進行操作。日銀要根據當下的景氣狀況，判斷同業拆款利率要維持在什麼水準比較適當，並據此進行資金的供需調節，在金融市場上釋放或吸收資金，讓同業拆款利率有所變動。

不過同業拆款利率只不過是金融機構等特定人士之間的借貸利率而已，而且借貸期間只有一個晚上，即使操作成功了，市場也不會因此有所改變。舉例而言，三個月、一年或十年等長期合約的利率（長期利率）高低，會左右企業是否要強化設備或消費者是否要購買住宅等決策。如果要影響景氣的話，真正的關鍵在於長期利率。

假如同業拆款利率提高的話，決定長期利率的當事人會怎麼想呢？那些人會在意的，是同業拆款利率的上升會不會長期持續下去。假如同業拆款利率在下個月就恢復原狀的話，他們應該會選擇不要變更長期利率吧；反之，如果他們認為同業拆款利率的上升會再持續一段時間，或者日銀不只是這次提高利率而已，下個月、下下個月還會再進一步提高的話，應該就會大幅調升長期的利率。換句話說，不僅是眼前的同業拆款利率如何變化而已，未來會如何發展、日銀打算把未來的同業拆款利率引導到哪個方向的預期，將會決定同業拆款利率波及到長期利率的程度。

預期扮演著重要角色的，不僅是長期利率而已，在股市買賣股票的人們，也會以當前同業拆款利率的變更為契機，去預期日銀接下來打算把同業拆款利率引導到什麼方向，並以此作為前提進行交易。進行美元與日圓交易的市場參與者也會有同樣的預期，並且進一步影響到匯率。舉例而言，假如他們都預期隔夜拆款利率的提升是暫時性的話，股價與匯率都不會有太大的變動，但如果預期隔夜拆款利率的上升未來也會持續下去的話，就會產生股價下跌、日圓上漲的巨大變化。

中央銀行政策透過人們的預期波及各種市場的情形，不是只在日本上演而已。各已開發國家的中央銀行都認為理想的狀態是：長期利率、股價或匯率等等，都能由各個市場的參與者在交易過程中自由決定。不過在此同時，也希望能讓中央銀行執行的穩定景氣政策效果廣泛滲透到經濟中。在追求同時達成這兩件事情之際，掌握關鍵的就是人們的預期。如果能將人們的預期引導向中央銀行意圖達成的方向，即可在不直接介入股市或匯市的情況下，一方面維持自由交易，一方面達成政策效果的滲透。

貨幣政策九十八%是「談話」

中央銀行向人們喊話的行為，稱作「影響群眾預期」的政策。最清楚此項政策意義的人，應該就屬二〇〇八年雷曼兄弟事件爆發之際，以聯準會主席身分扮演指揮官角色擺脫危機的柏南克（Ben Shalom Bernanke）了吧。他在離任後的二〇一五年說過：「中央銀行執行的貨幣政策九十八%是談話，剩下的二%才是行動。」他想表達的是，在美國經濟從雷曼兄弟事件重新站起來的過程中，影響群眾預期的政策具有特別重要的意義。為什麼「談話」在這個時期特別重要呢？

如前一章所看到的，以美國為首的各已開發國家利率，在雷曼兄弟事件後跌到幾近於零。至於為什麼會發生這樣的事情，是因為以聯準會為首的各國中央銀行，為了刺激在雷曼兄弟事件中受損的經濟，而執行了增加貨幣量的貨幣寬鬆政策，將大量貨幣投入市場，導致貨幣需求飽和，呈現出來的就是零利率的型態。

如前所述，一旦達到貨幣飽和點，後續即使追加供給再多貨幣，也不會有任何效果。就像在平地販售氧氣的商人一樣，中央銀行早已失去力量。在那樣的局面下，對中央銀行來說最恐怖的，就是人們的通膨預期降低。一旦人們的預期變成通縮，尤其是劇烈通縮的狀況，就會超過貨幣飽和點，因此中央銀行無法瓦解人們的預期。對柏南克而言，最重要的事情是避免通膨預期降低，為此他加強了對人們的喊話。

那麼具體來說，柏南克說了些什麼呢？如果用一句話來描述當時聯準會所採行的政策，就是「未來也會讓貨幣飽和」的承諾。什麼意思？聯準會已經增加了充分的貨幣量，當前的貨幣需求已呈現飽和狀態，所以聯準會已經不再有力量執行更多的貨幣寬鬆，不過未來卻不一樣，未來還有力量，而他就是著眼於此，宣布未來也會增加貨幣量，直到達到飽和點為止。藉由傳達出不僅是今天而已，連明天、後天也會一直徹底推行貨幣寬鬆下去，讓人們深信通膨率在未來不會大幅降低，就是他的目的。「未來也會讓貨幣飽和」不過是嘴上說說而已，並不是現階段的行動。談話占九十八%就是這個意思。

這個政策稱作「前瞻性指引」（forward guidance），意思就是針對未來的（forward）政策，提出會如何進行的指引（guidance）。其實這個政策的始祖就是日銀，在政策的理論形成上，日本的經濟學家與政策制定者，包含我本人在內，都貢獻了一己之力。日本比美國早十年經歷了零利率現象，當時累積的實務與學術知識，在日後被活用於美國的政策中。

這件事情很早就埋下伏筆。在日本領先全球經歷零利率現象的二〇〇〇年前後，聯準會即已在內部成立研究日本情勢的團隊，詳細地調查了零利率現象的原因與日銀因應策略的有效性。當然，即使是聯準會也沒有那麼神通廣大，不可能早就預知到自己國家會在十年後發生同樣的事情。當時主流的看法認為，零利率現象等狀況在日本是特殊現象，不過另一個事實是，他們認為沒有任何理由可以確定，發生在日本這個非常相似的已開發國家的事情，一定不會在美國上演。

當時在聯準會調查團隊中參與報告製作的年輕成員們，十年後都已站上肩負重任的位置，成為柏南克主席的左右手。美國政府的危機管理能力之高，在軍事、外交、傳染病防治等方面是眾所皆知的事，而在貨幣政策運作上，應該也可以說是得到了充分的發揮吧。

至於前瞻性指引是否有期待中的效果，在學術圈內也是意見分歧，在結論出來以前恐怕還得花上一段時間。不過至少在兩件事情上，也就是在當前貨幣量到達飽和點，無法再執行貨幣寬鬆的狀況下，把避免通膨預期降低置於政策的核心，還有為了實現此事而持續向群眾發出強烈訊息——在這兩件事情上，可以確定柏南克的政策判斷是很卓越的。

聰明地終結惡性通膨的方法

前面已經看到影響預期的政策，是由中央銀行的實務家與經濟學家建立起來的，那麼同樣的政策也能夠適用於惡性通膨嗎？

前一章把焦點放在惡性通膨如何發生，接下來我們就來回顧過去的案例，看看惡性通膨又是如何結束的吧。在「預期會影響物價」一事還不為人所知的時代，中央銀行或政府的政策制定者，往往在高通膨率肆虐的恐怖漩渦中，一次又一次地試錯。前面那些影響預期的政策，就是在那些辛苦奮戰後所得到的智慧，相信各位經由接下來介紹的案例即可理解。

在進入具體的情節之前，為了降低理解的難易度，我們先在腦海裡建立該如何才能讓惡性通膨平息下來的觀念吧。

因為不管怎麼說還是得從限縮貨幣量開始，所以必須要採取貨幣緊縮政策。但一旦緊縮了，失業率就會上升。如果用一二七頁的自然失業率假說公式來說的話，由於右邊的失業率上升，因此會導致左邊的通膨率降低。

不過通膨率降低還有另一個途徑，就是改採貨幣緊縮使得右邊的通膨預期降低，進而導致左邊的通膨率也降低。這兩個途徑與貨幣寬鬆時完全相反。在貨幣寬鬆的情況下，一開始失業率會改善，但失業率的改善最終會消失，只剩下通膨率的上升（圖3-4，一三一頁）。相對於此，在惡性通膨的平息局面下，經過失業率的過渡性惡化以後，最終的結果是通膨率降低。

站在中央銀行或政府的立場，即便只是過渡性的，當然還是希望盡量抑制失業率的惡化。換句話說，就是想在避免景氣過度惡化的前提下，讓惡性通膨平息下來，這也與貨幣寬鬆是相反的。寬鬆時失業率的過渡性變化（在這種情況下是過渡性的改善）是令人樂見的，但這時卻希望能極力避免，不過事情真的能夠如其所願嗎？

自然失業率假說的公式顯示出這是有可能的，因為只要自然失業率假說公式右邊的通膨預期下降得夠多，通膨率就會隨之大幅降低，因此就不需要經過「讓失業率惡化來降低通膨率」這條途徑。換句話說，如果能夠用什麼方法大幅降低通膨預期，就能夠在避免失業率惡化的情況下擺脫高通膨。

龐加萊奇蹟

這件事情曾實際發生在一九二〇年代的法國。當時的法國無法阻止自第一世界大戰以來的財政惡化，「為了調度財政資金，未來也會持續增發貨幣」的看法根深柢固，這導致了法郎的貶值趨勢與物價上漲。一九二三年初時是一美元兌十五法郎，到了二六年初時卻貶值到一美元兌二十五法郎，陷入嚴重的貨幣危機（圖3-7）。

雖然在這之中為了保護法郎，法國曾經多次試圖重建財政，但歷任左派聯盟內閣提出的財政重建計畫屢次遭到否決，並且一再地經歷財政部長交接或內閣改組的政治性混亂。

到了一九二六年六月，法郎下跌的速度變得更快，以年率一百三十九%的貶值率急速下跌，物價也以年率七十三%的水準大幅上漲，經濟陷入恐慌狀態。不過就在混亂至極的同時，轉機也就此到來，法國終於出現了舉國一致的內閣。率領新內閣的雷蒙・龐加萊（Raymond Poincaré，以龐加萊猜想聞名的數學家亨利・龐加萊的堂弟）一掌握政權，就在二六年夏天公布財政重建計畫，以一掃市場對財政的疑慮。計畫是以大幅提升間接稅為中心的措施，來達到財政均衡的目標。這個計畫一通過法國下議院，果然貨幣下跌與物價上漲就停止下來，法國成功地擺脫危機，這個案例又稱為「龐加萊奇蹟」。

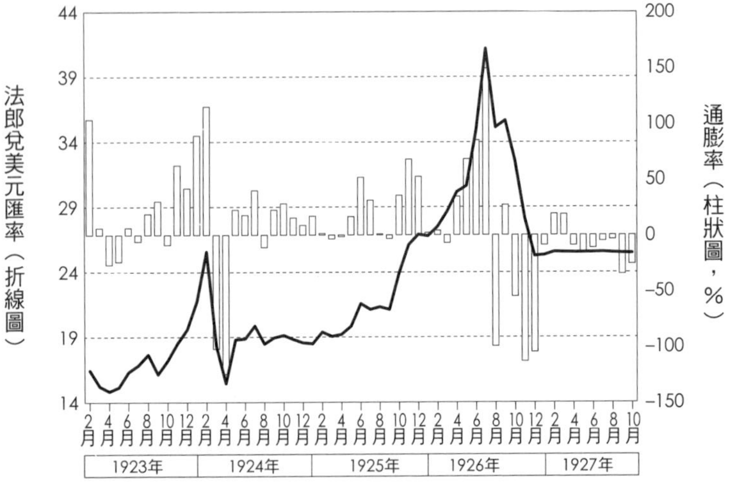

圖3-7　龐加萊奇蹟

此處想強調的是，法國這場惡性通膨並不是經過一連串費時的程序，也就是（以重建財政為背景的）貨幣緊縮↓景氣惡化↓失業率增加↓通膨率降低，才平息下來的。如圖3-7所示，物價與匯率都是在計畫一通過下議院的階段，也就是在政策才剛公布而已，都還沒有實施的階段，就突然反轉過來。其後，在政策進入到實施階段後，失業率雖然惡化，但幅度與通膨率降低的幅度比起來相對有限。由於人們相信龐加萊公布的消息，並且讓通膨預期大幅降低，因此才在失業率沒有大幅上升的前提下，成功地讓惡性通膨平息下來。

龐加萊奇蹟雖屬成功案例，但在中央銀行或政府默默執行貨幣緊縮，或公布消息卻不受到人們信任等情況下，失業率隨著貨幣緊縮而大幅惡化，進而提高社會焦慮，最終被迫中止貨幣緊縮的事情都曾真實上演。過去的案例顯示出，雖然惡性通膨是以通膨預期高漲為起點的現象，但掌握降溫關鍵的也是通膨預期。

中央銀行的監視員們

接下來，也來看看更近期的案例好了。圖3-8是聯準會召開貨幣政策決策會議那一天，也就是會議中的決策事項對外公開的日子，利率如何變動的走勢圖。聯準會所控制的利率，是美國國內金融機構之間短期借貸適用的聯邦基金利率（FF利率）。這張圖上所顯示的，就是依據對數週後的FF利率預期進行買賣的「FF利率期貨」的走勢。

當天會議中決定將FF利率的誘導目標從一．二五％降低到一％，並按照聯準會的原則立刻發布新聞稿。圖3-8中值得注意的地方，就是下午兩點十五分公布消息之後的變動。當天從早上開始幾乎沒有變動的FF利率期貨，在發布新聞稿後突然向上跳升。從中似乎可以看到一群市場參與者（金融機構或投資人等等）的身影，一直在等待會議決策事項對外公布，並在公布瞬間推敲聯準會的政策意圖，然後立刻下單交易。

此處的重點是聯準會在這個時間點，完全沒有進行任何調整貨幣量的操作。聯準會執行的不是行動，而是決定調降利率的報告，也就是談話而已。完全是影響預期的政策。

好的，當天的決定是「調降」利率，不過實際上發生的事情卻是FF利率期貨上漲，也就是說出現了反向的變動，這又是為什麼呢？其實市場參與者們在那之前就一直猜測，聯準會是不是會把利率調降到〇．七五％，但他們的預期雖然在調降的方向上是對的，調降的幅度卻猜錯了。在這樣的前提下，市場參與者從新聞稿中解讀到的訊息是「聯準會在調降利率上並沒有那麼積極」，所以FF利率期貨才會

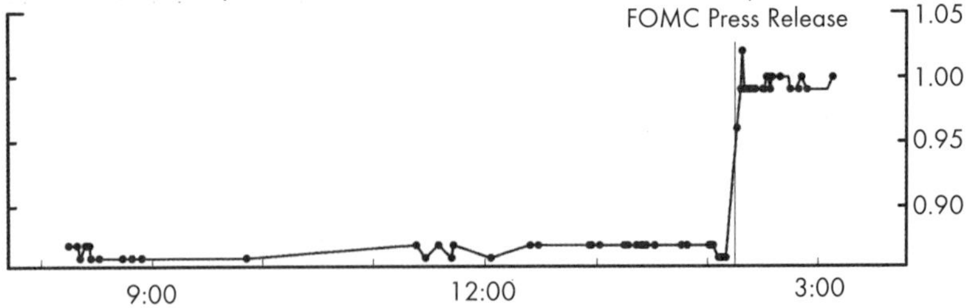

圖3-8　聯準會記者發布會的影響力

上漲。

通膨目標制的導入或相關制度的變更會讓通膨預期改變，也是已經確認的事實。前一章曾提到，英國在導入通膨目標制的初期，重視物價穩定的中央銀行與重視景氣穩定的政府之間，曾經上演過主導權之爭。其後，經過政權交替到工黨，新上任的財政部長決定將貨幣政策的決策權限全面交給中央銀行，並於一九九七年五月六日公布。英國通膨目標制重新出發的那一天，通膨預期隨著消息的公布而降低了將近一%。此處所顯示出來的，是通膨目標制的制度經過強化後，通膨終於要平息下來的預期在群眾間擴散開來。

雷曼兄弟事件時，聯準會在柏南克主席底下執行的前瞻性指引，對通膨預期帶來的效果，也有幾份衡量結果的報告。在當下利率已經達到零，而且很難再降低的狀況下，當時的聯準會宣布不僅是眼下而已，未來也會持續貨幣寬鬆，試圖提高人們的通膨預期。比較宣布前與宣布後的數據可以確認到，對於未來利率的預期降低，聯準會的宣告發揮了效果。然後未來利率會降低的預期，提高了未來ＧＤＰ成長率與通膨率的預期，這一點同樣也獲得確認。只是由於經濟學家使用自己的模型，事先算出來的預期效果非常大，因此也有人指出相較之下效果並不如原先的期待。

4 預期可以操作嗎？

華爾街很好控制

影響預期的政策之所以能夠成功，背後的支持者就是對中央銀行一舉手一投足都緊追不捨的金融專家們。他們不僅追蹤媒體的報導，連總裁的演講、日銀的政策決策會議議事錄等內容也仔細拜讀，試圖解讀中央銀行的意圖。甚至有種職業是逐一監視並解說聯準會或日銀方針的聯準會監視員（日本則是日銀監視員）。由於在股票市場或外匯市場，必須要比任何人都盡快嗅聞到中央銀行的政策變化，因此靠人類雙眼會來不及閱讀中央銀行的文件，所以連ＡＩ（人工智慧）也開始派上用場，一旦感知到新資訊就自動做出相應的交易。

中央銀行對這些金融專家們的通膨預期，幾乎是完全控制於股掌之間。從這層意義上來說，影響預期的政策可以說是有了一番成果。不過影響預期的政策已經完成了嗎？可惜答案是否定的。一件令人憂慮的事情正在發生，連「寧靜革命」的提倡者布蘭德都擔心，這樣下去革命恐怕無法結束。

那就是消費者、中小企業的經營者等非金融專家的通膨預期，並未受到控制。舉例而言，近期一項調查紐西蘭中小企業經營者通膨預期的研究顯示，人們的通膨預期遠高於中央銀行的目標值，而且個人與個人之間的通膨預期也有很大的差異。由於紐西蘭是領先全球導入通膨目標制的國家，而且導入至今已經超過四分之一個世紀，因此照理來說大部分人的通膨預期應該要在目標值附近，但實際上卻不是這麼一回事。

在日本或美國等其他國家的研究中，也陸續有報告指出，對於那些非金融專家者的預期，並未順利發揮影響力。消費者在進行消費、儲蓄或購買消費性耐久財（住宅或汽車等等）的決策之際，會預期未來的通膨走勢，並按照預期改變行動。此外，企業在進行工廠的新增設或機械設備的購買等決策之際，也會深受到經營者的通膨預期影響。因此，絕對不會因為那些人不是金融專家，所以對預期未順利發揮影響力也沒關係。消費或投資是決定景氣或經濟成長的重要因素，所以中央銀行無法對那些變數行使影響力，反而可以說是相當不樂觀的狀況。

市井街充耳不聞

無法順利對消費者或企業經營者的預期發揮影響力，原因究竟出在哪裡？可以想到的可能性有幾個，例如個人模型的失靈等等，但最有力的原因還是對於中央銀行的政策沒有興趣。許多人對於中央銀行在做的事情並沒有太大的興趣，而且本來也就不具備充足的知識。

在前文介紹的紐西蘭研究當中，也有提出「中央銀行總裁是誰？」這種玩笑般的問題，結果四選一的題型，正確率卻只有三十%。知道紐西蘭中央銀行採取通膨目標制這種制度，並以物價穩

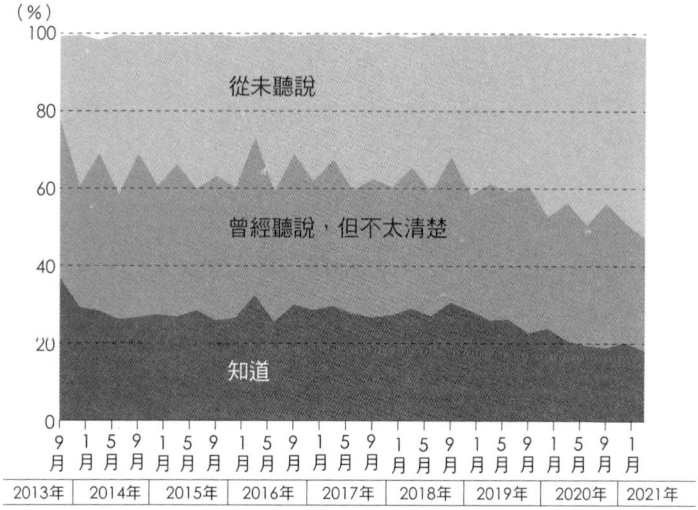

圖3-9　日銀的「2%物價穩定目標政策」的認知度

定作為最重要政策目標的人，同樣也只有三十%而已。此外，對於紐西蘭目前通膨目標值是多少的問題，選擇二%這個正確答案的人，僅有十七%，約半數的回答者都選擇了超過五%這個偏離事實的數值。就紐西蘭中央銀行的立場來說，儘管過去四分之一個世紀以來，一直努力向民眾進行通膨目標制的宣傳活動，但不得不說實在是效果不彰。

日本的情況也不例外。圖3-9所顯示的，是日銀針對二〇一三年開始實施的「二%物價穩定目標政策」（以擺脫通縮並達到二%通膨為目標的政策），由日銀自己調查其認知度的結果。說起二〇一三年，那是剛誕生的安倍政權推出安倍經濟學等一系列經濟政策，並且受到報章媒體與電視新聞大幅報導的時期。二%物價目標政策被定位在安倍經濟學的核心位置，而出自於對政策的期待，股票市場也呈現活絡的狀況，不過這在當時的認知度只達到四十%，而且日後不僅沒有改善，反而持續走低，最近甚至降到二十%以下。

政策制定者與經濟學家在經過半世紀以來與通膨的搏鬥後，終於理解到要控制通膨率必須要有穩定的通膨預期，並且設計出影響預期的政策，作為達到此目標的工具。我認為這個方向性本身恐怕沒有錯，不過影響預期政策的實踐者們卻面臨到一個困難，就是中央銀行說的話很難傳達給人們知道。

「華爾街」是世界金融專家齊聚一堂的特別場所，而與此作為對比的，消費者、中小企業經營者或小額投資人等居住的地方，則被稱為「市井街」（由於美國各地都有同名的主要幹道，因此代表這個地方隨處可見、到處都是的意思）。中央銀行總裁的聲音雖然傳到了華爾街，卻沒有傳到市井街，如何把訊息傳遞到市井街上——這對包含日銀在內的各已開發國家中央銀行來說，是現階段最為重要的政策課題。

決策前的決策

對於這個問題，經濟學家與政策制定者都沒有一個切中要點的答案。意思就是說，這個部分就是通膨預期相關研究的最前端。為了傳達訊息到市井街上，能不能夠建立新政策方法或制度，讓「寧靜革命」順利落幕，如今正是最關鍵的時刻。那麼經濟學家或政策制定者們，當前又是如何面對這個難題的呢？我們來稍微了解一下這個部分吧。

由於問題的根源是人們對中央銀行沒有太大的興趣，因此可以考慮借助認知心理學或腦科學的幫忙。實際上，目前已有這方面的研究。不過消費者或企業經營者對於中央銀行有沒有興趣，並不是在他們沒有意識到的地方，條件反射式地決定出來的。人們會比較對中央銀行保持興趣的優點與缺點，自主性地做出要不要保持興趣的決定。若是牽扯到人的決策，應該有不少部分是能以經濟學的工具去處理的。

一個人對某件事沒有興趣，就等於那個人對那件事沒有取得足夠相關資訊。而處理這種狀況的工具，早已存在於經濟學的工具箱裡了。不過在目前為止的研究中，都把焦點擺在資訊不充足時，人會如何採取行動上，而不曾去探究資訊不充足的狀況究竟是如何產生的。對於某件事情要取得多少程度的資訊（對那件事情有多大程度的興趣），將與此相關的決策程序組合在現有的模型上——這就是目前認為最有希望的方法。

舉例來說，我們可以想想看吸塵器壞掉，所以要汰舊換新的狀況（其實我家正處在這樣的狀況中）。在經濟學比較初階的教科書中，都會寫說假設 A 這種機型是 a 圓，B 這種機型是 b 圓時，選擇何者會達到效用最大化，就是消費者的決策。不過實際上在做選擇之前，必須要知道有哪些機型、分別有什麼功能、哪一家網路商店的哪個機型是多少錢等資訊，並為此進行資訊收集才行。教科書上討論的是在資訊收集已經結束的前提下，後續所進行的決策，但實際上在那之前，還要先做出要收集多少資訊的決策。

資訊消耗的是什麼？

每次只要在課堂上提起此事，一定會有學生吐槽說那不是昭和時代的事嗎？他們會反駁我說，昭和時代或許必須走訪好幾家車站前的電器行或家電量販店，才能收集到資訊，不過現在因為有網際網路，所以應該可以迅速收集到資訊吧。

正如第一章也介紹過的，在網路購物開始普及的二〇〇〇年前後，人們曾經預測當搜尋變得容易以後，最終會殘存下來的應該只剩最優良的商品，銷售的店家也只會剩下最便宜的店家而已吧。一個商品對應到一個價格的狀況稱作「一物一價」，而網路的普及將會使這件事化為現實。為了確認這項預測是否正確，曾經有研究使用了許多國家的資料，鎖定一項特定的商品，然後調查那項商品的價格在各個店家之間的差距，是否隨著網路的普及而縮小。

結果發現商品並沒有完全收斂到一個價格。雖然這是幾件事情複合在一起才導致的現象，但可以確定的是，即使有了網路，資訊收集的成本也沒有變成零。

那麼究竟會消耗哪些成本？是操作電腦的電費或通信費嗎？當然那也是一筆支出，但還有更大的成本，就是時間。雖然只要好好花時間仔細尋找，遲早會找到哪家店是最便宜的，但大部分的人只會花幾分鐘或幾十分鐘搜尋，然後向搜尋範圍內價格最便宜的店家下單。

明明繼續搜尋就可以找到更便宜的價格，為什麼不這麼做呢？那是因為太浪費時間了，或許再找一個小時可以找到便宜一百圓的東西，但大家認為與其那樣做，不如把一小時花在家庭、興趣，或用來準備明天的工作還比較有意義。

雖然說存在著許多資訊（以吸塵器的例子來說是網路上），但人們並不能夠免費使用那些資訊——第一個提出這件事情的人是司馬賀（Herbert A. Simon）。他在一九七八年獲得諾貝爾經濟學獎，但他的成就不僅限於經濟學而已，他因為在心理學、資訊科學、政治學、組織理論等眾多領域都留下功績而為人所知。他在一九七一年出版的著作中寫道：「資訊會消耗一些東西，那就是資訊接收者的注意力（Attention）。」

儘管稍微有點難懂，但關鍵字就是「消耗」。我們要「知道」一件事情，必須對那件事情有興趣，司馬賀所說的消耗注意力，指的就是這件事。他所說的消耗，意思是使用有限的東西，直到用完為止。我們的興趣總量是有限的，如果要針對一件事情取得資訊並加以消化，必須要把注意力這項有限的資源分出來給那件事情才行。既然有總量的天花板，只要分散任何一點注意力出去，我們就少了一部分心力去注意其他事情，這就是司馬賀想要表達的核心。

理性疏忽理論

經濟學是思考金錢分配，也就是有限的金錢該使用多少在哪裡的學問。不過根據司馬賀的理論，有限的不只是錢包裡的鈔票而已，人們的注意力也是有限的。就像人們會針對錢要分配多少在哪裡做出決策一樣，人們也會針對注意力要放多少在哪個話題上做出決策。決定在哪個話題上投入多少注意力，反過來說，也等於是決定疏忽哪個話題。如果以網路搜尋吸塵器的例子來說，就是對於沒能在時間限制內找到的網站不抱持興趣的意思。

繼承司馬賀這套消耗注意力的概念，並借助資訊理論之力融入經濟學中的人，就是西姆斯。西姆斯認為為什麼對某件事情沒興趣，比為什麼有興趣來得重要，並將自己的學說命名為「理性疏忽」理論。人之所以沒有興趣，不是因為怠惰、無能或情緒等理由，而是自己所擁有的時間與注意力是有限的，在清楚認知到這一點的前提下，經過理性判斷以後，選擇主動疏忽某些話題——之所以在疏忽之前加上理性二字，就是包含了這樣的意義。

對前文提到的紐西蘭中小企業經營者來說，最重要的是在沒有失誤的情況下，完成自己公司每天的作業，他們的注意力都擺在商品有沒有賣不完的、明天的進貨工作是否沒問題了、營運資金夠不夠等事項上。至於中央銀行總裁是誰、目前正在推動什麼樣的政策等話題，只要他們有這個意願，當然能夠取得相關資訊，不過對他們來說，由於把注意力與時間耗費在那個上面也沒什麼回饋，因此才刻意選擇疏忽。同樣地，消費者或勞工也是，有關自己家庭或職場的話題，才是最重要的關注事項，由於中央銀行的政策等話題相較之下沒那麼重要，因此才會刻意地視而不見。

順帶一提，提出理性疏忽的西姆斯，就是第一章介紹過的那位提出物價水準財政理論的西姆

表 3-2 葛林斯潘的「物價穩定」

	物價上漲率大幅超過〇%	物價上漲率接近〇%	物價上漲率遠低於〇%
對中央銀行的關注度	高	低	高
對周遭事物的關注度	低	高	低

↑ 葛林斯潘的「物價穩定」

斯。物價水準財政理論與理性疏忽都曾是非主流學說，並長期在學術界孤立無援。不過他鍥而不捨地讓理論進化，如今所有人（包含反對派在內）都認可其意義。西姆斯在二〇一一年得到諾貝爾獎，當時得獎的理由是他在計量經濟學上的貢獻，而諾貝爾委員會的文件中徹頭徹尾沒有提及物價水準財政理論與理性疏忽，因為那時候還是「非主流」。我認為他即使成為史上第一位二度獲得諾貝爾經濟學獎的得獎者，也毫不奇怪。

葛林斯潘的定義

前面以紐西蘭與日本為例，介紹了人們對中央銀行政策關注度很低的問卷調查結果，而美國或歐洲也大同小異。不過，曾經有一項調查針對諸多國家，包含新興市場國家在內，調查人們對於中央銀行的關注度，結果發現一個有趣的事實，就是並非所有國家對於中央銀行的關注度都很低。

在阿根廷或烏拉圭等高通膨國家實施的問卷調查中發現，人們非常關注中央銀行的政策。換句話說，在通膨率非常高的國家，通膨被視為嚴重的社會問題，人們對中央銀行的關注度很高，滿足了影響預期政策的前提條件。相對於此，在通膨率接近零，或像日本這種些微負利率的國家，人們對中央銀行的關注度很低，影響預期的政策並未發揮功能。

「人們對中央銀行關注度會依存於該國物價上漲率」的這個事實，給中央銀行政策運作該有的模樣提供了重要的提示。表3-2整理出的是目前為止已知的事實。像阿根廷這樣高通膨率的國家，人們會關注中央銀行，不過對於自己周遭的話題（家庭的話題或企業經營的話題等等），關注度則會相對降低。因為就如司馬賀所指出的，人們的注意力總量是有限的，人們關注中央銀行，從影響預期政策的觀點來看或許是好事，但如果人們無法充分關注自己周圍的話題，並因此疏忽了企業經營、勞動或消費活動的話，那可就傷腦筋了。

相對於此，物價上漲率在零附近時，由於人們會認為暫時不必擔心物價，因此對中央銀行的關注度就會減弱。然後相對地，會更有餘力去關注自己周遭的話題。我們可以想到的是，紐西蘭等已開發國家就是處於這個狀況。日本的物價上漲率是負數，但負的程度頂多一％到二％而已，因此日本應該也可以視為這種類型。只是假如日本的通縮變得更嚴重，或不僅限於日本，世界上哪個國家發生劇烈通縮的話，就如同表3-2最右邊那一行所示，人們會開始擔心物價，並且把更多的注意力分到中央銀行的政策上，相對地對身邊話題的關注度應該就會被削弱。

一九八七年到二〇〇六年擔任聯準會主席，被讚譽為大師（Maestro）的葛林斯潘（Alan

Greenspan），在一九九四年的國會證詞中，將被中央銀行視為目標的「物價穩定」定義為「經濟主體在進行決策之際，不必在意未來一般物價水準變動的狀態」，這個定義後來被包含日銀在內的多家中央銀行所採用。順帶一提，日銀目前將物價穩定定義為「家庭或企業等各種經濟主體，可以在不必擔心物價變動的前提下，進行消費或投資等經濟活動相關決策的狀況」。

葛林斯潘的定義似乎具有某種深層的意義，但聽起來像是禪學問答一樣，我自己一開始聽到的時候無法理解其真意，而且相信不是只有我一個人這樣覺得而已。不過憑著司馬賀與西姆斯的貢獻，我重讀一次這個定義後，漸漸清楚看見葛林斯潘最擔心的事情，就是在高通膨或劇烈通縮下，人們的注意力從自己周圍的話題轉移到中央銀行，並因為這個原因而疏忽了企業經營或個人生活。反過來說，葛林斯潘認為中央銀行變成聚光燈焦點的狀況是最糟糕的，而且應該要極力避免。葛林斯潘提出這個定義，是在司馬賀的研究發表超過二十年以後的事，因此他也有可能是根據司馬賀的研究才說出這番定義的（但我不清楚實際情形如何）。

葛林斯潘的物價穩定定義有何優秀之處？本來中央銀行的角色是要實現物價穩定，但判斷是否嚴格定義並實現物價穩定，是一件很困難的工作。舉例而言，CPI可以視為物價的一種指標，但這個指標是否能衡量出真正的物價，長期以來都處在爭論的狀態中。就算姑且決定用CPI來衡量物價，接下來對於CPI上漲率為零，是否就代表物價穩定這一點，又會出現意見分歧。目前的現狀是有很多國家採用「用CPI衡量的通膨率為二%時，即為物價穩定」的定義，但當問到為什麼是二％（為什麼不可以是一％或三％呢）時，卻沒有人回答得出來，而且就算接受二％這個數字好了，對於可以忍受多大程度的偏離，卻仍舊沒有共識。

相對於此，如果是葛林斯潘的物價穩定定義，就可以完全拋開這些煩人的問題，判斷物價是否穩定。舉例而言，只要針對消費者、勞工或企業經營者進行問卷調查，問他們知不知道日銀總裁叫什麼名字、知不知道日銀正在實施的〇〇政策即可。如果人們回答不出日銀總裁的名字，就代表當時的物價是穩定的；反之，如果很多人可以正確地說出日銀總裁的名字，表示大家對日銀的關注度太高了，因此恐怕無法說是物價穩定的狀態。……這只是半開玩笑的簡單舉例而已，但基本上的思考方式就跟這個一樣。我認為葛林斯潘的物價穩定定義，精準地掌握了事物的本質。

個人的觀點與社會的觀點

不過葛林斯潘的物價穩定定義，還有一個很大的缺點，就是在由中央銀行擔任幕後黑手，也就是對他來說實現理想狀態的情況下，並沒有對外展現出政策是如何運作的。

如果物價穩定的烏托邦會永遠持續下去的話，中央銀行一直被忽略也不會有任何問題，但當有什麼外生因素，例如地震或大規模傳染病發生時，通膨預期或許就會大幅波動。即使如此，由於中央銀行並沒有得到人們的關注，因此是完全無法出手介入的狀態。這樣一來，通膨預期就會像斷了線的風箏一樣，變得不穩定。

單就葛林斯潘的著作或演講來看，當中並沒有任何他針對此事思考過的跡象。葛林斯潘的「物價穩定」定義，在物價距離穩定很遙遠的狀況（例如惡性通膨的狀況）下，是非常好的指南針，能夠指出應該鎖定的目標方向，不過他所定義的「物價穩定」，並不是只要到達以後就能放下一百二十個心的安住之地。

葛林斯潘的物價穩定定義的問題點，只要區分個人觀點與社會觀點，就會顯得更加明確。從個人觀點來看的話，只關心自己周遭的話題，顯然是最令人樂見的狀況。雖然關注中央銀行或貨幣政策並不是一件壞事，不過把注意力分散到那上面，能夠讓自己的生活有多大的改善，效果其實微乎其微。

另一方面，若以整體社會來看的話，人們對中央銀行的關注，具有很大的價值，因為人們對中央銀行保持關注，能夠預防通膨預期變得不穩定，進而預防社會變得不穩定。此外，中央銀行是為了保護社會，避免陷入嚴重經濟蕭條或金融機構連鎖破產等危險狀況，所設計出來的裝置。人們平常就保持對中央銀行的關注，在危機應對上也是很重要的。

當某項商品對整體社會的效用（滿意度）大於個人效用時，經濟學家稱之為有「外部性」，例如有一戶腹地遼闊的住宅，裡面如果種了櫻花樹，周圍住戶也能夠借景同享。若比較櫻花樹對大宅院住戶的效用（即個人效用），與櫻花樹對那個社區的效用（即社會效用），後者是高於前者的。不過，假設住在大宅院裡的人因為照顧櫻花樹（除蟲或清掃落葉）很麻煩，所以想要把樹給砍掉好了，如果大宅院主人只考慮自己的效用，那麼櫻花樹就會被砍掉，變成供不應求。為了避免供不應求，必須要設法讓社區也共同分擔，而不是只由大宅院主人支付照顧的費用而已。大宅院主人與周邊居民若能順利達成共識就再好不過了，但某些情況下或許也必須要由市政府等行政機關介入才行。

人們對中央銀行的關注，在原理上也是相同的，若只考慮對個人的意義，那麼關注就會供不應求。對中央銀行的關注供給若要達到適當的水準，不可以任憑每一個人各自做出決策，必須要透過一些方式讓中央銀行或政府介入決策才行。

如何提高對中央銀行的關注度？

站在整體社會的觀點時，對中央銀行的關注度要到什麼水準比較適當？又該如何才能維持那樣的關注度？——回答這些（應該）連葛林斯潘也沒想過的問題，就是經濟學家與政策制定者當前面臨的任務。若從理性疏忽理論的觀點來整理目前為止得到的知識，雖然距離完美的答案還很遙遠，但似乎已經逐漸可以看到幾個方向性。

其中一個就是請金融專家幫忙。如前文所述，金融專家向來高度關注中央銀行。另一方面，消費者或企業經營者則會在各種場合接觸到金融專家。例如考慮買房的消費者在向銀行諮詢貸款方案的時候，即可從金融專家口中聽到對通膨的未來預測。在決定買房時間點之際，通膨的預測是很重

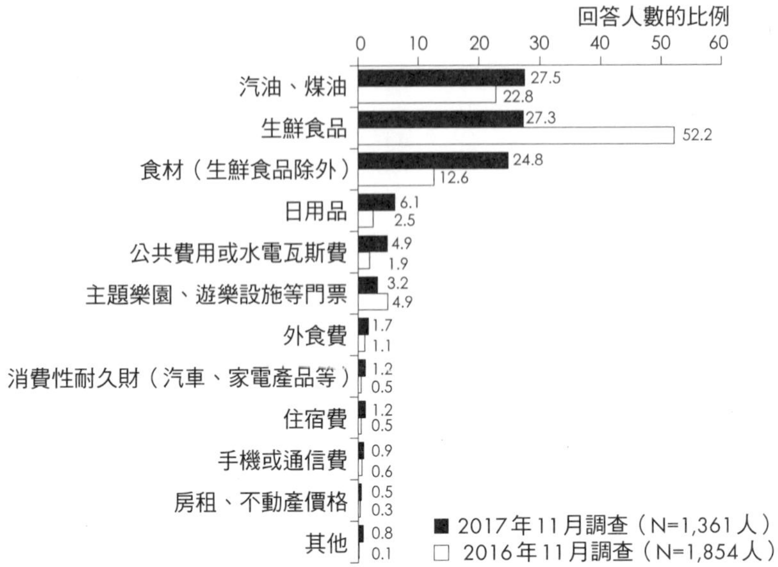

圖3-10　老百姓感受到物價變動的品項

要的一點，因此消費者應該會非常有興趣聽取專家的意見吧。只是因為銀行的負責人應該會想用對銀行有利的條件來辦理房貸，所以負責人告訴消費者的通膨預期有可能存在偏見。或許必須要有一個立場中立的金融專家，來提供消費者所尋求的資訊。

另一個可以想到的方法，就是利用人們已經十分關注的話題。說到人們會從哪裡取得與物價有關的資訊，那就是在購物的時候了。人們會觀察各種商品的價格，並從中感受物價的變動，而那也會影響到通膨預期。在這一點上有個有趣的事實是，人們並不是對每項商品的價格都有同等的關注度。

圖3-10是消費者廳所做的物價相關問卷中，人們對於「哪個品項最能讓你感受到物價的變動？」這個問題的回答。前幾名是汽油或煤

油、生鮮食品、食材，表示消費者從這些商品的價格感受到物價的漲跌。反過來說，消費者對於其他品項的價格就沒有那麼關注。從國外同樣的問卷結果來看，對於汽油或食材價格的關注度也特別高，是全球性的現象。或許是因為汽油等品項屬於生活必需品，加上購買的頻率也很高，所以消費者的關注度才特別高。

假如這個現象很穩定而且會長期持續下去的話，中央銀行應該要特別留意這個部分，讓消費者關注度高的這些品項價格保持穩定。因為可以藉由抑制汽油或食材價格的漲跌，來防止通膨預期的波動。編製物價指數時，給汽油或食材價格特別大的權重，並在政策運作上盡可能讓那個指數保持穩定，或許也是一個辦法。

故事的力量——故事經濟學

雖然成果可能不是近在眼前，但目前看來潛在可能性最高的，就是羅伯・席勒（Robert J. Shiller）與喬治・阿克洛夫（George A. Akerlof）所提出的「故事經濟學」（Narrative Economics）這套方法。「Narrative」含有「故事」的意思，概念是像泡沫經濟或金融危機等巨大經濟變動都有各自的故事，而那些故事經過一傳十、十傳百以後，造成了重大的現象。

例如比特幣並沒有政府或中央銀行替它的價值背書，也不像金幣一樣有穩定的需求，卻還是有很高的價格，就是因為有人就算它沒價值也要買。為什麼那些人要買？因為他們受到比特幣的故事吸引。完全排除政府干預的無政府主義與厭惡權威的自由精神，作為撐起比特幣的故事廣為流傳，而對此產生共鳴的人們，則將無價值的比特幣變成了有價值的東西——這就是席勒的解釋。

刺激人們採取行動的不是可以用數字來呈現的資訊，而是單純的、令人信服的故事，雖然這套假說才剛誕生沒多久，但非常有吸引力，而且令人覺得說不定可以用來解釋以往人們難以說明的現象。相信有不少人在學生時期，深受背誦歷史年表或年號所苦，要記住沒有意義的數字很痛苦，即使背起來了也會很快就忘記，不過只要將歷史上大大小小的事件編成故事，就能夠一次記起來。如果將歷史現象編成故事是歷史學的話，那麼將經濟現象編成故事就是故事經濟學了。

故事經濟學是有關人們如何理解經濟現象的假說，因此用本書的用語來說，就是與個人模型密切相關的。雖然本書不會詳細討論個人模型的內容架構是什麼，但如果以傳統經濟學的角度來看，會認為個人模型當中有很多的數字（經濟成長率、物價、失業率等等），並用數學式來表示那些數字之間的關係。不過我們完全沒有必要那樣去斷定個人模型的內容。不如試想看看，如果個人模型之中沒有數字或數學式，而是由故事所填滿的話呢？所以人們會根據故事去預期未來的通膨率。

舉個例子好了，日銀在二〇一六年導入的負利率政策，是將銀行放在日銀的存款利率調降為負利率，以促進日銀囤積的存款流通到市面上的政策。日銀原先設想的故事是負利率→銀行貸出資金增加→企業的投資增加→景氣改善→通膨預期改善→擺脫通縮。不過實際上甚至有人指出，這個政策的導入幾乎沒有對物價發揮作用，反而助長了通縮，為什麼會這樣？因為在企業與消費者之間，流傳的是另外一套與日銀設想的不同的故事。那套故事是負利率→銀行收益惡化→銀行減少貸出資金→企業投資減少→景氣惡化，這就是失敗的原因。

這整件事情的重點是，從頭到尾都沒有人去驗證過哪一方的故事是正確的。故事並不是經過客觀驗證才被選擇出來的，而是依據有沒有給人留下印象、容不容易接受等基準去選擇出來。能夠廣泛流傳的故事，席勒與阿克洛夫也強調會有這些共通特徵。我認為在負利率的情況下，首先「負」這個字在日文當中的語感就不太好了，再加上銀行收益惡化一詞，也會令人聯想到一九九〇年代末期，山一證券等銀行或證券公司破產的事情。這裡所反映出來的是，在中央銀行試圖推動影響預期的政策之際，提供一個令人信服的故事會是關鍵。

話雖如此，針對故事經濟學的研究才剛起步而已。過去有什麼樣的故事引起了什麼樣的經濟現象、在為數眾多的故事中選擇了某個故事的理由是什麼、那個故事的流傳過程是怎麼樣的、相信那個故事的人在行動上如何改變——今後對於這些問題，故事經濟學都必須一一回答才行。或許會很花時間，但只要持續埋頭鑽研，相信遲早有一天會知道該用什麼樣的方法，向人們呈現出什麼樣的故事。

5 預期可以測量嗎？

你認為明年的物價會上漲嗎？——摸索中的預期計測方法

第一節到第四節概觀了與通膨預期有關的理論發展，這一節就試著跳脫理論，改由實證的觀點，來看看經濟學家或政策制定者對於通膨預期這個東西，都是以什麼為目的、用什麼方法調查了些什麼，又得到了什麼樣的理解吧。

生產量、消費量與價格等經濟變數，可以藉由精心調查經濟活動的痕跡，以數值的形式掌握變數值。尤其最近由於可以利用在經濟分析上的大數據急速增加，因此可以輕易取得高頻率（不是每季、每月而是每天）且高精細度（例如「居住在東京都文京區本鄉的二十幾歲女性」，而不是全體日本消費者）的資訊。相對於此，通膨預期則存在於人們的心中，因此並不容易觀察。

即使如此，至今為止也設計出了幾種通膨預期的觀察方法，最常使用到的就是用問卷調查向人們提問。舉例而言，在由內閣府進行的「消費動向調查」中，有一道題目是「請問你認為你們家平時經常購買的品項，一年後的價格會是什麼水準？」並從上漲一〇％以上、上漲五％以上到未滿一〇％、上漲二％以上到未滿五％……下跌％一〇以上等選項中回答。此例的調查對象是消費者，但除此之外，日銀也有針對企業進行調查。此外，也有從金融機構或智庫等專業預測機構收集預測值。不僅如此，還曾為了大學等研究機構作為研究使用的特別用途，進行過問卷調查。

從市場上交易的金融商品價格擷取出通膨預期，也是最近愈來愈頻繁使用到的方法。舉例而言，公債——約定以日圓支付利息與本金的金融商品——在通膨預期提高的情況下會怎麼樣呢？由於預期金錢的價值會貶值，因此未來就算拿到日圓也不會太開心，所以公債的需求會減少，價格會下跌。相對於此，二〇〇四年導入的物價指數連動公債，設計成即使通膨也不會受損的形式。舉例而言，假如一年後要歸還本金一百萬圓時，因為通膨而造成一百萬圓貶值的話，就會按照約定提供相對的補償。由於物價指數連動公債回收的本金不會受到通膨影響，因此即使通膨預期提高，在人氣不會衰退的情況下，價格也不會改變。只要利用這個特性，去比較普通公債與物價指數連動公債的價格，就可以擷取出人們的通膨預期大概在什麼水準的資訊。這樣計算出來的通膨預期又稱作「損益兩平通膨率」（Break-even Inflation Rates）。至於損益兩平通膨率是誰的預期，就是參與公債市場的金融機構或投資者等金融專家的預期。

在這些現有方法之外，新的方法也在開發中。例如在證券公司等機構對投資人出具的報告上，有關於通膨率漲跌的描述，普遍來說都會詳細說明為什麼會有那樣的預期，而不是只寫結果而已。只要大量收集這些文章，就可以知道證券公司等機構如何看待通膨的趨勢，還有為什麼會有那樣的看法。不過有個問題是，仔細閱讀大量文章是很不現實的，而且一定都會摻入讀者本身的主觀意識。因此，目前有一種研究是用自然語言處理的方法，讓電腦閱讀文章，再適當擷取出必要的資訊。由於自然語言處理的方法日新月異，因此由人工智慧從文章中擷取出人們的通膨預期，並加以使用在政策最前線的日子，我想也不遠了。

時代體驗會改變預期？——個人差異與世代差異

最近有一項使用通膨預期資料的研究，正在觀察通膨預期在個人間與世代間的差異，並從中找尋通膨預期形成的機制。

內閣府進行的通膨預期問卷調查對象，是八千四百個家庭的消費者，理所當然的是，並不是所有人的通膨預期都相同。或者更正確地說，通膨預期在個人之間有很大的差異。圖3-11是根據內閣府二〇二一年五月的調查結果編製而成的通膨預期頻率分布，當中有預期高通膨會超過一〇%的人，也有預期會嚴重通縮到負的五%的人。雖然不能否認回答者有可能誤解提問的意圖，而造成落差變大，但由於在其他國家的調查中，也有發現個人之間差異很大的現象，因此計測所伴隨的誤差似乎並非主因，應該是每位回答者的個人模型或

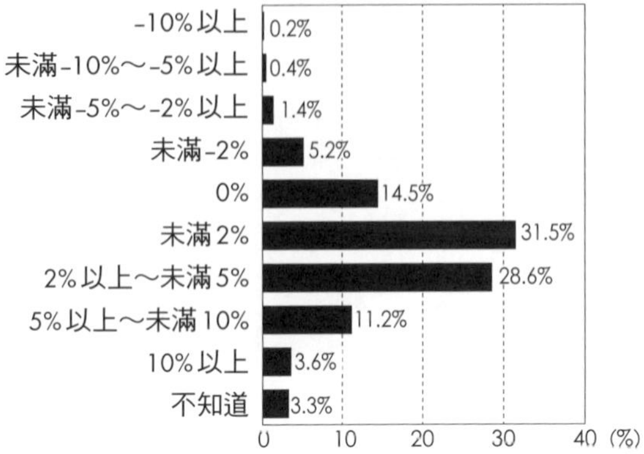

圖3-11　通膨預期的頻率分布

手中持有的資訊不同，才會造成通膨預期存在差異。此外，如果拉長時間來看，頻率分布並沒有固定的形狀，其變化型態相當複雜，無法光用頻率分布平均值的變化來表示。

關注通膨預期在個人之間的差異，可以看出些什麼？以下就來介紹一個一九八〇年代發生在美國的例子。

美國在一九八〇年初期飽受高達十五%的高通膨所苦，當時擔任聯準會主席的保羅・阿道夫・伏克爾（Paul Adolph Volcker）大力採行貨幣緊縮政策，例如將利率從十一%提高到二十%，並成功在一九八三年將通膨率降低到三%。這段事蹟又被稱作「伏克爾的通膨減緩（Disinflation）」。

透過伏克爾的通膨減緩政策，美國順利替大通膨畫下休止符，不過他的成功卻是在超過一〇%的高失業率這個巨大犧牲下實現的。儘管時代與背景都截然不同，但這應該可以說是與龐加萊奇蹟形成對比的案例。相對於通膨預期迅速下降，而且失業並沒有大幅增加的龐加萊奇蹟，據說伏克爾的通膨減緩政策至少在初期，並沒有得到群眾對政策的信任，因此通膨預期才沒有下降。

圖3-12是按照年齡層（未滿四十歲、四十至六十歲、超過六十歲）來看美國家庭的預期通膨率。從圖中可以看出，在一九六〇年代中期幾乎沒有世代之間的差異，但愈往一九八〇年代差距愈來愈大。這段期間正值大通膨時代，是通膨預期高漲的時期，而高漲的程度又以年輕人最為顯著，高齡者的通膨預期上漲幅度則相對較小，為什麼會出現這樣的世代差異呢？

有一個假說提出這樣的說明：由於年輕人成長在大通膨最嚴重的時期，因此他們預期今後也會

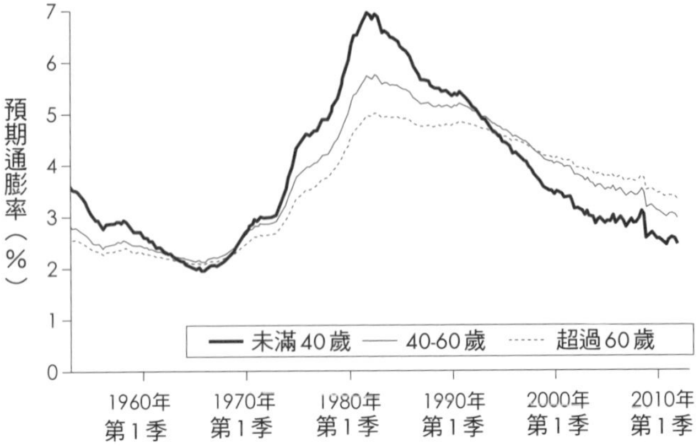

圖3-12　通膨預期的世代差異

上漲，但高齡者則因為有過一九五〇年代到六〇年代前半的低通膨期經驗，所以通膨預期自然就沒有上漲那麼多。這個假說是聯準會自己提出的，而在經濟學家的研究下，已證實有一定的合理性。

如同理性疏忽理論所指出的，人們並未擁有與通膨相關的所有資訊，手中擁有的資訊也因人而異。在人們所取得的資訊當中，所生活時代的經驗是格外珍貴的，也正因如此，所以可以解釋為過往人生經歷過什麼樣的通膨，會對每個人的通膨預期造成巨大的影響。

模型的「共產主義」

關注通膨預期差異的研究發表於二〇〇三年，是相對近期的事。以往並沒有想到通膨預期存在差異，或是即使有差異，也認為是混入資料中的雜訊，而不是有意義的差異。正如剛才所看到的，通膨預期的差異明明會連結到重要的發現，為什麼過去卻長期受到忽視？這跟第二節介紹到的個人模型概念有深刻的關聯。

前文已經強調並說明過，每個人的個人模型都不一樣。同樣地，每個人擁有的資訊（預期未來通膨率時使用的資訊）也不一樣。不過在個人模型的概念剛出現時，要一邊考慮這些差異一邊將其理論化並非易事。理論雖然是用來描繪現實的，但如果為了忠實重現現實而變得過度複雜也毫無意義。因此，在建立理論的時候，必須大膽地捨去非本質性的部分。在通膨預期理論化之際，個人模型與資訊因人而異的部分就這樣被捨棄掉了。

說得更具體一點，在最先提出個人模型的穆斯的論文中，有把個人模型因人而異的可能性納入考量，然而在一九七〇年代普及的理性預期形成假說中，人們的個人模型全部都被假設成是一樣的，而且還假設那些個人模型與經濟學家所持有的模型也是一樣的。此外，在預測未來通膨率之際使用的資訊，也假設人們都擁有相同的資訊，並且與經濟學家所擁有的資訊是一樣的。由於個人模型一樣，手中擁有的資訊也一樣，因此得出的結論當然就是，人們用個人模型計算出來的未來通膨率，也就是通膨預期也都會是一樣的。

主導理性預期形成假說的湯瑪斯・薩金特（Thomas J. Sargent），曾在二〇〇五年一場回顧其研究成果的採訪中，用自嘲語氣形容自己的研究成果是「模型的共產主義」。意思就是將人們的個人模型等同視之，無異於追求平等並排除一切階級差異的共產主義。

模型的共產主義當道的時代，也是通膨預期的實證研究停滯的時期。停滯的原因不是因為沒有資料，這個時期也會定期針對家庭或企業，進行通膨預期的問卷調查，並且有留下根據調查所知的通膨預期資料。不過這些資料僅止於為中央銀行或金融機構等實務者所運用的階段，幾乎沒有被活用在學術的世界。因為反正大家的個人模型都一樣，套用到經濟學家本人的模型上也是，因此不必刻意去掌握人們的通膨預期，只要使用自己本人的模型，就可以計算出精準度很高的通膨預期，所以才會認為沒有理由特別去做問卷調查。

儘管當時也有研究指出，這樣推導出來的通膨預期與問卷調查的結果相比較之下，兩者之間存在著很大的差異，但造成的衝擊卻很有限。此外，在模型的共產主義下，個人模型與手上擁有的資訊也都一樣，因此會認為通膨預期不可能存在離散，自然也就不會成為研究的題材。

就像實際的共產主義一樣，模型的共產主義看起來也欠缺清楚劃分理念與現實的態度，因此就算其中所描繪的世界距離現實再怎麼遙遠，也會一味地堅持理論的正確性而埋頭猛衝。

我的「轉向」

我想上個世紀在美國接受經濟學教育的人，包含我在內，應該幾乎所有人都深受共產主義的影響。我自己明確意識到轉折點，是在二〇一〇年前後。當時我正計畫實施一項針對日本家庭或企業進行的通膨預期問卷調查，並已經做過數次的前導調查。該項調查是為了探討日本的通縮原因是否出自於人們通膨預期太低，如果是的話又為何這麼低，而進行的研究的一環。

我將那次前導調查的結果給一位年輕研究員看的時候，受到了嚴厲的責問，質疑我為什麼只看通膨預期的平均值而已。明明每一位回答者的背景都各不相同（性別、年齡、職業、所得、居住地區等等），那些差異所造成的通膨預期的回答應該也會不一樣才對。所以他說，只要調查什麼樣背景的人會預期通縮、什麼樣的人會預期通膨，不就可以得到解開日本人通膨預期為什麼這麼低的提示了嗎？

比如說，如果依回答者訂閱的報紙對日銀政策持肯定或否定意見，而有不同的通膨預期的話，那麼通膨預期的離散原因就來自於大眾媒體提供的資訊差異。或者支持政黨的不同（例如是否支持安倍經濟學），也有可能與通膨預期有相關性。如果購物習慣不同，例如「是否熱衷於尋找促銷資訊」，那麼由此也可推測，由於回答者平常接觸到的價格就不一樣，因此通膨預期也會有所不同。除此之外，預期本身收入在未來會持續成長的人，即使發生通膨也不會太過困擾，因此相較於對收入較為悲觀的人，通膨預期或許也比較高。只要像這樣仔細研究回答者的背景與通膨預期之間的關係，就可以知道通膨預期受到哪些因素的影響比較大。

給我這個建議的人比我年輕許多，他在接受經濟學教育的時候，已經是共產主義由盛轉衰的時代了。或許是因為這樣，受共產主義洗腦的程度才比較輕微吧。總而言之，在他的建議幫助下，我終於從完全不容許任何意見分歧的共產主義中畢業，成功轉換研究方向，朝著承認意見多樣性並探索其意義的方向前進。

在那之後，包括我、讓我從共產主義中清醒過來的他在內，總共有三人參與了推動最初前導調查的共同專案，一同推敲關於日本通膨預期的各種假說。當時我們設定的方向是「一個人的通膨預期，會受到過往人生所經歷過的通膨影響」，這個假說的內容大致如下：

如果是經歷過一九七〇年代石油危機時的通膨的世代，還有再之前的世代，實際經歷過戰後不久的惡性通膨，可以想見這些世代的通膨預期會隨著貨幣寬鬆而提高；相對於此，出生在一九八〇年代或九〇年代的世代，由於出生後只經歷過通縮而已，因此通膨預期不會提高的可能性較高——我們打算針對這樣的假說，對照實際資料來驗證是否正確。前文介紹過一項分析結果，即在美國大通膨時代，是否經歷過低通膨會影響通膨預期變化的程度，而我們的猜測是，日本正在發生的情況可能完全相反。

巧遲不如拙速——可得性捷思法

在介紹驗證結果之前，或許有讀者會疑惑，若說與通膨有關的個人經驗會影響通膨預期，那又是經由什麼樣的機制實現的呢？由於這是很重要的一點，因此我們先來確認一下吧。

這裡有一個重要的概念，是心理學或計算機科學中會使用到的，叫做「可得性捷思法」（Availability Heuristic）。捷思法指的是讓電腦進行複雜運算時，如果要計算出嚴密的解答會花很多時間，因此只求「不嚴密但還算恰當的解答」。人類的思考也會發生同樣的事情，有時我們不會慢條斯理地想出答案，而會選擇在短時間內姑且想出一個答案來用（這也與前一節介紹的理性疏忽是相通的概念）。

當我們以速度為第一優先，必須想出什麼方案時，通常會仰賴最容易追溯（容易想起）的記憶或知識，也就是「容易運用」的記憶或知識，這就是可得性捷思法。第一個提出這個概念的人，是以行為經濟學之父著稱的丹尼爾．康納曼（Daniel Kahneman）。他在一九七三年的論文中提出多項實驗結果，其中一項是詢問K這個字母出現在第一個的英文單字，與K出現在第三個的英文單字，哪個比較多的實驗，結果回答第一個的人壓倒性地多。若實際調查的話，是後者的單字比較多，因此大多數人都答錯了。那麼為什麼會回答第一個呢？康納曼的解釋是因為K開頭的單字比較容易想起來。

在我們的專案中，我們認為人們在形成通膨預期時，也會使用到這種可得性捷思法。

日本人的通膨預期

重新確認基本機制的話，未來的通膨預期可以藉由將過去的通膨率資料或事件等，各種資訊輸入個人模型來取得。如果想要導出嚴密的解答，就要將很久以前的通膨率或其他國家的通膨率等，所有資訊全都輸入進去。但除非是默背下古今中外經濟狀況的人，否則那些都是可得性很低（想破頭也想不起來）的資訊。

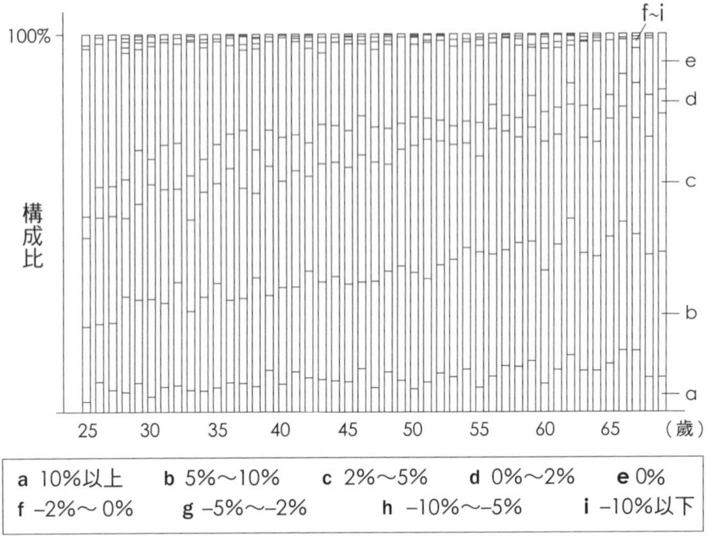

圖3-13　年齡別的通膨預期

此時就是可得性捷思法出場的時候了。如果是自己以往經歷過的事情，由於立刻就能輸入個人模型，因此可以迅速地輸出答案（通膨預期）。在個人經驗中，由於最近的經驗是可得性特別高（容易回想起來）的，因此近期的經驗比起遙遠的過往經驗是更受到重視的。換句話說，人們會暫時忘記自己出生前的事情，並根據自己經歷過的通膨，尤其是最近經歷過的通膨，去預期未來的通膨——在我們的專案中是這樣認為的。

接下來，我們來看一下實際的調查資料。圖3-13是各年齡層通膨預期的調查結果。由圖可知年輕人的通膨預期較低，並且隨著年齡增長，通膨預期也愈來愈高，這與我們根據可得性捷思法推論出來的假說是一致的。不過如果把年輕世代的低通膨預期全都歸咎於經驗的話，又太過武斷了，因為世代差異也是年齡差異，三十幾歲的人（一九八〇年代出生的世代）通膨預期低，或許是反映出他們尚且年輕。由於年輕人與年長者的嗜好與需求都不同，因此購買的商品也會不一樣。如果年輕人購買的商品價格沒有上漲太多，而年長者購買的商品價格上漲很多的話，年長者的通膨預期有可能因此相對提高較多。

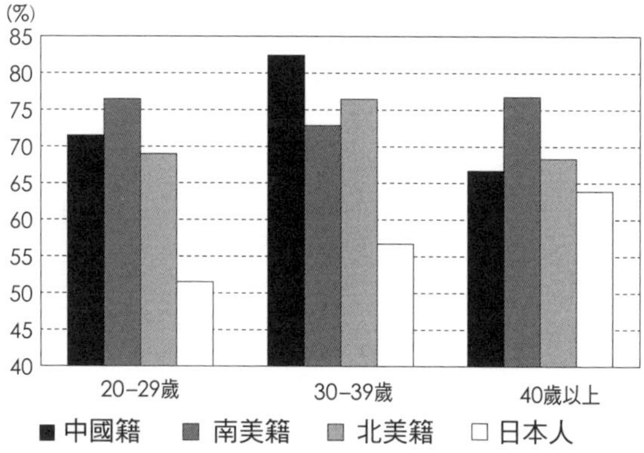

圖3-14 日本人與旅日外籍人士的通膨預期比較圖

（預期1年後物價會上漲的人數比例）

如何劃分世代差異（經驗差異）的效果與年齡差異的效果，是我們研究中最大的難題。最直接的劃分方法就是比較年齡相同、經驗不同的人之間的通膨預期。因此我們決定向旅日的外籍人士進行問卷調查，調查在年齡一致的情況下，來自不同國家的人的通膨預期會有何差異。之所以設定為住在日本的人，是因為想要比較的對象是，跟同齡日本人在類似的商店、用相似的價格、購買類似商品的人。如此一來，就可以針對只有過往通膨經驗不同的群體進行比較。

圖3-14就是調查的結果。在四十歲以上的這個世代，日本人的通膨預期與外籍人士幾乎沒有差異。據推測是因為這個世代的人經歷過伴隨一九七〇年代石油危機而

來的高通膨、戰爭結束後的惡性通膨等等，都與外籍人士相去不遠。此外，在外籍人士中，南美洲出身者的通膨預期較高，可能與這個世代成長的時代，南美飽受高通膨所苦有關。另一方面，在三十幾歲這個群體，日本人的通膨預期比外籍人士低，而這個特性在二十幾歲的群體中又更為顯著。假如二十幾歲或三十幾歲的人購買的商品，不管是日本人或旅日外國人都沒有太大差異的話，這個結果所顯示的就是日本年輕人的低通膨預期，是受到世代（經驗）而非年齡影響。

作為另一種區別世代差異與年齡差異對通膨預期所造成的影響的方法，我們也進行了以下的驗證。年齡不同的話，購買的商品不同，或即使是同樣的商品，購買的商店也會有不同的價格，因此那個人在店裡看到的價格會不一樣。在店裡看到的價格，是形成通膨預期之際所使用的資訊中，最為重要的一個。我們可以推測出很多年齡差異影響通膨預期的途徑，但我們認為這條途徑是最主要的一條。在這個前提下，我們將年齡差的效果定義為：購買品項、購買地點（超市、藥妝店、便利商店等等）或購買時期（平日或週末、促銷日或非促銷日等等）因年齡不同而有所不同，結果造成購買價格不同的效果，並將

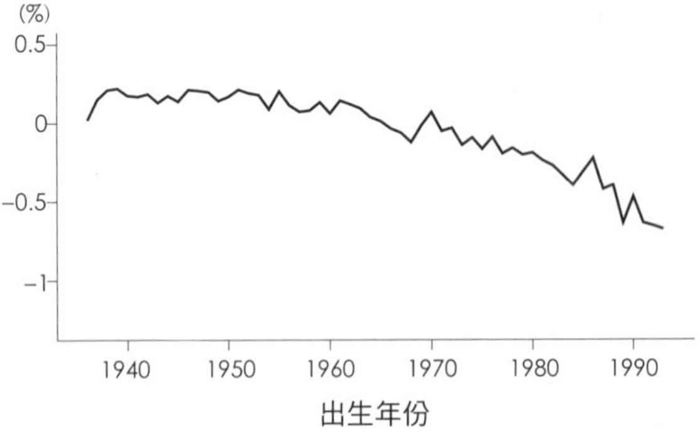

圖 3-15 通膨預期的世代效果

這個效果從通膨預期中排除。

具體來說，首先讓約一萬四千名監測者每天寫電子記帳本（在哪裡花了多少錢買了什麼），並根據這些資料算出每個人的通膨率。然後用算出來的數字，透過迴歸分析的手法，將起因於通膨率差異的部分從通膨預期的世代差異中排除。這樣一來，就能將通膨預期的差異，拆解成年齡差異的因素與世代差異（出生時期的差異）的因素。圖3-15即為分析的結果，顯示了屬於通膨預期差異中，起因於出生年份（世代）差異的部分。由圖可知在一九三六年到六二年出生的人之間，通膨預期的差異並不大，不過再往後面的世代，隨著出生年份愈年輕，通膨預期愈低，這樣的特性尤以一九八〇年中以後出生的世代特別顯著。我們依據這樣的分析得出的結論是：年輕人通膨預期低、年長者通膨預期高的問卷結果，是世代差異而非年齡差異所造成的。

不知道通膨的孩子

我們三人一發表這個有關通膨預期的研究結果，就受到強烈的關注，而且還是來自ＩＭＦ（國際貨幣基金組織）的關注。

ＩＭＦ這個國際機構的成員國，不僅有像日本這種已開發國家而已，也有很多新興市場國家，監控成員國的經濟情勢向來是他們的重要工作之一。負責團隊也會定期訪問日本，在政府機構、日銀或民間企業等地方收集資訊。由於二〇一八年來訪日本的團隊是以通縮為調查主題，因此注意到了我們的研究。

身為該團隊成員的經濟學家，向我們提出這樣的問題：「日本是不是有一群不知道通膨是什麼、在全球也堪稱稀有的年輕人呢？」那時我第一次意識到，原來在其他國家（尤其是如今仍煩惱於高通膨的新興市場國家）的眼裡，日本的年輕人屬於非常罕見的類型。日本過去有一首暢銷歌叫〈不知道戰爭的孩子〉，而他們是一群「不知道通膨的孩子」（或許現在的年輕人連這首歌都不知道了）。

我們的研究成果被刊載在ＩＭＦ的報告書上，也成為ＩＭＦ內部會議的話題，聽說當時還被拿來與阿根廷的案例做比較。阿根廷在經歷高通膨以後，即使實際的通膨率下降，通膨預期還是居高不下，有一說認為這是因為在敏感時期經歷過高通膨的世代，通膨預期沒有降低的緣故。據說ＩＭＦ會議的結論好像是「日本有可能正在發生與那完全相反的情形」。

於此同時，聽說美國經濟學家西蒙・顧志耐（Simon Smith Kuznets）在一九六〇年代說過的一句玩笑話也成為話題，他說：「全世界只有四種國家：已開發國家、開發中國家，還有日本跟阿根廷。」這句玩笑話的意思是，由於日本的戰後高度成長與阿根廷的長期衰落沒有他例，因此這兩國的資料無論在哪種分析中都會是離群值。如果這句話被引用來代表的意思是，不知道通膨的孩子的出現是日本特有的，其他國家不可能出現的話，那可就危險了。因為雖然目前看來，不知道通膨的孩子確實只有日本才有，但我們並沒有任何理由可以相信，美國、歐洲等其他已開發國家或新興市場國家，不會在不久的將來發生同樣的事情。

第4章

為什麼無法擺脫通縮？

——不動如山的物價之謎

沒人在意的泡沫之謎

一九八〇年代後半的日本，發生了不動產與股票價格急劇上漲的「泡沫」（Bubble）現象。如字面所示，泡沫在一九九〇年代初期破裂，股票大跌、不動產也乏人問津，交易冷清。當時我在日銀上班，還沒到大學任教，並且作為日銀最基層的員工，負責針對「眼前發生的現象真的是泡沫嗎？」「為什麼會破裂呢？」「破裂後該如何收拾殘局？」等問題進行資訊的收集與分析。但於此同時，我自己默默在意起一個幾乎沒人在意的事情，那就是為什麼物價沒有變動。

什麼意思呢？在一九八〇年代後半的泡沫全盛時期，由於景氣也極度過熱，因此物價上漲明明是理所當然的事，實際上卻沒有發生。我覺得這實在令人匪夷所思。CPI測量到的通膨率變動極為緩慢，即使是在股價到達巔峰的一九八九年十二月，通膨率也仍然只有二・九％而已。雖然從近年來物價停滯的基準來看已經很高了，但若從當時過熱的景氣來看，卻是低到有點離譜的水準。

物價沒有變動的情形，不只發生在該上漲的時候而已，連該下跌的時候也是如此。隨著泡沫破裂，景氣惡化，失業率逐漸惡化到超過三％，企業的生產也在一九九二年春天年減達一成，陷入危機中。不過當時的通膨率是二・五％左右，雖說比之前稍微下降了一些，但仍然不是會被視為損及物價穩定問題的水準。

這裡來談個假設的情形好了，假如物價在一九八〇年代後半上漲得多一點，事情會如何發展呢？日銀有可能會更早改採貨幣緊縮政策，如果是這樣的話，或許就能避免泡沫變得那麼大了吧。或者假如物價在一九九〇年代前半下跌得多一點，日銀應該會意識到通膨過低或通縮的風險，然後更早採取更大膽的貨幣寬鬆政策，或許也就能夠避免後來爆發的金融機構破產事件。用這樣的假設情形來思考，相信就能讓各位理解「物價沒有變動」是多麼地重要。

不過，當時雖然不是完全沒有人提出「為什麼物價不會上漲」或「為什麼不會下跌」的問題，但提問的人還是非常有限。因為物價本身大致上看來很穩定，看不出來有發生什麼令人困擾的事。可能當時除了物價，還有其他許多更令人頭痛的狀況，因此才會忙著提水救火，沒有心思去留意物價。

很少有人會去探討沒有發生的現象

到了泡沫經濟與泡沫崩壞所造成的動盪告一段落的二〇〇〇年代中期，對於物價沒有變動抱持疑問的人又變得比之前更少了。有趣的是，人類對於實際上發生的現象，會想要去說明為什麼會發生那種事，不過對於沒有發生的現象，卻不太會去追問為什麼沒發生。有一段期間，物價沒有變動的這個事實，都極少被人所認知或加以說明。

狀況的改變發生在二〇一三年，這一年日銀大幅轉變以往的政策，開始採取以擺脫通縮為目標的貨幣寬鬆政策。試行以後，許多人才第一次意識到，即使大力執行貨幣寬鬆政策，物價仍然不會上漲。寬鬆前的日本通縮是物價每年下跌一到二％的程度，但即使採取了大規模的寬鬆政策，最多也只有上漲一％的程度。無論是下跌一到二％或上漲一％都非常地小，從總體來看都是屬於「沒有變動」的範圍。面對到即使推動大膽的貨幣寬鬆，物價也沒有改變的事實，此刻人們終於開始討論為什麼會這樣、該怎麼做才會改變。

對於物價為什麼沒有改變這個問題，最簡單的回答就是因為身為賣家的企業不去改變價格。舉例而言，如果超市店面的店長貼上與昨天一樣的標價，就會產生物價不變的現象。當然，店長決定用跟昨天一樣的價格來販售，背後肯定有其相應的理由，若深入探究，就會發現跟前一章所看到的一樣，人們的通膨預期等因素，不僅牽涉到賣方而已，也會牽涉到買方。不過即使如此，要回答「物價為什麼不會改變」這個問題，從賣方的立場，尤其是從定價者的觀點來思考是最迅速的。本章從企業的立場來思考物價，就是基於這個理由。

另外，我的出發點是想要知道，在泡沫時期與泡沫崩壞的局面下，物價沒有變動的理由。但物價本來就是變動很遲緩的東西，若以量與價格作為對比來思考，生產量、銷售量、雇用人數等量的變數，在經濟受到某些衝擊時，會出現迅速且大幅度的反應。相對於此，價格只會出現緩慢且小幅度的反應。舉例而言，若某項商品的人氣瞬間飆高（電視上介紹到或在網路上爆紅），銷售數量暴增百倍是常有的事；相對於此，價格立刻飆漲百倍卻是聞所未聞。價格的波動就是如此地遲鈍，所以物價在泡沫時期與泡沫崩壞期沒有改變，應該要視之為原本就變動遲鈍的價格，變得更加遲鈍才是正確的。

我想在本章探討的是價格的變動為什麼這麼遲鈍，又近年來遲鈍的程度為何加劇。最先提出價格不易變動的，是凱因斯在一九三六年出版的《一般理論》一書，但真正使用資料展開研究卻是二〇〇〇年以後的事。本章將依據那些研究所得到的最新成果，一窺經濟學家如何解釋價格波動的遲鈍，又對此了解到什麼程度。

1 價格為什麼不會每天改變？

來自考生最單純的提問

有時我會得到一些機會，與準備大學考試的高中生分享經濟學的話題。他們很多人都滿腹熱忱，想要靠自己的頭腦去理解經濟現象，往往會提出很鮮活的問題。這對我來說也是很快樂的場合，而其中有個問題一定每次都有人問到，那就是商品的價格取決於需求曲線與供給曲線的概念，與景氣一旦惡化，失業率就會增加，因此必須透過貨幣政策或財政政策增加有效需求的概念，兩者是否互相矛盾。換句話說，如果市場充分發揮讓需求與供給一致的機能，是不是本來就不可能發生需求不足或過剩的情形？

若以失業為例，相對於勞動的需求，勞動力供給過多就會造成失業。至於需求為什麼會比較少，那是因為勞動的價格，也就是薪資過高的緣故。薪資如果再低一點，需求就會增加，另一方面也會出現在那個薪資水準下不想工作的人，因此供給會減少，在兩方效果下，供過於求的狀態應該就會被消除才對。所以為什麼這件事情沒有發生，這是一個直抵核心的好問題。

這個疑問應該是每個剛開始在大學學習經濟學的學生都會面臨到的，但很少有人當面向老師提出，或許是覺得太初級而感到羞恥吧，不過完全沒有那回事，因為其實這個世界上沒有幾個老師能夠正面回答這個問題。所以不管看哪本教科書，書上都寫得模稜兩可。或許該感到羞恥的不是學生，反而該說是老師才對。

在需求與供給不相符時，價格並未得到調整的狀況，稱作「價格僵固性」，這是由凱因斯所提出的。後來繼凱因斯之後的學者，都不去深入思考理由，就以價格若放在總體經濟學來說一分一毫都不會改變為前提，去討論失業、貨幣政策或財政政策。

價格僵固性或許看起來是在吹毛求疵，但事情絕非如此，這是關乎中央銀行存在意義的重要論點。假如價格具有完全伸縮性（即價格很敏感地反應需求之意），那麼即使中央銀行增加貨幣量，物價也會按比例上漲，如此而已，失業率完全不會有所改善。正因為價格具有僵固性，所以貨幣量的增加才會改善失業率。

當然，如前一章所述，失業率的改善是暫時性的，不過就算是暫時性的，只要能夠改善滿街失業者的狀況，那就是好事一樁。許多人對中央銀行抱持期待，就在於這個功能。如果價格具有完全伸縮性，中央銀行的存在意義可能就會減半甚至更低了。證據就是在假設價格具有伸縮性的個體經濟學教科書上，可以看到消費者、企業或政府的角色，卻看不到中央銀行的登場。

凱因斯的課題

那麼價格為什麼不會瞬間調整到需求與供給這兩條曲線的交點呢？為了正面回答這個問題而展開的研究，是到了二〇〇〇年代以後才正式開始的。當時的契機是二〇〇二年歐洲各國中央銀行齊聚一堂，展開一項叫「通膨持續性網絡」（Inflation Persistence Network，簡稱ＩＰＮ）的研究網絡。ＩＰＮ的目的是針對「價格僵固到什麼程度？」與「價格僵固性的原因為何？」這兩個問題尋找答案。

ＩＰＮ成員想到的方法是利用各國ＣＰＩ的原始資料（用來計算ＣＰＩ的基礎資料），調查各項商品的價格大約間隔多久會更新一次。報章媒體上出現的ＣＰＩ只會每個月提供一個數字，說這個月上升了多少百分比，不過在那個數字的背後，其實還有更多的數字（價格）存在。

例如以日本來說，負責編製ＣＰＩ的總務省統計局，會在縣政府等單位的協助下，每個月收集二十五萬個價格，這就是ＣＰＩ的原始資料。歐洲各國也會每個月進行同樣的調查，並各自將過程中收集到有關價格的資訊集中在一起，試著整理成可比較的形式。這在構想上毫無疑問是很棒的東西，但實際上也伴隨著令人昏昏欲睡的繁瑣工作。但IPN的成員完成了這項工作，並且以論文或書籍的形式發表成果。

其中最主要的發現是價格更新的頻率比以往所認為的還要頻繁。如前文所述，凱因斯的後繼者是在價格完全不會變動的前提下，進行了理論分析。實際上，雖說完全不會變動是有點誇張了，但即使多少有些變化，那些變化也被認為是極其有限的，因此「價格不會變動」這個前提，眾人認為接近現實，也還可以接受。不過實際調查CPI的原始資料發現，價格更新的頻率大約是每季會更新一次。關於我如何評價這個數字，稍後會再詳細說明，但這肯定讓經濟學家們感到慌張，如果再以一分一毫都不會變動為前提來繼續討論的話，問題可就嚴重了。

此處想先強調的是，IPN的主要成員是在歐洲中央銀行工作的經濟學家。雖然美國或歐洲的經濟學家，還有像我這種與歐洲沒什麼緣分的學者也會參加，而且有人詢問時也會提供建議，但負責企畫與執行實際分析作業的是中央銀行派來的人。對於首次有政策制定者而不是經濟學家，著手處理自凱因斯以來的經濟學家一向視而不見的價格僵固性這門功課，我認為是很具象徵意義的。我想他們在政策最前線做決策的過程中，恐怕有好幾次都面臨到與價格僵固性有關的問題吧，所以才會演變成既然經濟學家不肯處理，他們只好自己動手解決問題的局面。

至於IPN的經濟學家關注的焦點在哪裡，那就是菲利浦曲線的斜率。如前一章所看到的（一二七頁），菲利浦曲線的斜率，若以自然失業率假說的公式來講，就是與右邊的失業率相乘的係數（公式中的a值）。若價格僵固性提高，這個值就會變小。如此一來，即使失業率大幅改善，物價也只會緩慢上漲而已，也就是菲利浦曲線會變得平坦的意思。關於菲利浦曲線的平坦化，後面會再詳細敘述，總之這對於歐洲的政策制定者來說，曾經是很重要的問題。跟我就職於日銀時，很在意日本泡沫經濟期間物價沒有上漲，泡沫崩壞後物價也沒有下跌的現象一樣，那些在歐洲中央銀行工作的經濟學家，或許也注意到了物價變動的遲鈍性。

IPN的成員不僅想了解價格僵固性的程度，也試圖找出理由，而且出發點與其說是來自學術性的關注，不如說是「想要獲得必要知識，以實行適合物價與景氣穩定的貨幣政策」這種來自實務上的關注。如前一章所看到的，貨幣政策影響失業率與物價的程度，取決於菲利浦曲線的斜率。關於價格為什麼會產生僵固性有好幾種假說，但這些假說之間存在著差異，有些假說中的菲利浦曲線斜率很大，在其他假說中卻很小。所以如果要知道菲利浦曲線的斜率，不僅要掌握價格僵固性的程度而已，還必須知道在當時針對引起僵固性的理由所提出的幾種假說中，哪一種假說才是合適的。

價格更新很少見而且不連續

為了思考「物價是什麼」，本書已在前文中針對通膨率這個變數，進行了各式各樣的討論，而這些討論都是默默認定通膨率是會連續變化的東西。舉例來說，由於股價或匯率是時時刻刻都在變化的，因此可以說是連續性的吧，商品的價格就被視為類似的東西。不過實際上，商品的價格並不會連續性地變化。

證據勝於理論，請看看實際的資料。圖4-1是某款杯麵（用條碼定義的某種特定商品）在某家店連續四年的每日銷售價格與銷售數量，橫軸表示的是時間，上圖的縱軸是價格，下圖則是銷售數量。首先，觀察上圖的價格會發現，上下變動的頻率相當頻繁，而線條向下延伸的部分，代表的是價格在那一天大幅下降，然後持續幾天或幾週後，又回到原來的價格水準。換句話說，這代表促銷的意思。

從下圖也可以很明顯地看出來，促銷期間的銷售數量會大幅增加。平常這個商品在這家店只能賣出幾十個，但到了促銷時銷售數量會多一個〇，最多的時候甚至多達兩千個。但排除掉促銷時期的話，由圖可知價格變化是非常少的。在這張圖表的期間內，非促銷時期的價格變化只有三次（圖中箭頭處）而已。促銷以外的價格變化稱為「一般價格變化」，發生的頻率只有一年不到一次而已。IPN的團隊也在歐洲的資料中觀察到類似的現象。

這裡會遇到的問題是，像一般價格的更新這種很少發生的不連續性變動，究竟該如何處理。一種方法是把時間尺度變寬，圖4-1是按照每天的頻率去繪製的，若把時間尺度變寬，就會是從每天改成每月或每季。商品琳瑯滿目，每個月都會有某些商品的價格更新，所以當月的物價會與上個月的物價不同。換句話說，通膨率會變成每月變動。只要像這樣加寬時間尺度，就能將通膨率變換成連續性變化的變數。

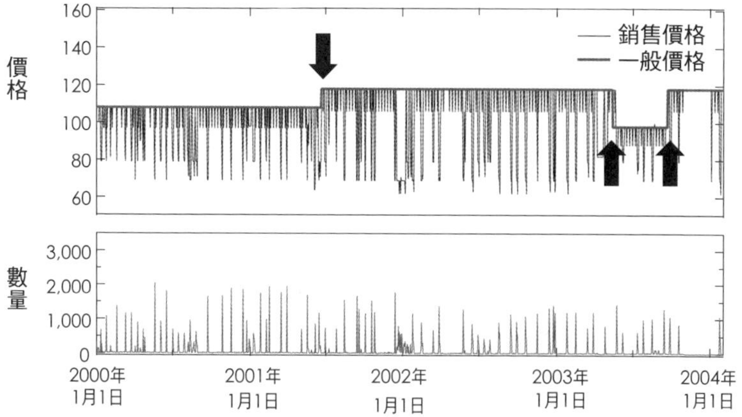

圖 4-1　某家店的杯麵銷售價格與數量

像這樣把時間尺度加寬，變換成連續性的變數，確實以資料來說是比較容易處理的，但也伴隨著捨棄掉價格更新相關重要資訊的風險。本章開頭所提到的，在日本泡沫經濟時期與泡沫崩壞的局面下物價反應遲鈍的現象，其實可能就與這個「重要資訊的遺漏」有關。

泡沫經濟前後的物價可以從每月的CPI看出來，然而無論再怎麼仔細調查每月的CPI，也看不出來變動遲鈍的原因。想要知道原因的話，必須像IPN成員所做的那樣，下降到各項單一商品價格的層級，調查那些很少發生、因此不是連續性的價格變動中，是不是出現了什麼異變。

舉例而言，如果知道價格變動變得遲鈍的理由，是因為價格更新次數減少的話，就可以進一步去分析為什麼次數會減少。當然，我們也不能保證下降到單一商品的層級之後，就一定能夠知道理由是什麼，但我們可以說的是，在資訊愈豐富的情況下，可以學習到一些什麼的機會就愈多。在IPN以後的物價研究中，都是在一天或甚至一小時的短暫時間尺度下，以不連續的價格變化作為分析對象，並試著從中獲取知識。

地震研究帶來的一大提示

價格更新這種很少發生的現象，究竟該如何記錄才好？試圖跨過這個門檻的IPN成員與經濟學家，在不斷試錯後所抵達的終點，是一種叫「點過程」（point process）的數學工具。點過程是不管文組理組，各種領域都會運用的工具，比較知名的例子就是地震。地震（人類可以感覺到的有感地震）是很少發生的不連續性現象，在這一點上與價格更新很相似。

我之所以知道這件事，是因為一名和我在同一所大學工學院研究所任職的年輕研究員。他的專業是地震的統計特性研究。當時他有點興奮地來到我的研究室，說他發現了地震與價格的類似性。由於我自己所具備的知識只有高中地科程度而已，因此一開始談得有點雞同鴨講，但在他滿懷熱忱的說明下，我也逐漸能夠理解，兩者在深層的某個地方好像是有連結的，並當場決定展開共同研究計畫，將地震的解析方法應用在價格資料上。在展開與他的共同研究後不久，我腦中產生了連自己也很驚訝的思考迴路，就是用與地震的類比去捕捉自己過去的物價研究。到後來甚至跨出了研究的範疇，連在課堂上都會提到地震的話題，這樣的化學反應是跨學科研究交流最棒的地方。

在此要先聲明的是，將物價與地震並列而談，以經濟學的手法來說，並不是當前的標準方式。

或者可以這麼說，就我所知，會在物價課堂上滔滔不絕地談論地震話題的老師，只有我而已。但地震研究的方法，如果是我至少還能理解的初級程度的話，其實非常地簡單易懂，文組的學生們也能立刻理解。我的實際感受是，從點過程這種抽象度高一層的地方，往下俯瞰地震與物價這兩種現象的話，可以清楚看到類似點，幫助加強對物價的理解。單就學生在課堂上的反應，這種方法看起來並不差，因此我決定也讓各位稍微體驗一下，物價與地震這兩者的神奇組合。

圖4-2記錄的是三一一大地震後發生的餘震，橫軸代表的是距離主震經過了多久的時間，縱軸則是餘震發生了幾次（頻率），每一個黑點都是實際上觀測到的資料。一看就知道，距離主震發生的時間愈久，餘震的次數就愈少。我想很多人在看到這張圖的瞬間，就會有種恍然大悟的感覺，但下一秒應該又會心想，那也是理所當然的吧。餘震減少是當然的，不可能永遠持續下去，這種事情從經驗上來說，每一個人都很清楚。

不過十九世紀的日本有一位研究者，並沒有因此而停止思考，他反而在想餘震次數減少的型態究竟有沒有規則性，然後他發現那種型態可以用極其單純的數學式來表現。那個數學式稱作「大森公式」（Omori's law），名稱的由來就是那位研究者大森房吉的姓氏，而用這個數學式計算出來的估計值，就是圖4-2中的實線。由圖可知，大森公式與實際發生的餘震紀錄十分吻合。由於地震學的發展日新月異，因此這個公式據說也經歷過各式各樣的改良，不過「與餘震有關最重要的法則」這個定位，是從一百多年前發現至今都從未改變的。

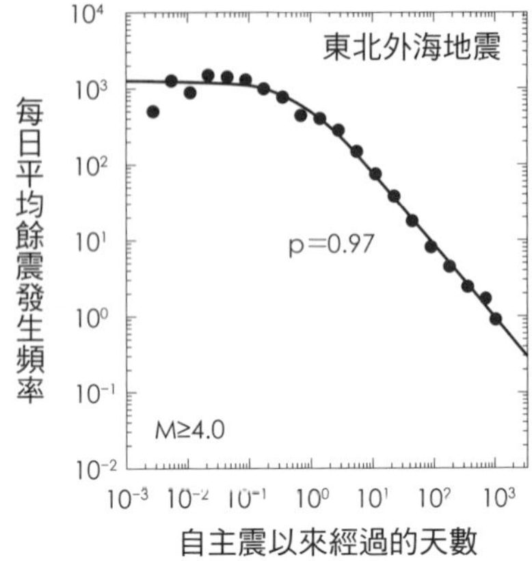

圖 4-2　餘震發生的頻率

好的，地震紀錄會保留下來的兩個要素，分別是某天發生了幾次（頻率），與那場地震的規模（震度）。價格也一樣，價格的更新在一定期間（例如一年）內發生多少次（頻率），與在每次價格更新後，價格漲跌多少圓（規模），也是應該要記錄下來的兩項要素。而關於第三項要素，以地震來說，由於發生的地點也很重要，因此那就會是第三項要素；另一方面，以價格來說的話，就是價格更新是哪些商品更新、在哪間店發生的、是哪家廠商的產品等要素也很重要。雖然兩者之間當然也存在像第三項要素這樣的差異，但頻率與規模是最先記錄下來的兩項要素，是地震與物價之間的一大共通點。

說到地震與物價的共通點，還有一個就是「記憶」。換個方式說，就是事件的過去依存性。在餘震的例子中，餘震與主震之間存在著隨時間經過次數會逐漸減少的關係。如果餘震發生的機率是固定的話，不管經過多長的時間，次數（頻率）也會是固定的才對，但從圖4-2來看，看起來似乎存在著過去的「記憶」，大森公式就是將那種記憶的型態用數學式表現出來。此外，如果不看頻率，而以地震與地震的「間隔」來看的話，主震剛發生時的間隔比較短，經過一段時間後，間隔便逐漸拉長。這一點也是，如果沒有記憶的話，間隔應該會保持一致才對。

主震的記憶會隨著時間淡去，而類似的特性也出現在價格上。不過地震或價格會永遠都維持這種型態嗎？答案也不是百分之百肯定的。無論是地震還是價格，在事件（地震與價格更新）剛發生時，反而不容易發生下一次的事件，而隨著時間經過，機率才會逐漸提高。

圖4-2看的是餘震的頻率，但這裡先把餘震的事情忘掉，只要把焦點擺在主震上就好。然後我們來想想看，自主震以來經過的時間，與下一波主震之間的關係。舉例而言，關於板塊變形所造成的地震（主震），是在長時間累積下形成了一股應力，一旦應力超過某個閾值，累積的能量就會釋放出去，地震就會因此發生。地震發生後，雖然應力會暫時消除，但之後又會再次隨著時間累積，然後形成下一次的地震。

在這種原理下發生的大地震中，地震（主震）剛發生時再次發生地震（主震）的機率（頻率）很低，而隨著經過的時間（沒有發生大地震的時間）愈長，下次主震發生的機率愈高，跟餘震的型態完全相反。日本政府的地震本部也依據這樣的概念，公布像南海海槽地震這種過去反覆發生的大地震，在未來三十年內發生機率的長期評估數據。

價格也一樣，認為實際價格與理想價格（由需求與供給所決定的、價格原本應有的水準）偏離時，這種偏離與引起地震的板塊變形是一樣的。當這個變形隨著時間變大，並在某個時間點達到閾值後，就會發生下一次的價格更新。若按照這個概念來看，就跟主震的道理一樣，距離前一次的價格更新時間愈長，下一次價格更新的機率就愈高。

價格調查的對象與方法

關於如何測量價格更新的頻率與幅度（規模），早在一九二〇年代就有研究案例。稍微近期一點的話，例如一九八六年的研究，是以美國報攤上販售的雜誌價格為題材，調查價格在三十年間改變過幾次。結果顯示，在物價相對較穩定的一九五〇年代，頻率大約是每七年改變一次，相對地，在七〇年代的高通膨期則是三年一次，明顯變得頻繁許多。此外，在一九九五年的另一項研究中，則調查了「里昂比恩」（L.L.Bean）等品牌郵購目錄的價格，並在報告中指出價格更新的頻率大約是每半年到兩年更新一次。不管是雜誌還是郵購，調查的商品都是有限的，並且深受特定企業的價格策略影響，因此無法保證這些研究能測量出市面上所有商品的價格僵固性。不過當時除了使用這些資料以外，也別無他法了。

跨越這種限制的，就是CPI的原始資料。一來人們生活中使用的東西幾乎都涵蓋在內，二來像促銷價格的處理方式等收集價格的方法，也有明確制定出來。再加上長期都用同樣的方法收集而來，因此適合用在價格更新頻率與幅度的實測上。所以IPN用這些資料做的研究與以往的研究截然不同。

為了讓各位理解CPI原始資料是什麼樣的概念，我們來看看具體究竟在收集哪些價格的例子吧。表4-1所列的是日本總務省統計局，分別在一九五〇年與二〇一二年這兩個時間點所收集的

表 4-1 零售物價統計的調查項目範例

項目	1950 年的基本品牌	2012 年的基本品牌
巧克力	片裝巧克力，上，「明治牌（1 片約 20g）」	片裝巧克力，55g，「明治牛奶巧克力」或「樂天迦納牛奶巧克力」
威士忌	2 級，瓶裝，「Torys 牌（640mL）」	瓶裝（700mL），酒精成分 40 度以上未滿 41 度，「三得利威士忌角瓶」
果汁	柳橙汁，「Bireley's Orange，瓶裝（200cc）」	果實果汁，柳橙汁（濃縮還原），鋁箔包裝（1,000mL）
感冒藥	抗組織胺藥，「Benza（25 錠）」	第 2 類醫藥品，綜合感冒藥，散劑，盒裝（44 包入），「百保能黃金 A 微粒」
腸胃藥	胃散，「太田胃散，罐裝，81g」	第 2 類醫藥品，複合腸胃藥，細粒劑，盒裝（56 包入），「第一三共胃腸藥（細粒）」
體溫計	平型，1 分計，附容器，「仁丹牌」	電子式，一般用，預測與實測兼用，腋下專用，「歐姆龍 MC680」或「泰爾茂電子體溫計 ET-C231P」
口紅	「Kissme Super 口紅」	開架化妝品，唇膏，「Integrate Gracy 唇膏」或「媚點滋潤持久型唇膏」
洗髮精	粉末，「花王 Feather 牌（2 袋各 3g）」	補充包，袋裝（380～440mL），「Asience 深度滋潤洗髮乳」或「TSUBAKI 亮澤洗髮乳」

商品，例如「腸胃藥」的部分，在一九五〇年是「太田胃散」，在二〇一二年是「第一三共胃腸藥（細粒）」，兩者都是當年銷量最好的代表性腸胃藥。或許有人會想，有必要挑選商品到這麼細的程度嗎？但由於腸胃藥也分成很多種，因此如果哪一種都行的話，就會變成上個月是便宜的商品，這個月是昂貴的商品，搞不清楚究竟是在看商品品質的差異，還是在看價格的變化。為了避免這一點，才會盡可能把調查的商品定義得詳細一點。

近年來收集價格的方法又更多樣化了。如同第一章也提過的，可以利用收集超市銷售履歷的POS資料，或是讓機器人收集網路上的價格。此外，調查對象也變得更廣泛，除了商品之外，還擴及至髮廊或餐廳等服務。例如在我自己參與的研究中，就曾使用瑞可利（Recruit）公司的不動產資訊網站「SUUMO」（原「週刊住宅情報」）上登錄的租屋資訊，實測房屋租金的更新頻率。

該害怕的是頻率，幅度不足為懼

我們從使用這些資料的研究中，逐漸發現幾項重要事實。

第一項發現是通膨率會隨著價格更新次數的變化而變動。通膨率粗略來說就是價格更新的頻率與幅度相乘，通膨率高的時候，應該會發生以下兩種狀況的其中一種（或兩種皆有）：①更新頻率提高，許多商品的價格上漲；②每次更新的漲幅變大。至於是何者則沒有定論，有些假說推測是「頻率」，有些則推測是「幅度」。

圖4-3是用墨西哥的資料整理出來的結果，實線是實際的通膨率，虛線是假設價格更新幅度在這段期間完全沒有變化的話，估計通膨率會是多少的結果。很顯然地，虛線大致上幾乎重現了通膨率的波動。這件事情告訴我們，構成通膨率變動的重要部分是①的頻率變動。同樣的結果也可以在美國、歐洲、日本等許多國家的資料中看見。

說得極端一點，這個結果代表的意思就是，只要計算價格上漲的次數或價格變化的商品數量，就等同於在測量通膨率。換句話說，通膨率除了傳統的「百分之幾」的測量方法之外，也有可能用

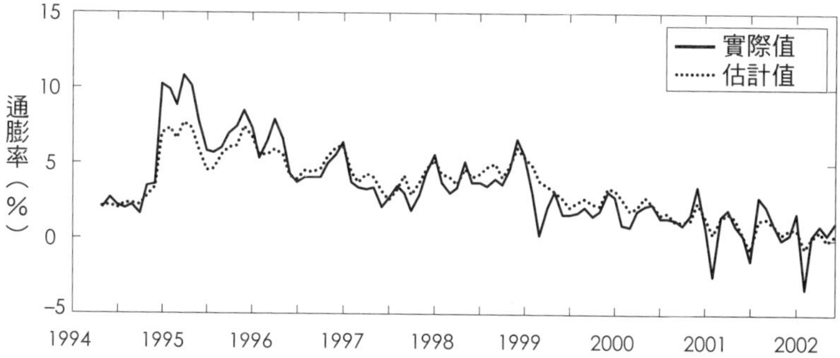

圖 4-3　墨西哥的案例

幾次或幾個的方式來測量。舉例而言，在有可能因某些理由而形成通膨的風險時，我們應該要對什麼樣的預兆保持警戒，就是商品漲價的情況變得頻繁且廣泛的時候。相反地，只要頻率或商品漲價的擴散程度沒有看到變化，即使某項商品的漲價幅度極端地大，也不需要太過擔心。

所謂「該害怕的是頻率，幅度不足為懼」，正好與地震形成對比，這一點很有意思。我們雖然也害怕地震頻繁發生，但最應該警戒的是突然來襲的大地震。地震與價格更新都是從本來應有的狀態開始變形，並在累積到超過閾值後，在壓力釋放的過程中發生。不過能夠容許變形到什麼程度，以價格來說是由人類（站在廠商或超市等立場上負責定價的人）來決定的，因此一般來說，不太可能會有變形程度太大，大到人類社會無法承受壓力釋放的情形。但以地震來說的話，對於變形的容忍程度是由大自然而非人類所決定的，因此沒有可以商量的空間——或許就是兩者之間的差異。

阿根廷的波瀾起伏告訴我們的事

關於價格更新頻率與幅度的第二個發現，就是價格在高通膨期的更新頻率較高；反之，在低通膨期的頻率較低。圖4-4是用阿根廷的CPI原始資料做出來的研究結果。

阿根廷在一九八〇年代前半，為了彌補財政收支惡化，中央銀行增發貨幣，導致惡性通膨。雖然先後推出各種抑制通膨的計畫，但都成效不彰，並在八〇年代末期陷入一個月通膨率二〇〇%（平均一天上升二．三%！）的危機中。

在那樣的事態持續延燒的一九九〇年代初期，阿根廷決定徹底進行財政改革，並導入「貨幣發行局制度」（在固定本國貨幣披索與美元匯率的前提下，由中央銀行預備一筆美元，相當於市場上流通的披索總量的制度）。這些制度改革成功奏效，讓原本在一九九〇年超過一三〇〇〇%的通膨率急速下降，並在九五年達到相當接近零的一．六%。不過到了九〇年代後半，阿根廷的貿易競爭對手墨西哥的貨幣貶值，阿根廷沒有改變本國貨幣的價格，因此相對之下匯率變得不利，造成失去國際競爭力的事態，最後在九〇年代末期通膨率變負二%，也就是面臨通貨緊縮的意思。

為期十多年的物價大混亂，是財政與貨幣政策失敗的結果，對於遭受波及的阿根廷人民來說，是極其困擾的一件事。不過從更新頻率的實測觀點來看，從惡性通膨到通縮的波瀾起伏經驗，是再好不過的教材。

由圖4-4可知，當通膨率在一〇〇〇%時，價格更新的頻率極高，達到一週一次的程度。但隨著通膨率降低，更新頻率也急速下降，一〇〇%時是一個月一次，一〇%時是四個月一次，而且通膨率與更新頻率之間有線性關係。然而當通膨率降到一〇%以下之後，正相關關係就會減弱，變得很不明顯，甚至從某種角度來看，幾乎呈現水平的狀態。

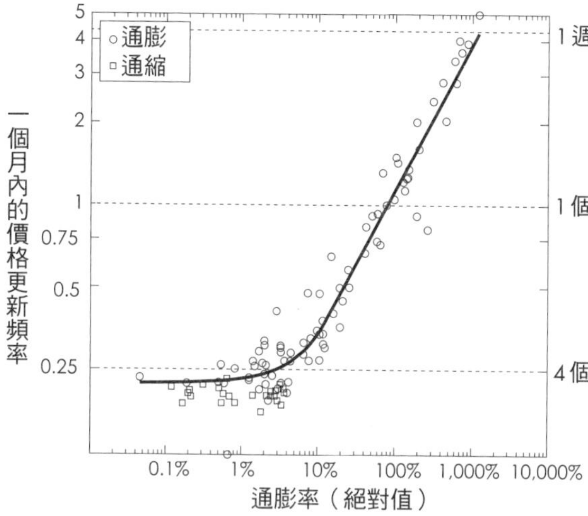

圖4-4　阿根廷的案例

阿根廷的結果顯示，隨著通膨率從正的高水準往零下降，價格的僵固性也愈來愈高，而此一特性在通膨率接近零時則變得比較不明顯。在美國或日本等近年來沒有經歷高通膨的已開發國家，雖然看不見如此漂亮的規律性，但在定性上也仍可確認到同樣的結果。

從資料中得到的第三個發現就是，從最近一次價格更新開始，隨著時間經過，更新的機率（頻率）會愈來愈小，與圖4-2的餘震特性是同樣的現象。本來商品的壽命就沒有那麼長，在商品生命週期內進行的價格更新次數有限，因此長期以來都沒人注意到這個事實，直到線上交易的價格資料可以用來分析以後，才終於發現此事。因為網路上的價格更新極其頻繁，所以資料的累積是相對容易的。圖4-5是用「Kakaku.com」公司經營的價格比較網站「價格.com」上，某款液晶電視的價格資料，計測最近一次價格更新的經過時間（橫軸），與經過那些時間後價格更新發生的機率（縱軸）之間的關係。從結果可知，在經過天數十天以前，機率持續往右下方降低，而且一旦發生一次價格更新，之後很容易馬上再次發生，而距離最近一次價格更新的間隔愈長，就愈不容易發生價格更新。除了線上交易，也有些研究是從推計方法去設計，調查經過時間與更新機率的關係，其中大多數也都有觀察到與此相同的負相關關係。

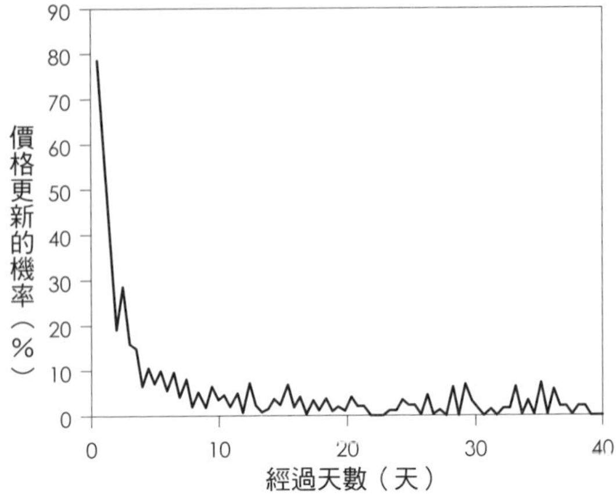

圖4-5　線上市場的價格更新

菜單成本假說

這三個發現是我們在求解凱因斯的課題時，非常重要的線索。關於價格僵固性發生的理由，過去有很多人提出不同的假說，而這些假說都經過逐一鑑定與篩選，看看能不能夠說明這三個發現，過程中也有一向被認為很有力的假說遭到淘汰。如果沒有著手去實測價格僵固性的話，就會有一大堆沒有資料佐證的假說，所以能夠篩選假說是很大的收穫。

不過現狀並不是「篩子裡只剩下一個假說」這種值得慶賀的狀態。有些較為嚴格的觀點認為所有假說都被淘汰掉了，也有些意見覺得有幾個假說勉強還能留在篩子裡，看來針對價格僵固性發生的機制，似乎還需要一點時間才能夠形成共識。

留在篩子裡的假說之一，就是「菜單成本假說」。在第三章的中華料理店案例中有說明過，老闆因為不想花錢改寫菜單，所以就算原物料價格上漲，也不會更新價格，那就是標準的菜單成本假說。第一次聽到這個假說的人，典型的反應是改寫菜單的費用雖然不是零，但也非常小，因此實在不認為那樣的邏輯能夠用來說明價格僵固性。在費用微乎其微這一點上，我也深有同感，但其實這個假說最大的魅力，就在於它的微乎其微。

價格僵固性會創造出失業，這一點只要從價格非僵固的情況，也就是價格具有完全伸縮性的情況來想，就很清楚了。具伸縮性的情況下，由於所有商品（包含勞動）的需求與供給都是一致的，因此不會發生想工作卻沒有企業願意雇用（＝失業）的狀況。另一方面，價格僵固性如果是來自於改寫菜單的費用這種微不足道的東西，我們就可以說是那個微不足道的費用創造出失業。失業這種重大的社會問題，事實上卻來自於菜單的改寫費用，如此枝微末節的小事——這個意外性正是菜單成本假說的精髓。

提出這個假說的格里高利．曼昆（N. Gregory Mankiw）為了強調此事，將一九八五年發表的論文命名為「Small menu costs and large business cycles」（微小的菜單成本與龐大的景氣循環）。曼昆如今已是學界的權威，他的教科書暢銷全球，但當年的他還是個二十幾歲的青年，而我身為與他同世代的人，曾經抱著很複雜的心情聽他授課，不懂為什麼他能在台上教書，而我卻在台下聽課。然而隨著課程的進行，我逐漸被「沒人留意到的枝微末節，日積月累下會形成重大社會問題」這種規模龐大的話題吸引進去，而這個記憶始終很鮮明地存在於我的腦海裡。

把「微乎其微」的小事互相比較

不過究竟為什麼微不足道的費用會創造出價格僵固性？我們用蔥苣炒飯來說明其中的原理好了。假設蔥苣炒飯的售價是四百圓，然後食材中的蔥苣歉收，所以成本提高了。將提高的成本納入考量後，計算出來的新價格是四百零五圓，老闆拿不定主意，不知道要不要提高這五圓的價格。

如果漲價的話，改寫菜單就要花錢，雖然不是零元，但也是一筆費用。問題是更改價格可以增加多少程度的蔥苣炒飯利潤？如果利潤可以大幅增加的話，老闆應該會毫不猶豫地決定漲價，並改寫菜單才對。

由於四百零五圓是能夠帶來最大利潤的價格水準，因此如果定其他價格的話，利潤勢必會減少，但原本的價格四百圓與四百零五元並沒有差多少，所以就算維持原本的四百圓，利潤也不會有那麼大的差異。更新價格所能夠得到的利潤，與所需要的費用（改寫菜單的費用），兩者都微乎其微，若將微乎其微的兩者拿來做比較，有可能會得出維持原價的結果。這就是在菜單成本假說中誕生的價格僵固性。

在原本的價格四百圓上下，這兩個「微乎其微」的數字互相攻防，結果是維持原價獲選。此處會產生所謂的「容許值」，候選的新價格如果介於那個範圍內的話，價格就會維持原狀。例如容許值如果是正負八圓，那麼從三百九十二圓到四百零八圓，就是選擇維持原價的範圍。候選的新價格如果超過那個範圍的話，就會選擇支付菜單成本，把價格變更到新的水準。

圖4-6是用數值範例來呈現容許值所創造出來的價格僵固性型態。圖中標示為「低通膨期」那一側，虛線是由對該項商品的需求與供給所決定的價格。由於這是具有完全伸縮性的情況下的價格水準，因此稱作「理想的價格水準」。如果完全沒

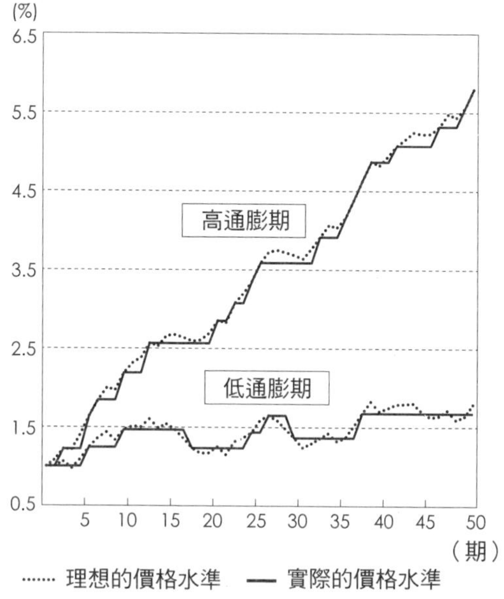

圖4-6　菜單成本假說的數值範例

有菜單成本的話，老闆每一期都會按照虛線來定價。

但只要有菜單成本，就會產生容許值。假設這裡的容許值是正負〇．二好了。老闆會按照以下方針來決定每期的價格：一開始他會考慮把這一期的價格訂得跟前一期一樣，接著他會計算這個價格與這一期的理想價格差多少，如果差距落在容許值的範圍內，就決定這一期的價格定得跟前一期一樣。不過如果差距超出容許值的範圍，那麼就會更新這一期的價格，使價格與理想的價格水準一致。按照這個定價方針計算出來的結果就是實線，相對於虛線所表示的理想價格是每期連續變化的，實線的價格則具有僵固性，只零散地變化七次而已。實線雖然與虛線有點距離，但距離並不大，都在容許值的範圍內。

是否能夠重現三個發現？

好的，這個菜單成本假說是否能夠重現與價格變動有關的三個發現呢？

首先，我們針對第一個發現，也就是通膨率會隨著頻率變化而變動來想想看。若稍微注意觀察圖4-6的「低通膨期」的實線，會發現價格更新時的幅度幾乎都一樣。如果實際計算價格更新的幅度，平均會是〇．二四，幾乎與容許值是一致的。這並非偶然，而是因為價格更新會發生在與理想價格的差異，超過容許值範圍的瞬間。價格的更新幅度從頭到尾幾乎都是一樣的，所以絕對不是更新幅度的變化引起通膨率的變動。因此，通膨率的變動幾乎全都是由頻率的變化所引起。換句話說，菜單成本假說可以說明第一項發現。

其次，關於第二項發現，也就是高通膨期的價格更新幅度較高，反之低通膨期的頻率較低，是否又能說明呢？同樣地，請注意看圖4-6的「高通膨期」，這裡是將貨幣量增加率較高，且理想價格水準呈現趨勢上漲的情況，稱為高通膨期。高通膨期的理想價格（虛線）畫出來的型態是呈現趨勢上漲，以這個理想價格為前提，按照與前面幾乎相同的步驟，畫出容許值為正負〇．二的實線。高通膨期的價格更新次數是十八次，比低通膨期的七次還多。由於高通膨期的理想價格呈現上漲趨勢，因此如果想要與前一期維持同樣的價格，那麼與理想價格的差異會頻繁地超出容許值，結果就導致了價格的更新次數增加。另一方面，每次價格更新的幅度與低通膨期並沒有太大的差異。換句話說，高通膨期與低通膨期的差異是次數而非幅度。如此一來，也就重現了第二項發現。

菜單成本假說能夠完美說明三項發現之中的兩項，已經是很不錯的表現了。不過很可惜的是，第三項發現無法過關。在菜單成本假說中，與理想價格的差異會一點一點地累積，直到差異超過容許值的範圍時，價格就會更新。然後一旦價格更新，老闆就會讓新價格與理想價格保持一致，因此差異會暫時消滅，接著差異又會再開始累積。這個過程所代表的意思就是，在價格剛更新的時候，發生下一次價格更新的機率（頻率）較低，並且隨著時間的經過，機率會愈來愈高。因此，價格更新的機率會隨著時間的經過而增加。這一點與圖4-5中實際觀察到的事實是相反的。

下一次價格更新發生的機率隨時間經過而提高，這種特性若以地震來說的話，很像主震與下一次主震之間的關係。與理想價格的差異，對應到的是板塊的變形。兩者都是隨著時間經過，下次事件（價格更新或地震）的機率會提高。相對於此，圖4-5若以地震來說的話，比較像是大森公式中所描寫的主震與餘震的關係。其中很重要的一點是，餘震是由主震所「誘發」的，誘發的效果則會隨著距離主震的時間經過而減弱。正因如此，餘震的頻率才會隨著時間逐漸降低。由此類推，價格更新也是，如果價格更新會誘發下一次的價格更新，而且效果會隨著時間減弱的話，就有可能可以說明圖4-5。雖然菜單成本假說本身並沒有附帶這樣的機制，但藉由與其他具備誘發機制的假說結合的方式，就可以說明第三項發現，這一點留待後續再做詳細說明。

資訊制約假說

菜單成本假說是由微乎其微的成本創造出失業或景氣變動，不知道是不是這種意外性特別吸引人，所以在物價理論的研究者之間非常受歡迎。這套說明價格僵固性的假說，未來應該也會持續擁有影響力，但有趣的是，這個假說在實際替企業定價的群體間，幾乎得不到任何支持。

在一項針對日本製造業進行的問卷調查中，有道題目是「即使需求或成本改變，也不會立刻改變價格的情況是否存在？」結果有超過九成的企業回答是，幾乎所有企業都存在價格僵固性的現象。接著又詢問其中的理由，而選擇「因為變更價格需要支出改寫型錄的費用」這個選項的僅有一％。由於問卷調查對象是製造業，因此將「菜單」改成「型錄」，但很可惜的是，這個選項似乎沒有得到普遍的認同。這也顯示出企業並沒有「價格更新這項業務會支出一些成本」的意識。菜單成本假說不受實務人士青睞的情形，不僅發生在日本而已，在美國與歐洲也一樣。

那麼企業對於僵固性的理由，提出什麼回答呢？很多企業都舉出不確定性作為理由，例如「要釐清需求或成本的變化，需要一些時間」，或「要掌握競爭企業的動向，需要一些時間」，這兩個回答加起來的比例大約占了半數。企業在變更公司產品的價格時，必須要收集那項商品在未來的需求會如何改變、生產那項商品的材料費或人事費等成本在今後會如何改變、競爭企業會採取什麼樣的策略等資訊。由於這些資訊受到業務、財務或國際部門等各個單位所管理，因此程序上會先請各部門調查最新動向，並將資訊集合在一處以後，再由企畫部等部門來討論是否要變更價格。由於這個流程耗時費力，因此才會暫時先維持原價。

此處的重點是，在負責定價的那些人手中，並不是隨時都擁有充分的資訊。如果想要變更價格的話，必須先獲取最新資訊，那是相當一件費時費力的事情。雖然要做到跟最初的經營計畫分毫不差，基本上是不可能的事，但即使如此，如果大致上有按照計畫進行的話，根本沒有理由特地增加成本，去檢討當初設定的價格究竟合不合適——所以才會做出維持原價的判斷。

這個狀況與第三章說明的理性疏忽理論也有密切的關聯。正如司馬賀所說，資訊不是可以無償使用的東西，必須把「注意力」分配到那個話題上才行。企業與消費者一樣，也有很多必須關注的話題，並且要慎重考量要把注意力分配到哪個話題上。結果最後的決定，就是不把太多注意力分配到自己的商品價格上，價格僵固性由此而生。這個概念就稱作「資訊制約假說」。

就像機器的維護一樣

菜單成本假說是以企業經營者隨時掌握理想價格為前提。相對於此，資訊制約假說則是從「經營者不知道理想價格是多少，也不知道現在的價格與那之間的差異是多少」開始思考。如此一來，經營者就必須先進行檢查作業，看看自己目前的定價是否適當。

在另一項針對日本製造業進行的問卷調查中，有詢問檢討價格的頻率大約是多久一次，結果有九成的企業回答說會「定期檢討」或「定期檢討且大環境有變化時也會檢討」自家企業的產品價格。至於針對檢討頻率的回答，有五%是「每季一次」，十二%是「半年一次」，三十三%是「一年一次」，三十五%是「數年一次」，回答「每天」的則為零。換句話說，大部分的日本企業都是以每季到數年一次的頻率定期檢討價格。這也表示企業對於價格的注意力，大概就是那個程度的頻率。定期支出成本檢討自家產品的價格，並掌握理想價格，然後如果現在的價格與理想價格大幅偏離就更新價格，如果偏離沒那麼大就不更新價格——一般認為大多數企業都是按照這樣的流程進行價格更新的作業。

資訊制約假說與工廠機器的檢查十分相似，工廠都會拆開機器來檢查有沒有不良的地方，如果有的話就進行零件更換等修繕工作，但如果每天都要一一拆開機器來檢查就無法工作了，因此只有偶爾才會進行檢查。檢討價格就像拆開機器來檢查一樣，而更換零件就像是價格的更新。

那麼檢查機器的時間點又是如何決定的呢？其中一種方法就是定期檢查。定期檢查的頻率取決於機器是否容易損壞，也就是故障的頻率。除此之外，也有一種方法是監測機器運轉的聲音，如果聲音異常的話，有可能是內部發生異常，因此就在這個時候拆開機器來檢查。價格的檢查也一樣，可以在固定的時期定期檢查，同時也可以在發現異常「聲音」時，例如雷曼兄弟事件或新冠疫情爆發等總體經濟發生重大衝擊時，或是該企業所屬地區或產業的供需條件大幅改變時，進行價格檢討。

在資訊制約假說中，如何決定價格僵固性的程度，與菜單成本假說有很大的不同。在菜單成本假說中，與理想價格的偏離超過容許值的頻率，決定了僵固性的程度；相對於此，在資訊制約假說中，由於要先經過價格的檢討才會發生價格更新，因此價格檢討的頻率決定了價格僵固性的程度。當然，有可能在檢討價格後，發現與理想價格的偏離並沒有那麼大，而選擇不更新價格，因此實際的僵固性有可能比價格檢討的頻率所反映出來的僵固性稍微高出幾分，但不會大幅超過檢討的頻率。

好的，資訊制約假說可以重現三項發現嗎？首先針對第一項發現，也就是通膨率會隨價格更新頻率的變化而變動，應該可以視為是相符的。假如所有商品的價格都定期檢討，而且頻率是固定的話，由於價格更新頻率不會隨時間變化，因此不會有更新頻率變化引起通膨率變動的情形。不過根據問卷調查顯示，也有不少企業在定期檢查之外，還會因為「異常聲音」而隨機應變地進行檢查，那些企業會迅速察覺到與理想價格的偏離並加以修正。與菜單成本假說的理由一樣，檢查與更新的頻率會因應狀況而變化，而那就會引起通膨率的變動。

關於第二項發現——高通膨期的價格更新頻率較高，反之，低通膨期的頻率較低——又如何呢？就像在氣溫較低、機器容易故障的冬季，會頻繁進行定期檢查一樣，經營者會端視低通膨期或高通膨期，來改變定期檢查的頻率。舉例而言，如果是惡性通膨的話，應該會以每天或者更高的頻率進行定期檢查，因此價格更新的頻率也會隨之提高。這樣思考下來，應該可以說第二項發現也是能夠重現的。

最後關於距離最近一次價格更新的時間與價格更新機率之間的關係，如果是定期檢查的話，經過時間在檢查間隔以內時，更新機率為零，唯有與檢查間隔一致時，機率才會是一。另一方面，如果是在因為「異常聲音」而臨時檢查的情況下，發出異常聲音的機率會隨時間經過而提高，因此檢查的機率與價格更新的機率也都會愈來愈高，這一點與菜單成本假說具有相似的特性。無論是定期檢查或臨時檢查，更新機率都不會隨著時間經過而降低，所以即使是資訊制約假說，也一樣無法說明第三項發現。

2 個體與總體的邏輯不相通！

個體與總體的價格僵固性

菜單成本假說與資訊制約假說之間共通的困難點，就是無法說明第三項發現。除此之外，這兩項假說之間還有另一大共通的困難點，而且與第三項發現也深刻相關，那就是無法重現總體的價格僵固性。

所謂總體的價格僵固性，就是總體層次下的價格反應速度。舉例來說，如果貨幣量在某個時間點增加了一〇％，那麼所有商品價格都將反映那個變化，平均價格的物價（例如CPI）會上升到一〇％。而完成此變化所需的時間，就是總體的價格僵固性。

如第三章所看到的，貨幣量即使增加，物價也不會馬上上漲。短期內物價不會充分反映，取而代之的是失業率會有所改善。然後等到經過一段充足的時間，達到「長期」的程度後，失業率又會恢復原狀，物價則按照貨幣量的增加程度上漲。這段「長期」的時間長度，就是總體的價格僵固性。總體的價格僵固性可以藉由調查「以CPI量測的通膨率，在過去對於貨幣量的變化如何反應」來加以計測。這樣的計測在各國都有進行，結果發現大約二十四個月左右會達到「長期」的程度。

表4-2　主要國家的價格更改頻率（價格在1個月內更新的商品比例）

	整體商品	商品	服務
日本	25%	23%	4%
美國	25%	22%	15%
德國	14%	5%	4%
法國	21%	18%	7%
義大利	10%	6%	5%

一開始設想的是，用CPI原始資料計測出來的商品單位價格僵固性的數值，與總體資料所得到的二十四個月這個「長期」數字會是一致的，然而從IPN等獲得的結果來看（表4-2），整體商品的更新頻率大約是四個月一次。假如頻率為四個月一次這種商品層次的價格僵固性，是來自菜單成本假說的話，那麼總體的價格僵固性照理來說應該會是四個月左右才對。為什麼呢？因為在貨幣量增加經過四個月的時間以後，幾乎所有商品最少都經歷過一次的價格更新，因此貨幣量的增加幾乎已經完全反映在商品價格上。換成資訊制約假說的話，情況也一模一樣。換句話說，兩種假說如果都從個體的價格僵固性，也就是從四個月出發的話，就無法重現總體的二十四個月的價格僵固性了。

無法重現第三項發現，以及無法重現總體的價格僵固性——菜單成本假說與資訊制約假說都面臨到這兩個困難點的原因何在？如果想解決的話又該怎麼做？雖然過去有過好幾次的提案，但可惜的是，目前仍然沒有多數研究者都同意的方法。

不過要說是完全如墮五里霧中嗎？事情也絕非如此。在前人提出的構想中，有幾個都不約而同地指著相同的方向，在那前方應該是有一線光明的，而那個方向就是價格更新的「相互作用」。在說明第三項發現之際有提到類似主震與餘震的關係，而這件事情則暗示了若要重現第三項發現，必須要有某次價格更新會誘發下一次價格更新的機制，就像主震會誘發餘震一樣。舉例而言，如果有某家企業進行商品價格更新，會誘發其他企業價格更新的機制的話，就有可能可以重現第三項發現。

價格更新的相互作用也有可能幫助解決總體價格僵固性與個體價格僵固性不一致的問題。舉例而言，假設有某家企業決定不更新自家產品的價格，而其他家目睹那件事實的企業也放棄更新價格，如果這種「不更新價格」的策略會從一家企業傳染到另一家企業的話，那麼單一企業「不更新價格」的情況會逐漸擴展，結果就有可能造成總體的巨大價格僵固性產生。

關於「整體是部分的總和」這種默契

我認為未來會有愈來愈多的研究，把焦點擺在價格更新的相互作用上。不過反過來說，這也表示價格更新的相互作用始終遭到不合理的忽視，為什麼會這樣？那是因為在研究物價理論的研究者之間有很強烈的偏見，認為可以在不考慮相互作用的前提下說明物價變動。

如前文所述，IPN為了理解總體物價CPI的動態，採取的策略是把層級下降到構成CPI的個別單一項商品。由於不知所以然地盯著整體看也不會看出什麼東西來，因此就切割成很多部分仔細分析——過去包含我自己在內，每個人都相信這是個不錯的策略。然而等到開始實踐之後，才發現切割後的部分即使重新組合，也無法恢復成原來的整體。可以推測的理由很多，例如切割方式有問題等等，但光從IPN的作業來看，實在很難讓人認為原因是出在那種技術性問題上。這樣的話，就只能說是切割成部分進行分析，最後再恢復成整體的這個策略，本身就是有問題的。

話說回來，IPN當初為什麼會採取這個策略？雖然有點馬後砲，但我認為「整體是部分的總和」這種默契廣泛滲透在經濟學，尤其是總體經濟學的領域，是一個很大的原因。在總體經濟學的領域，無論是理論或實證，都很常依據這樣的默契，採取將整體切割成部分來進行分析的手法，而IPN的策略也是承襲這樣的慣性而來。

此外，如今回過頭看，IPN選擇CPI原始資料作為使用的資料，似乎也強化了「整體是部分的總和」這種思考邏輯。各國政府負責統計工作的部門（以日本來說就是總務省統計局）會分好幾個階段的步驟，收集CPI原始資料，編製成總體的物價CPI。這樣的順序完全符合「整體是部分的總和」這種概念。此外，各國政府的統計部門在統計時會排除生鮮食品或石油等價格變動劇烈的商品，或是促銷中的商品，這樣的慣例同樣也來自於「整體是部分的總和」這種概念。其中隱含的默契是由於各部分互不相關，因此排除掉不方便計算的部分也無所謂。

「整體是部分的總和」是始於笛卡兒的要素還原主義。無論是在物理學或生命科學的領域，都是藉由降低層級到更細部的方式，提高分析的效率與準確性，並屢屢獲得豐碩的成果。經濟學也效仿這樣的方式，從一九七〇年代開始下降到個體層次以理解總體，導致時至今日依然有不少教科書明明封面是總體經濟學，卻充斥著個體的內容。在那之中，物價研究，尤其是實證性的物價研究，可以算是被困在那樣的慣性中，結果就導致ＩＰＮ在往後的二十年間急速個體化。

然而就在經濟學強化要素還原主義的傾向之際，物理學等領域開始出現新見解，強烈意識到那種方法存在極限。其中最具代表性的，就是本書開頭介紹到安德森發表於一九七二年的「多則不同」論文。二〇〇二年安德森在東京大學演講之際，對於過度集中關注基本粒子物理學一事敲響警鐘，並強調即使仔細觀察部分也無法理解整體的特性。我自己身為一向採取不斷往細部拆解的方法的經濟學家之一，有好幾次懷疑自己是否因為拆解而錯失什麼東西。在把層次不斷降低到更細部的過程中，不要忘記注意那些散落的部分，我想就是安德森想要傳達的訊息。

向擺鐘的「共感」學習

整體不是部分總和的例子，對我來說印象最深刻，而且有助於與經濟現象做比較的，就是一名物理學家朋友告訴我的「擺鐘同步現象」。雖然要稍微繞點路，但我認為這對於物價研究有很重要的意義，因此請容我詳加介紹。

如果把像圖4-7中的兩個擺鐘放在一起，一開始會各搖各的，但搖到最後會產生左右對稱的同步性，當一邊向右擺時，另一邊會向左擺，即使用手觸碰弄亂擺鐘的擺動，過一下子還是會回到原來的同步狀態，是相當神奇的現象。聽說發現這個現象的人，說兩個擺鐘之間存在著「共感」（sympathy），但並不是擺鐘之間會對話的這種神祕學，祕密就在把兩個擺鐘連在一起的水平板子上。兩個擺鐘的震動經由這張板子傳遞而產生相互作用，所以才引起同步現象。

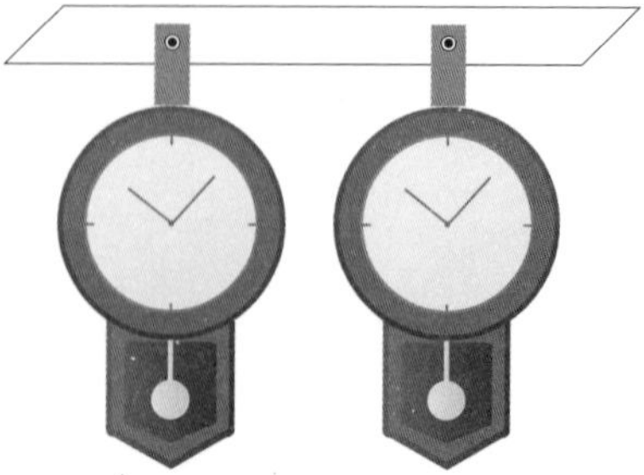

圖 4-7　擺鐘的同步現象

聽對方解說到這裡，我差點失去興趣，覺得這是在玩什麼把戲，但接下來才是真正有趣的地方。這個現象是十七世紀的荷蘭科學家克里斯蒂安・惠更斯（Christiaan Huygens）發現的，但真正令人吃驚的是，兩個擺鐘之間的相互作用在數理上被解開，整整用了三百年的時間。那個數理模型現在已經是全世界廣為人知的「藏本模型」，但為什麼花了這麼久的時間才發現？那是因為以「整體是部分的總和」為前提的手法並不通用（藏本由紀《非線性科學：同步的世界》「非線形科学　同期する世界」，暫譯）。

由於兩個擺鐘皆由細小的零件精巧地組合而成，因此完全符合「整體是部分的總和」。如果要個別理解兩個擺鐘的話，用傳統的手法即可，不過如果想要理解兩個擺鐘用橫板連接在一起的新系統全貌，光靠以往的手法是應付不來的。

安德森依據「多則不同」的概念，提出了一套方法論，即一邊意識到部分研究（以物理學來說就是基本粒子物理學）與整體研究（例如他所專攻的固態物理學）的相互關聯性，一邊以同時並行的方式推進。若將此套用在物價研究上的話，就是要考量到個體與總體價格僵固性已呈現出顯著的差異，所以應該要朝著從兩個面向去解析差異生成機制的方向前進，而不是一面倒向個體的角度。

此時的關鍵就是有可能存在於企業與企業之間、商品與商品之間的「共感」（＝相互作用）。據說惠更斯是在擺鐘的製作過程中，偶然發現了同步現象。其實同步或相互作用也出現在價格上，過去的經濟學家透過現實的經濟現象觀察發現了這件事。以下針對我所關注的其中兩個案例，分別來看看那是什麼樣的現象，在總體價格僵固性的重現上又有多大程度的幫助。

薪資談判的相互作用

關於價格與價格的相互作用案例，第一個要介紹的是薪資談判場面下的相互作用。第三章介紹過美國聯準會為了擺脫大通膨，在一九八〇年代初期實施大膽的貨幣緊縮，也就是反通膨政策（讓通膨率降低的政策）。薪資談判的相互作用，就是在這個反通膨政策推行期間成為關注的焦點。當時即使採取大膽的緊縮政策，通膨率也遲遲不見冷卻跡象，令聯準會傷透腦筋，那時提出的原因之一，就是薪資降低得很緩慢。由於薪資上漲的幅度一直未見鈍化，因此企業經營者不得不把薪資上漲的部分轉嫁到產品價格上，所以價格的上漲也停不下來——這就是當時的理解。

儘管採取貨幣緊縮，薪資的上漲卻始終沒有鈍化，究竟是為什麼呢？雖然有人提出是工會的談判力太強等各種看法，但每個都只是片面事實，缺乏決定性的說服力。在那之中受到矚目的，就是薪資談判的相互作用。

說到日本的薪資談判，就得提到春鬥（編按：日本的勞工工會通常會在春季統一與資方進行薪資等勞資協商）。各個工會從二月左右開始同步展開談判，已經堪稱是春季的風物詩了吧。日本的特徵在於單年合約，還有各個工會會同步談判。德國等國家過去也採取過同樣的同步方式。

相對於此，美國則按照煤炭、鋼鐵等產業，各有不同的勞動工會，採取的方式是簽訂三年合約，每三年進行一次薪資談判。雖然不是所有工會都是三年合約，但從當時的統計可知，合約期間都是以三年為標準。美國的另一個特徵是各個工會談判的時間點會錯開，不像日本採取同步談判的形式。錯開的方式是若某個工會在一九八〇年談判並簽訂三年合約，另一個工會就在八一年談判，並且同樣簽訂三年的合約。其實這種錯開的簽約時間點，就是工會之間相互作用的源頭。

簽約時間點錯開，為什麼會產生相互作用？表4-3所呈現的是，假設有三個工會，分別在不同時間點進行三年合約談判的狀況。在這個例子中所表示的是，在原本貨幣量為一百的情況下，若第一期減少到八十的話（也就是採取貨幣緊縮政策），減少的部分會如何反映在薪資上。假設各個工會的薪資一開始都是一百。

第一年（第一期）談判的是A工會，由於A工會的幹部知道貨幣量減少到八十，因此有一瞬間考慮要不要把薪資調整到八十，不過如果看其他工會的話，由於B工會與C工會在那一年都沒有更新合約，因此依然維持著過去較高的薪資（一百）。在其他工會維持高薪資的狀況下，如果只

表4-3　薪資談判的協同效應

	0期	1期	2期	3期	4期	5期	6期	7期
貨幣量	100	80	80	80	80	80	80	80
A工會	100	90	90	90	80	80	80	80
B工會	100	100	87	87	87	80	80	80
C工會	100	100	100	83	83	83	80	80
平均薪資	100	97	92	87	83	81	80	80

有A工會把薪資減少到八十的話，會員是無法接受的。不過由於貨幣緊縮已經開始了，因此也不可能不調整薪資，於是A工會的幹部以降到九十的折衷方案說服會員，並也取得經營層的同意。這樣一來，A工會在這一年的談判就結束了。

接下來的第二年（第二期），輪到B工會更新合約。此時其他兩個工會也不會更新合約，A工會維持在九十，C工會維持在一百。B工會拿其他兩個工會的薪資水準，與貨幣量減少後對應到的八十這個水準相比，決定出八十七這個水準，並取得會員們的同意（雖然也有計算協議金額的模型，但此處並不是經過那樣精密計算後的結果，而是在A工會前一期的協議水準九十，與減少貨幣量所對應到的八十之間的水準，選擇了八十七這個數值）。除此之外，再下一年（第三期）輪到C工會更新合約，也是同樣比較其他工會在那個時間點的薪資水準後，選擇八十三這個水準。

三個工會像這樣輪流更新以後，從第四期開始就會進入第二輪。這一次A、B、C三個工會都選擇了八十的水準，最後到了第六期的時候，這個國家的所有勞工薪資都會變成八十。這樣一來，貨幣量減少所對應到的薪資調整就完全結束了。

將前述內容重新整理的話，個體的僵固性程度為三期，因為每個工會的合約期間都是三期，在這段期間內薪資不會改變；相對於此，總體的僵固性程度為六期，因為薪資隨著貨幣量的變化而調整需要六期才會結束。把兩者合在一起看的話，即可重現總體僵固性大於個體僵固性（在此例中總體僵固性為個體的兩倍）的狀況。

分段式的價格變化

若重新檢視總體僵固性大於個體僵固性的狀況為什麼會發生，就會注意到是因為在其中一家工會更新合約時，其他兩家工會還沒來到更新的時間點，所以依然保留著舊的薪資（同時也是比較高的薪資）。更新的工會薪資會受到影響，也就是在更新的工會薪資與其他工會維持原狀的薪資之間，存在著相互作用。可以視為透過這個相互作用發生了傳播現象，形式就是非更新期的工會薪資維持原狀，縮小了更新期的工會薪資更新的幅度。「共感」一詞用在擺鐘上不太自然，但用在薪資談判的脈絡下，似乎有一定程度的合理性。

這裡需要注意的是，光靠相互作用是不會產生僵固性的。此例是以三期的複數年合約為前提，這表示薪資在這三期之間都是固定的，也就是薪資有著僵固性。如果像這樣在原先就有僵固性的地方，加入談判的相互作用的話，僵固性的程度就會增加。反過來說，若所有工會都是單年合約的話，由於薪資僵固性原本就不存在，因此僵固性的程度也就不會增加。此外，即使是複數年合約，若更新的時間點沒有錯開，那麼雖然有複數年合約所帶來的個體僵固性，但在總體上的程度並不會增加。

一般認為在美國的勞動市場，由於同時具備「複數年合約」與「更新時間點錯開」這兩項要素，因此才會產生強烈的僵固性。實際上在當時的美國，就算採取複數年合約是不得已的，但還是有不少人提出意見，認為應該改成像日本或德國那種同步談判的形式，以消除時間點的差異，並修正薪資反應的鈍化。

把薪資代換成價格，工會代換成企業，再將價格更新的相互作用模型化，也是有可能的事。也有研究案例使用在薪資與價格中納入相互作用的模型，模擬貨幣量變化的效果，並成功重現總體薪資或價格緩慢反應的模樣。

舉例而言，若用美國總體資料計測總體通膨率與生產量對於貨幣量增加的反應，可以發現總體的反應非常緩慢，通膨率達到巔峰大約是兩年，生產量恢復原來的水準大約是三年。其次，同樣是關於美國，有一項二〇〇五年發表的研究指出，若從價格半年、薪資九個月的個體更新頻率出發，加入相互作用建立模型進行模擬的話，可以重現與總體指標同樣緩慢的反應。只是在同樣使用美國資料的其他研究中，也有報告的結果顯示，即使將相互作用納入考量，也無法重現總體的高度僵固性。至於究竟何者正確，還需要更進一步的探討。

此外，在有相互作用的情況下，還會發生薪資或價格的分段式調整。表4-3中對於貨幣量減少的薪資調整並沒有一次完成，而是持續到第二輪才結束，理由是因為從一百到八十的薪資調整是分成兩段式進行的。相對於此，包含菜單成本假說在內的許多假說，都認為調整到期望的價格水準是一次完成的。以此例來說，如果沒有相互作用的話，第一輪就會一口氣從一百調整到八十，並且在第三期就完成所有調整才對。

這件事情所代表的意思是，實際去調查薪資或價格的調整是否為分段式的，即可間接驗證有沒有相互作用。在以往的研究中，例如匯率變成本國貨幣大幅貶值（以日本來說就是日幣貶值）時，曾經有過調查進口商品以本國貨幣標示的價格如何反應的例子，如果沒有相互作用的話，進口商品的價格在本國貨幣貶值發生後，第一次要更新價格時，應該會看本國貨幣貶值多少，一口氣上漲才對。不過實際上確認到的現象卻是，進口商品的價格上漲會分成好幾個階段，為什麼會這樣？雖然很難找出特定的理由，但一般認為其中一個可能性就是，因為經營進口商品的各家業者會在意競爭對手採取的作法，所以才會分段式調漲價格。

寡占產業的拗折需求曲線

創造出價格與價格之間相互作用的第二種機制，稱作「拗折需求曲線」。所謂的需求曲線，就是以縱軸為價格，橫軸為需求量，描繪各個價格水準下有多少需求的曲線。我想應該也有很多人在教科書上看過，大部分都是畫成斜向右下方的「直線」。

我在剛開始學習經濟學的時候，曾經感到很疑惑，為什麼明明叫需求「曲線」卻畫成直線，並向老師提出疑問。那位老師絲毫不改他溫和的表情，很親切地告訴我也有教科書不是畫成直線，並請我去找找看。我照他說的到圖書館去翻閱各種書籍後，發現的確有不是直線，而是朝著原點的方向凸出的曲線。我向老師報告以後，他用當時的我也能夠聽懂的方式，詳細解說為什麼曲線會呈現出那種形狀。

過了一段時間以後，我得知那位老師——根岸隆教授正在提倡拗折需求曲線。所謂的「拗折」，與我那在意曲線或直線的無謂執著不同，是具有更大意義的概念。其實拗折需求曲線是很早以前就有的概念，一九三九年有兩本與此有關的論文幾乎同時出版。我想這個構想本身可能從更早之前就有了吧。圖4-8的實線就是拗折需求曲線，線在A點的地方折成兩段，這就是取名為「拗折」的原因。

一個產業當中只有一家企業是獨占，而企業數量稍多於獨占，但也不到無數多的程度，這種狀況就稱為「寡占」，例如四、五家左右的企業都製作類似的產品相互競爭的狀況。而關注其中一家企業，並描繪出那家企業的銷售價格與那家企業所取得的需求量的，就是圖4-8。A點代表的是當前的狀況。

當前的價格是一百圓，對於這個價格的需求則為四十個。我們來站在這家企業經營者的角度想想看，從這裡出發的話，這家企業如果調降自己的價格，會發生什麼事情。自己調降價格的話，顧客肯定會增加，不過競爭對手看到自己調降價格，想必不會只是痴痴地在一旁羨慕而已，他們應該或多或少都會跟著調降價格吧。如此一來，即使調降自己的價格，需求也不會隨之大幅增加。圖中的B點是調降到六十圓的情況，但即使調降這麼多，銷售量也只有四十二個，增加的數量微乎其微。

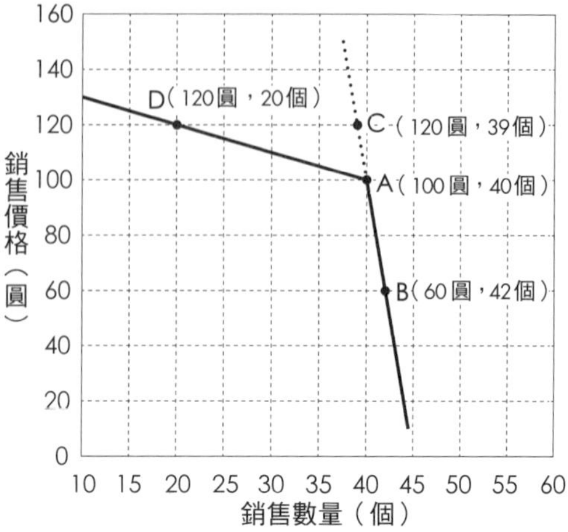

圖4-8　拗折需求曲線

接著，我們來想想看調漲價格的情況吧。若從A點出發調漲價格的話，需求會減少，不過會減少多少，也要看競爭對手會採取什麼行動。若與調降價格時一樣，競爭對手也跟著調漲的話，例如調漲到一百二十圓時的需求是三十九個（圖中的C點），不過一般來說在調漲價格時，競爭對手是不可能會跟著漲價的，競爭對手維持原價才會是比較有可能的情形。在這種情況下，由於只有自己調漲價格，因此需求減少的幅度也會變得更大。當這家企業漲價到一百二十圓，而競爭對手沒有跟著調漲的時候，需求會減少到二十個（圖中的D點）。

這項說明的重點是，從A點出發，在調降價格與調漲價格的情況下，競爭對手的反應是不一樣的。競爭對手在調降價格時會跟著調降，但調漲時卻不會跟著調漲。競爭對手反應的非對稱性，造就了需求曲線的拗折。

需求曲線的拗折會對企業的價格設定行為帶來什麼影響呢？假設現在落在A點，隨著原物料或人事等費用上漲，成本也上漲了。經營者考慮至少把部分成本上漲轉嫁到產品的價格上。如果轉嫁後的水準是一百二十圓的話，當需求曲線是沒有拗折的直線AB時，價格轉嫁造成的需求量減少幅度是小的（圖中的C點），不過實際上由於需求曲線是拗折的，因此需求量會大幅減少（D點）。作為經營者必須思考的是，寧願承受需求量大幅減少也要漲價到一百二十圓嗎（D點）？還是維持現狀，放棄調漲價格呢（A點）？當然，即使維持原價也不是毫無損傷，由於成本上漲了，因此利潤會減少。

至於該選擇何者，由於計算複雜，因此這裡省略不談，但可以知道的是，在成本上漲幅度沒有那麼大的情況下，維持原價的利潤肯定比較高。換句話說，在拗折需求曲線下，即使成本略有提高，維持原價而不轉嫁到售價上，仍然是比較理想的。至於為什麼即使成本上漲也要維持原價？那是因為競爭對手都維持原價的關係。由於競爭對手也在製造類似的產品，因此他們的成本應該也都上漲了，但即使如此，他們還是會維持原價。若以此為前提的話，自己也不得不維持原價，各家競爭企業也都會出於同樣的考量而達到同樣的結論。於是，這個產業的所有企業都會選擇維持原價，

若從相互作用的觀點來整理在拗折需求曲線底下發生的事情，那麼在寡占產業中的企業間的競

爭，就會是相互作用的源頭。透過這件事，就會發生價格僵固性的連鎖效應，也就是一家企業維持原價（價格僵固性）會導致別家企業也維持原價。

需求曲線的拗折並不是只會發生在寡占這種特殊狀況下，在企業數稍微多一些的普通產業中也會發生。此外，也不是僅限於製造產品的企業，例如在一個地區有多家販賣類似商品的超市或便利商店，形成競爭局面的情況下，也會發生需求曲線的拗折。

③ 不更改價格的日本企業

好的，到目前為止我們已經概觀了現代經濟學家如何嘗試尋找出凱因斯價格僵固性課題的答案、解答到什麼程度，以及哪裡是困難點。在這些基礎下，我決定在這一節探討日本的價格僵固性在近年來居高不下的現象。

不用說也知道，日本價格僵固性居高不下的事實，對於日銀等政策制定者來說絕對深具意義，但對我們這些老百姓來說也是非常重要的事。身為消費者，價格僵固性（＝維持原價）感覺是比較理想的事，實際上在問卷調查中，也有很多人如此回答。不過那是站在購買商品的立場，如果站在製造商品的立場來想的話，由於維持原價就表示無法提高薪資，因此對於身為勞工的我們來說，並不是一件令人樂見的事。若同時從優點與缺點兩方面來考量的話，究竟價格僵固對我們來說真的是一件好事嗎？

緩慢但執拗的通縮

我們先從確認有關日本物價的事實開始吧。圖4-9是CPI的年增率（去年同期比）。CPI年增率在泡沫崩壞後持續低迷，一九九〇年代中期降到負數。後來雖然也曾短暫回升到正數，但基本上還是維持著略低於零的狀況。

日本的通縮有兩大重要特徵，第一項特徵是持續的期間很長，物價下跌持續超過四分之一個世紀，已經可以說是慢性通縮的狀況了，不過若以通縮的速度來看，CPI年增率為負數的程度最大也只有負的二%，平均的話不過接近負的一%而已，這種緩慢的程度是日本通縮的第二項特徵。

近代以來最著名的通縮，是美國在一九三〇年

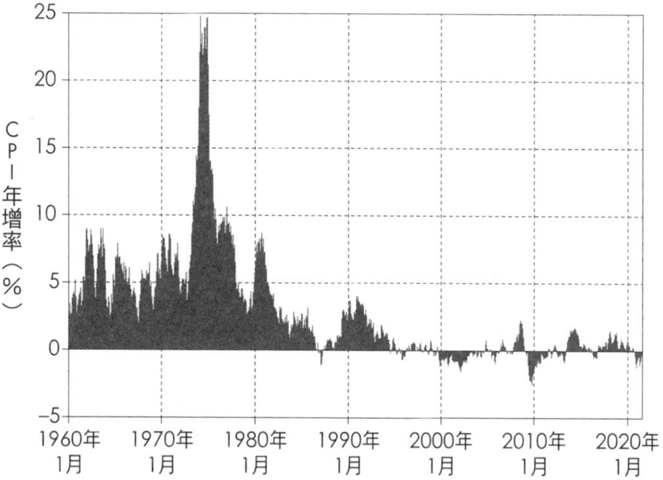

圖4-9 日本的消費者物價

代前半期，也就是正值經濟大蕭條最嚴重的時候發生的通縮。當時的通縮是年減率超過八％的劇烈通縮，企業利潤大幅惡化，薪資也嚴重衰退。在那次通縮中，美國社會陷入極度的混亂。相對於此，現代日本的通縮率只有一％左右，把這視為嚴重社會問題的人只占少數。

若比較通縮的期間，經濟大蕭條的通縮由於羅斯福總統的新政奏效，因此大約三年就告終了，持續期間很短暫。反觀日本的物價始終沒有利空出盡（負面消息出盡後，價格停止下跌），緩慢的跌勢似乎沒有終結的一天。

菲利浦曲線的變調

日本的通縮也可以說因為很緩慢，所以拖得很久。這樣的話，找出為什麼會這麼緩慢的原因就很重要了，為什麼會很緩慢呢？

最單純的說明就是因為沒有急速調降價格的必要。假如有合適的價格水準好了，那麼即使那個水準下跌，只要下跌是緩慢的，實際價格的調整也會是緩慢的，這個部分沒什麼太大的問題。不過也有可能是反過來的情形，就是明明是應該大幅調降價格的狀況，企業卻因為某些理由而沒有充分降價，或者無法降價，如果是這樣的話，這種情況的問題就大了，實際上發生的是何者呢？

這一點只要畫出第三章介紹過的菲利浦曲線就知道了。圖4-10的橫軸是失業率，縱軸是ＣＰＩ年增率，並將各年度的數值畫成散布圖。圖中可以很清楚地看出，一九七〇年代與八〇年代呈現失業率下降，ＣＰＩ年增率就會上漲的關係。換句話說，一旦需求增加，生產就會增加，且失業率會下降，隨之而來的是生產成本上漲，然後這會推升ＣＰＩ年增率。彼此之間存在著這樣的關係。

不過到了一九九〇年代，這個關係急速減弱，菲利浦曲線的斜率變得比以前小很多，二〇〇〇年以後斜率幾乎變成零。若再看得更仔細一點，隨著景氣的變動，失業率在二．四％到五．四％的範圍內移動，但儘管如此，ＣＰＩ年增率的變動幅度卻極小，最低是負一．四％（二〇〇九），最高是一．四％（二〇〇八），有很多年的物價上漲率幾近於零。換句話說，成本隨著景氣惡化造成生產減少而降低，在這種應該調降價格的局面，企業並沒有太大幅度地調降價格。此外，反過來說，在景氣稍有改善且應該調漲價格的局面，也沒有因此調漲價格。

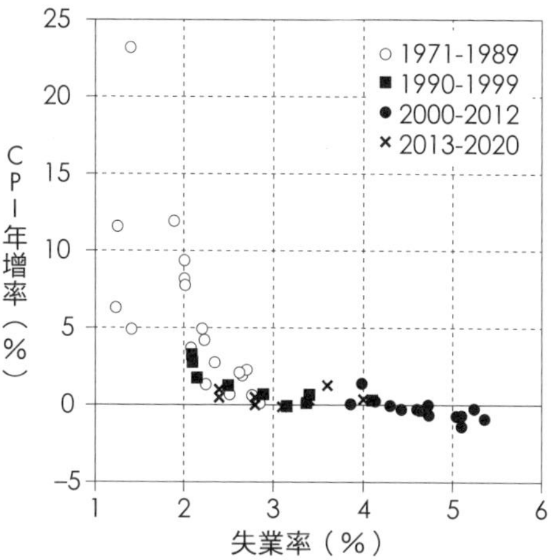

圖4-10　菲利浦曲線平坦化

這種現象稱為「菲利浦曲線平坦化」。其實平坦化不僅發生在日本，歐美也稍晚於日本發生這種現象。根據第三章介紹過的自然失業率假說，菲利浦曲線在通膨預期與現實通膨率一致的長期下是垂直的。所謂的垂直，就是不管通膨率是多少，失業率都是同樣的數值。不過這裡不是垂直，而是水平的（平坦化）。不管失業率是多少，通膨率幾乎都一樣，這種現象對於提出自然失業率假說的傅利曼或費爾普斯來說，恐怕也是意料之外的事吧。

菲利浦曲線垂直化的意思是，即使增加貨幣量，也只有通膨率會提高，失業率並不會改善。平坦化的意思則相反，一旦增加貨幣量，失業率會在通膨率沒有變化的情況下大幅改善。如果是在飽受高失業所苦的時代，這是求之不得的事。不過對於日銀來說，當前的課題卻是擺脫通縮。在平坦化的菲利浦曲線下，若貨幣寬鬆能夠喚起需求的話，相對地失業率也會改善，但那並不會導致物價上漲，也就是說貨幣寬鬆對於擺脫通縮沒有幫助。實際上，自從日銀在二〇一三年開始實施超貨幣寬鬆政策以來，失業率雖然有所改善，但在通膨率的部分並沒有看到明顯的變化（圖4-10）。

日本企業的維持原價習慣

自然失業率假說最初是設計來描述菲利浦曲線的垂直化，但這在平坦化的說明上完全派不上用場嗎？答案絕非如此。如果回去看自然失業率假說的公式（一二七頁），與右邊失業率相乘的參數a決定了菲利浦曲線的斜率，因此近年來在日本等已開發國家發生的，就是這個參數變小的現象。

至於這個參數是由什麼來決定的，其中之一就是價格更新的機率（頻率）。價格更新的機率高的時候，菲利浦曲線的斜率會變大（接近垂直）；相反地，價格更新機率低到幾乎很少發生的時候，即使有失業率變化所象徵的景氣變動，那也不會立刻被反映在價格中，菲利浦曲線的斜率會變小（接近水平）。決定參數大小的另一項要因，就是前一節說明過的價格與價格之間相互作用的強度。一家企業做出「不更新價格」的決定，誘使其他企業做出「不更新價格」的決定，在這種意義下的相互作用愈強，這個參數就會愈小。

首先，關於價格的更新頻率，我們來看看發生了什麼樣的變化吧。圖4-11是針對構成消費者物價的五百八十八種品項，計算價格變化率（與去年同月的對比），並呈現出頻率的分布。「品項」是用人們消費的對象來分類，由「番茄醬」、「運動鞋」等商品與「KTV歡唱費」等服務所構成。

圖4-11所描繪的是幾個國家的頻率分布，首先請看到日本。這個月（二〇一四年三月）的CPI年增率（報紙等媒體上公布的通膨率數字）是正的一．三%。話雖如此，並不是所有品項的價格都一律以這個速度上漲，有的品項大幅上漲超過正的四%，也有的品項大幅下跌超過負的四%，由此可知離散程度很大。只是大部分都落在變化率零的附近，頻率最高的是正負〇．二五%的範圍，頻率次高的是負〇．七五%到負〇．二五%的範圍。光這兩組就占了整體約五十%，換句話說，大約有半數的品項都維持與前一年幾乎相同的價格。

日本的頻率分布有多特殊，與其他國家一比之下一目了然。例如看到美國的部分，頻率最高的是二．二五%到二．七五%的範圍，整體三十五%的品項都集中在那裡，雖然零的附近也有一座小山，但高度遠不及頻率最高的部分。零的附近有一座大山聳立的日本，分布形狀很明顯地有所不同。

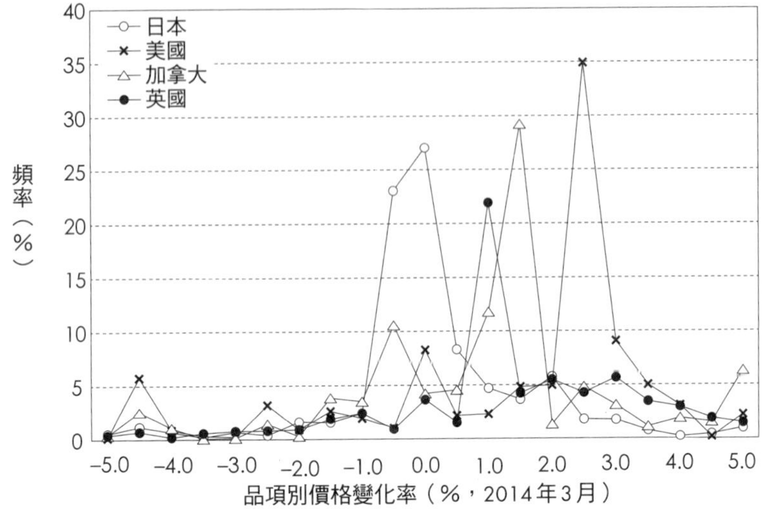

圖 4-11　品項別價格變化率的頻率分布

由此可以看出，美國企業每年調漲價格二到三%左右，就像是個預設值，除非有特殊情形，否則各家企業每年都會以那個幅度調漲價格。另一方面，日本企業的預設值則是維持原價，我把這稱為日本企業的「維持原價習慣」。

英國或加拿大的分布也與美國的形狀相似，巔峰落在〇．七五%到一．七五%附近。這些國家比日本早一步導入通膨目標制，他們的中央銀行都把目標值設定在二%左右。換言之，分布的巔峰與目標值大體上都是一致的。

或許是因為中央銀行的公告，使企業或消費者的物價預期朝著二%左右收斂，也有可能是其他因素所造成，光從這張圖上很難做出判斷，不過無論理由是什麼，除了日本之外，其他三個國家在物價每年上漲二%這件事情上，肯定已在設定價格的企業與消費者之間，形成了明確的共識。這一點就是與日本的一大差異。

維持原價習慣是從何時開始的？

每次提到日本維持原價的情形比歐美更多，許多人就會說日本從以前就是這樣了。如果是只知道近年來日本飽受通縮所苦的年輕人這樣說，那我還可以理解，但從實際體驗過高通膨的高齡世代企業經營者口中，一樣可以聽到這種說法。他們會說，由於日本企業以客為尊，因此不會把上漲的成本轉嫁到價格上。但若從資料來看，那樣的認知與事實並不相符。往前追溯到一九七〇年代的話，日本也曾經歷過高通膨，那個時期日本也跟歐美一樣，會把原油或人事費等上漲的成本轉嫁到價格裡。

如前文所看到的，現在日本去年同期比落在零附近的品項，占了整體的五成左右。但若回溯到一九七〇年代高通膨期，落在零附近的僅限於有特殊原因的品項而已。接著到了八〇年代，整體的通膨率穩定下來，落在零附近的品項比例也稍微增加，但即使如此，跟其他國家比起來也不算特別多。日本特有的變化是從一九九五年開始出現的，落在零附近的品項比例在那一年急速攀升，並在九九年達到五十五％，然後至今為止依然維持著那個水準。

說到一九九〇年代的尾聲，當時是金融機構隨著泡沫破裂而負債大幅超過資產一事浮上檯面，且銀行與證券公司相繼發生大型破產案件的時期。此外，當時也是韓國或泰國等亞洲國家發生貨幣大幅貶值的貨幣危機時期。在這之中，日本消費者出於自我防衛而減少支出，結果更強化了壓低價格的壓力。而在那樣的狀況下，即使品項別分布的高峰穿過零的附近，來到負數的範圍也不是什麼奇怪的事，不過企業卻抵抗那股壓力，選擇維持原價，所以一般認為是因為這樣，才導致零的附近有一座大山的分布出現。

換句話說，價格具有向下僵固性。當時，日銀與政府強烈擔心的是，像美國經濟大蕭條那種自由落體式的物價下跌會造成企業收益惡化，並喚來更進一步物價下跌的「通縮螺旋」，還有物價下跌造成企業或家庭債務的實質價值增加，而陷入抑制企業或家庭支出的「債務通縮」。幸好這些事態都沒有發生，理由是因為價格的向下僵固性比日銀或政府預期的還要高，並成功發揮了防波堤的功用。凱因斯在《一般理論》中提過，價格或薪資的向下僵固性具有防止經濟持續下行的好處，而這個時期的日本基本上可以說是被向下僵固性救了一命。

不過問題是即使經濟危機解除了，仍有約半數的企業直到今日都不改維持原價的態度。日本經濟脫離危機模式的時間點，大概可以視為二〇〇五年前後吧，那個時期的CPI年增率開始有幾個月由負轉正，稍微浮現出樂觀的預兆。到了二〇〇六年，日銀停止了自一九九九年起實施的零利率，開始一連串讓利率恢復正常水準的程序。然而不巧的是，美國在不久之後的二〇〇八年爆發雷曼兄弟事件，日本也慘遭池魚之殃，物價再次通縮，利率重回到零，一切前功盡棄。維持原價習慣就在這樣的厄運助長下拖拖拉拉了很長一段時間。

擺脫維持原價習慣的最好機會在二〇一三年再次降臨，在新上任的安倍政權支援下，日銀高揭擺脫通縮的目標，展開超貨幣寬鬆政策。此時的寬鬆被媒體報導為「異次元貨幣寬鬆」，但所謂的「異次元」絕非言過其實，連我都覺得如果異次元到這種程度，恐怕會越過擺脫通縮的目標，直接朝著高通膨前進。不過從異次元寬鬆開始到現在已經八年了，卻仍然看不見通縮與維持原價有要結束的跡象。

維持原價習慣為何一直持續？

日本過去二十五年價格僵固性的提高，與隨之而來的菲利浦曲線平坦化，在一定程度上可以用第一節說明的機制加以解釋。

首先，正如在第一節的阿根廷案例中所看到的，價格的更新頻率在高通膨期與低通膨期是不一樣的。在通膨率呈現趨勢性高漲的局面下，更新頻率較高，而隨著通膨率朝零下降，更新頻率則逐漸降低。這種傾向也是菜單成本假說所具備的特性。

在通膨率較高的局面下，對各企業來說，不進行價格更新會造成利潤損失變大，因為當競爭企業都在調漲價格時，只有自己沒有跟上大家的腳步。由於不更新價格所帶來的利潤損失超過菜單成本，因此各企業寧可支付菜單成本也要選擇進行價格更新。相反地，當通膨率落在零的附近時，不更新價格所損失的利潤並沒有那麼大，因此企業不會支付菜單成本來更新價格，價格更新的頻率會變低。

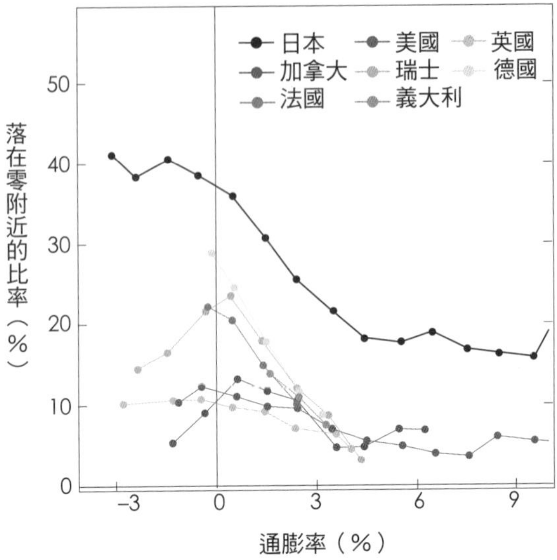

圖4-12　維持原價的國際間比較

圖4-12在看的是趨勢性通膨率（橫軸），與價格上漲率落在零附近的品項比率（縱軸）之間的關係。若觀察粗線的日本會發現，當橫軸的趨勢性通膨率較高時，落在零附近的品項比率較低，並且隨著通膨率降低，落在零附近的品項比率逐漸增加。這種傾向在其他國家也一樣。包含日本在內，各已開發國家的價格僵固性較高，其中一個原因似乎就在於此。

不過如果仔細觀察這張圖，就會看見日本與其他國家相異之處。其一就是落在零附近的比率，又以日本的數字特別高。舉例來說，當橫軸的趨勢性通膨率是二%時，日本落在零附近的比率是二十五%，其他國家大約是十二%。由於趨勢性通膨率是一致的，因此我們只能推測那超過的十三%，是其他的日本特有因素所造成。

另一個不同之處在於當趨勢性通膨率為負數，也就是在通縮局面下的型態。當橫軸的趨勢性通膨率為負數時，其他國家隨著負的程度愈大，縱軸的落在零附近的比率就有愈來愈小的趨勢。換句話說，在日本以外的國家，無論是正的方向還是負的方向，趨勢性通膨率離零愈遠，落在零附近的比率就愈低（這一點與菜單成本假說是相符的）。相對於此，日本則是即使橫軸的趨勢性通膨率變成負數，落在零附近的比率也沒有降低，甚至還往上攀升。也就是說，日本發生與其他國家相異的現象，價格僵固性在通縮時仍然居高不下。

出現連漲價一圓都不容許的消費者

如前所述，日本的價格僵固性無法光用趨勢性通膨率的低落來說明。如果是這樣的話，那麼缺失的那片拼圖到底是什麼？我認為就是前一節討論過的「價格與價格的相互作用」。目前可以想到的相互作用候選名單有好幾個，其中我所接觸過最有說服力的，就是青木浩介在與奧田達志、一上響等人於二〇一九年一同發表的論文中所提出的假說。

青木假說探討了以下這樣的狀況：假設消費者為了購買某項商品，前往平時固定會去的商店，看到標價後發現價格比預想中稍高了一些，也就是商品漲價了，此時這位顧客會如何反應？

首先思考的情況是這個國家的通膨率為一般水準，例如像美國一樣每年上漲二到三%的程度。這位顧客會思考要不要先別買這家店的，而去調查其他家店的價格，但因為物價全面上漲了二到三%，所以這項商品在其他商店的價格或許也調漲了，甚至有可能其他店調漲的幅度更大，再加上前往其他商店也需要花費時間與精力，思考了一番以後，這位顧客最後決定不去其他店，而在這家店用比當初預想還高一點的價格購買商品。

接著思考的是整體物價上漲率為零的狀況。與前面一樣，顧客在熟悉的商店發現自己想買的商品價格上漲，並陷入深思：「如果去其他商店的話，那裡應該會以原先較為便宜的價格販售吧。」與剛才不同的是，這一次如果前往其他商店，比較有可能用原先較為便宜的價格買到東西，因為整體物價的上漲率為零。這家店的價格上漲可能有什麼特殊原因，其他店如果沒有同樣狀況的話，很有可能以原本的價格販售。因此這位顧客會選擇到其他商店碰碰運氣，放棄在這家店購買商品。

兩種狀況的相異之處在於物價是否全面上漲。更正確一點來說，是消費者對於當天整體物價如何變動的「預期」不同。在至今經歷過一般水準通膨的國家，人們會預期當天的物價也跟之前一樣，全面性地以同樣的速度上漲。相對於此，如果整體物價上漲率長期以來都是零，人們則會預期當天的物價肯定也跟前一天一樣，然後這個預期的差異就會導致消費者採取不同的行動。在物價會按照一般水準上漲的預期下，消費者將無可奈何地接受這家商店調漲價格；另一方面，在整體物價會與前一天相同的預期下，消費者就會轉往其他商店，而不會接受漲價。

若用需求曲線來思考的話，在物價全面上漲的情況下，需求曲線會呈現一般的形狀。相對於此，在整體物價上漲率為零的情況下，由於顧客會因為這家店漲價而逃跑，因此需求曲線會呈現拗折型態。這裡與前一節介紹的寡占產業企業間競爭，在意義上有一點不一樣，是經手同樣商品的商店之間爭奪顧客，並因此創造出拗折的需求曲線。

如前一節所說明的，若需求曲線呈拗折型態，即使成本只是稍微上漲，店家也會害怕流失顧客，因此會猶豫該不該轉嫁到價格上。由於每個店家都是同樣的狀況，因此彼此之間會互相牽制，產生連鎖效應，當一家商店「不更新價格」，會誘使其他家商店也「不更新價格」。像這樣，相互作用以顧客作為媒介的形式，在一家商店的價格與別家商店的價格之間發生。

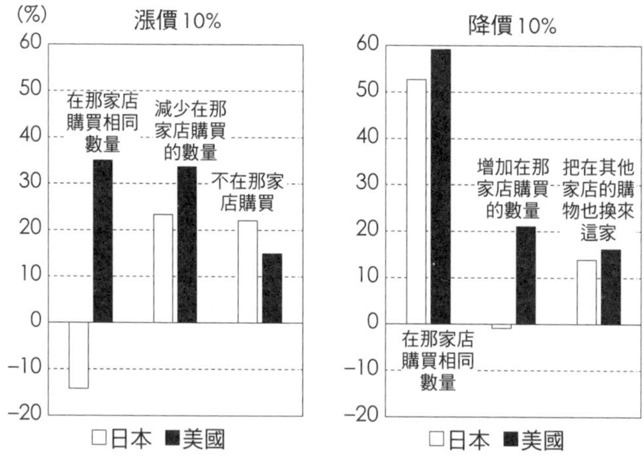

圖4-13　消費者對於漲價與降價的反應

為了驗證青木假說，我們來看看一項針對一萬名日本消費者進行的問卷調查結果（圖4-13）吧。題目是「若平時常去的商店有某項商品價格調漲一〇%，請問你會怎麼做？」結果對於「在那家店購買相同數量的那項商品」這個選項，回答否的比例比回答是的比例高出十五%左右。表示多數消費者不接受漲價，那麼他們會怎麼做呢？「減少在那家店購買那項商品的數量」，回答是的支持率比否還高出二十%以上。此外，「不在那家店購買那項商品，改到其他家店購買」，也獲得差不多的支持率。

然而，把同樣的問卷調查拿來問美國的消費者，「在那家店購買相同數量的那項商品」，回答是的人比否還多，與日本形成對比。換句話說，美國的消費者接受漲價一〇％是一件無可奈何的事情。詢問英國、加拿大、德國的消費者，結果也一樣，堅持拒絕漲價的只有日本消費者而已。

接下來，對於降價一〇％的情況，也提出同樣的問題。由於這次是調降價格，因此「在那家店購買相同數量的那項商品」獲得許多支持。此處令人意外的是，「增加在那家店購買那項商品的數量」的選項並未獲得支持。由於有非常多的消費者碰到價格上漲會減少那項商品的購買量，因此對於同樣幅度的價格下跌，即使做出相反的反應也不奇怪，但實際上卻是非對稱的。此外，因為降價這件事而支持「把在其他家店的購物也換來這家」的也有限，與漲價時就放棄那家店的程度相比，因降價而獲得其他家店老顧客的程度似乎也是有限的。

鳥貴族的挑戰

接著就來介紹一個可以說是青木假說實地測試的案例吧，那就是有名的雞肉串燒連鎖居酒屋「鳥貴族」的漲價案例。鳥貴族在人事成本與原物料費上漲的背景下，於二〇一七年十月調漲價格。據說是時隔二十八年的漲價。由於是從「全品項均一價二八〇圓」調漲到二九八圓，因此化成百分比大約是漲價六％。

雖然我對於鳥貴族的經營管理並沒有特別了解，但對於該公司做出漲價決策的過程相當感興趣。鳥貴族的大倉忠司社長在漲價後接受雜誌採訪，並對於「從什麼時候開始考慮調漲價格」這個問題，表示「從安倍經濟學剛推出時就有意識到了，從階段上來說其實滿早的，因為在政策方面說會提高物價，所以我認為趨勢會改變」、「後來東京奧運也確定會舉行，地價與租金也慢慢上漲，我覺得這樣看來，已經到了不得不調漲價格的時機了」（《鑽石週刊》二〇一七年十一月十日）。

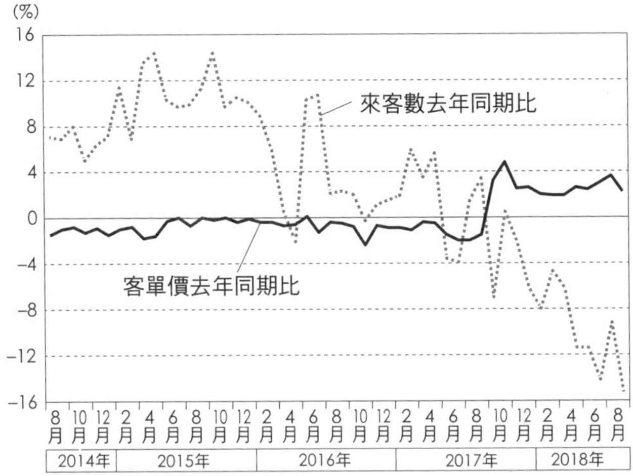

圖4-14　鳥貴族的價格調漲

換句話說，大倉社長確實接收到日銀與政府透過異次元寬鬆發送出來的「通縮時代結束，接下來會進入通膨」的訊息，並且因此改變鳥貴族的定價策略。股票市場也看好此事，在漲價消息公布後，鳥貴族的股價便大幅上漲。此外，當時的日銀總裁黑田東彥也在後續的演講中，發表了一番令人聯想到鳥貴族的評論，他說：「在上市企業的外食連鎖店中，可以看到漲價消息受到看好，股價大幅上漲的案例。」

那麼漲價的結果又如何呢？圖4-14顯示的是鳥貴

族的價格（客單價）與數量（來客數）（圖中使用的資料取自該公司每月公布在網站上的「月次報告」）。首先看到客單價的部分，以往客單價的去年同期比都在零或稍低於零的地方推移，在二〇一七年十月以後則上升到正的四％附近。這是漲價帶來的部分。接著看到來客數，以往的去年同期比都在正數的範圍內推移，但隨著漲價變成負數，隔年的二〇一八年九月更跌到負的十五％。由於來客數的減少超過客單價的上升，因此兩者相乘計算出來的營收金額也比前一年低。

針對這個結果，媒體上出現一些嚴厲的看法，認為是無謀之舉或經營判斷失誤，但我並不這麼認為。如果所有人都一直龜縮在維持原價習慣的殼裡，問題永遠也不會有解決的一天。不過由於結果就是結果，因此也有必要驗證問題究竟出在哪裡。

若重新回頭檢視會發現，鳥貴族的價格更新並沒有產生相互作用，誘使其他家企業也進行價格更新。正如青木假說所述，由於這個部分的欠缺，來客量隨著需求曲線的拗折而銳減。但成本上漲並不是僅發生在鳥貴族的特殊情形，可以推測提供同類型服務的企業也都面臨同樣狀況。在那樣的環境下，即使由鳥貴族的價格更新打響第一槍，其他企業隨之採取行動，也不是什麼奇怪的事。

價格的協調，尤其是往漲價方向的協調，只要走錯一步就會變成壟斷，是一種犯罪行為。不過在美國經濟大蕭條期間的通縮下，當時羅斯福政權為了擺脫通縮，決意採取暫時允許企業壟斷行為的措施。關於這件事，探討公平交易法等範疇的產業組織理論（個體經濟學的一部分）研究者曾主張這是錯誤的決策，但另一方面，在近期的總體經濟學研究中則有人主張是必要之惡（成功幫助擺脫價格的自由落體）。從烏貴族的挑戰中，我們應該記取相互作用的重要性。所以我們是否應該要思考在「創造相互作用」這件事情上，日銀或政府究竟可以扮演什麼樣的角色？

4 通縮會造成什麼困擾？

「課題先進國」日本

日本有一詞叫「課題先進國」，是工程學家小宮山宏用來形容日本在環境、資源、醫療、教育等全球性課題上，比其他國家還要早進入直接面對問題階段的用語。我認為在經濟面上，日本也首當其衝。

零利率就是其中一例，日銀在一九九九年開始零利率政策，當時沒有人認為其他國家會發生相同的事，但十年之後，各個已開發國家都步入零利率時代。另一例就是通縮，日本從一九九〇年代中期開始緩慢進入通縮，後來美國、德國、瑞士等好幾個國家都迅速進入通縮，或是差一點進入通縮的狀態。

在日銀剛開始實施零利率的階段，每當我出席國際性研究者的聚會，大家都興味盎然地問我零利率的世界是什麼模樣（經由惡性通膨一事，我深能理解即使身為研究者，要理解未曾經歷過的事情也不是一件容易的事）。然而，當日後其他國家也實際體驗到零利率以後，漸漸不再有人問我這個問題，取而代之的是通縮有沒有造成什麼困擾。由於大家都是經濟學家，因此很清楚通膨或通縮會對社會與經濟帶來什麼樣的混亂，但日本的通縮是消費者物價指數每年下降一到二%左右的緩慢通縮，他們提問的意圖是推測這種程度的通縮，是不是就不會造成什麼困擾，或者更進一步來說，當中也含有「如果不會困擾的話，日銀是不是可以撒手不管通縮也沒關係」的意思。

關於通膨或通縮（劇烈的通縮）會對我們生活造成什麼負面影響，有各式各樣的說法，不過由於日本的通縮並非典型的通縮，那些說法都沒有實質幫助。所以具體而言究竟有什麼問題，是個很難回答的大哉問。因此當我第一次被問到這個問題時，我回答得語無倫次。然後在我努力經過一番思考整理後，又迎來第二次機會，但卻依然無法像往常一樣看到提問者打從心底理解的表情。或許我也有準備不足或回答得很糟糕的地方，但這個問題本身恐怕就非常難以回答。

這一節，我就想來試著挑戰這道難題。話雖如此，由於包含我在內的所有經濟學家，並沒有準備好一套以理論或資料為基礎的完整解答，因此我只能夠做到向各位展現出我要從何種角度切入這道難題的程度而已。即使如此，我想應該還是能夠提供一些思考這個問題的線索吧。

變相漲價

我會思考這個超級難題的契機，是社群網路上掀起了「#在日本吃的東西是不是都變小了」的話題。學生告訴我這個主題標籤（像索引一樣在社群網路上展示話題主題的東西），大約是二〇一七年秋天的事。我試著用這個主題標籤去搜尋後，發現很多商品尺寸變小的事情的確形成了一股話題。從餅乾的重量減少了、鮮奶的容量減少了，到中華料理的食材變小了等話題都有人發文。似乎是久違地購買熟悉商品的消費者注意到「咦，東西好像變小了」，所以才在社群網路上發文宣洩怒氣。

就算東西變小了，只要價格與尺寸等比例調降，就不是什麼嚴重的問題，但實際上發生的卻是明明商品縮小或減量，價格卻原封不動。由於價格不變、尺寸變小是實質上的漲價，因此偷偷摸摸地做這種事才會令人生氣吧。也因為有偷偷摸摸漲價的意思，所以也有人稱之為「隱形漲價」。

來看實際的案例吧。圖4-15描繪的是「人造奶油」品項下的三個商品（A、B、C）的價

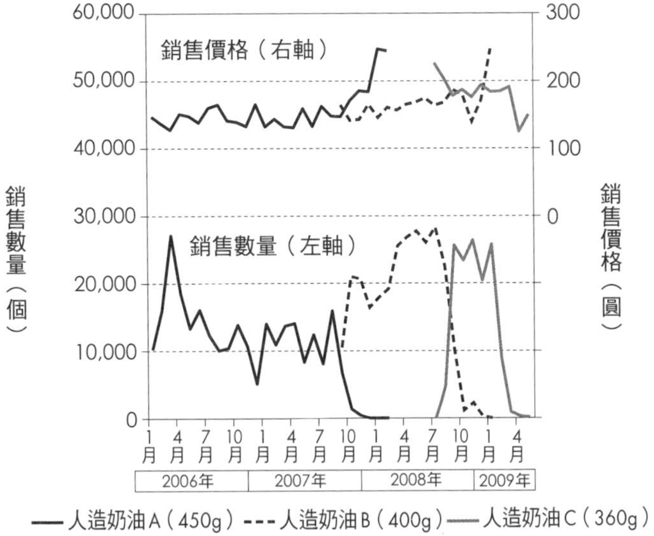

圖4-15　人造奶油的新陳代謝

格與銷售數量。這些商品都由同一家企業生產，並以同樣的商品名稱與品牌名稱販售。然而，人造奶油A的重量是四百五十公克，人造奶油B是四百公克，人造奶油C是三百六十公克，重量向下遞減。

圖中也畫出了這三種商品在門市的銷售價格與銷售數量。如果看到銷售數量會發現，人造奶油B在二〇〇七年九月開始販售以後，人造奶油A的銷售數量就急遽減少到零，這意味著人造奶油B是人造奶油A的後繼商品，也就是隨著這次的世代交替，重量從四百五十公克被削減到四百公克。而伴隨世代交替而來的銷售數量變化，同樣也發生在從人造奶油B（四百公克）到人造奶油C（三百六十公克）的交替上。另一方面，若從銷售價格來看，在這樣重量消滅的世代交替過程中，價格幾乎從頭到尾都沒有什麼變化，甚至可以說是微幅上漲。在這個案例中，即使實質價格上漲了，顧客也沒有離開，看起來似乎很成功。

我曾與在總務省統計局參與消費者物價指數編製的年輕研究者合作，試著計算這樣的案例究竟有多少。具體來說，我們從大約三百家超市店面販售的約三十萬項商品（以條碼定義的商品）中，挑選出知道重量或容量的商品，利用商品名稱與製造企業名稱，還有該項商品的上市時間與退出時間等資訊，收集像人造奶油案例這類的世代交替案例。

此時需要注意的是，商品的減量也有可能是基於實質價格調漲以外的理由。舉例而言，近年來消費者的需求轉移到尺寸較小的商品上，反映出來的是高齡化或家庭人數減少等趨勢。在企業為了因應這種需求變動而推動小型化的情況下，即使容量或重量減少，那反而會提高消費者的滿意度，因此並不是為了達到實質價格的調漲。

即使在需求變動的原因下讓小型新商品投入市場，也有不少情況是前一代的商品仍繼續銷售。換句話說，企業藉由同時販賣大尺寸與小尺寸的方式，來達成商品的多樣化，增加消費者的選擇性。相對於此，在實質價格調漲的情況下，絲毫沒有任何理由繼續銷售前一代商品。或者說，由於前一代的大尺寸商品不適合再以同樣的價格擺在店面販賣，因此前一代的商品會停止生產。因此我們的研究將世代交替的條件定義如下：①與舊世代用同樣的品牌和商品名稱，並改變容量或重量，把這種商品當作新商品投入市場；②同一時間不再讓舊一代的商品存續。

我們根據這個定義挑選出約兩萬件世代交替的案例，並將結果整理成圖4-16，圖中將世代交替的案例分類成容量或重量減少的、增加的以及不變的三種。世代交替的件數在二〇〇〇年代前半還處於低水準，但二〇〇七年開始增加，二〇〇八年大幅增加到兩千八百件。二〇〇八年增加的主因是伴隨小型化而來的世代交替。

從國外進口的穀物、原料或能源的價格高漲，也是二〇〇八年的事。一般認為是因為高度依賴這些原料的企業，尤其是食品製造商，在製造成本上漲的同時，無法將成本轉嫁到產品價格上，才會選擇將商品小型化。

其後，世代交替的數量一度減少，但二〇一三年又再次開始增加，並在二〇一四年、二〇一五

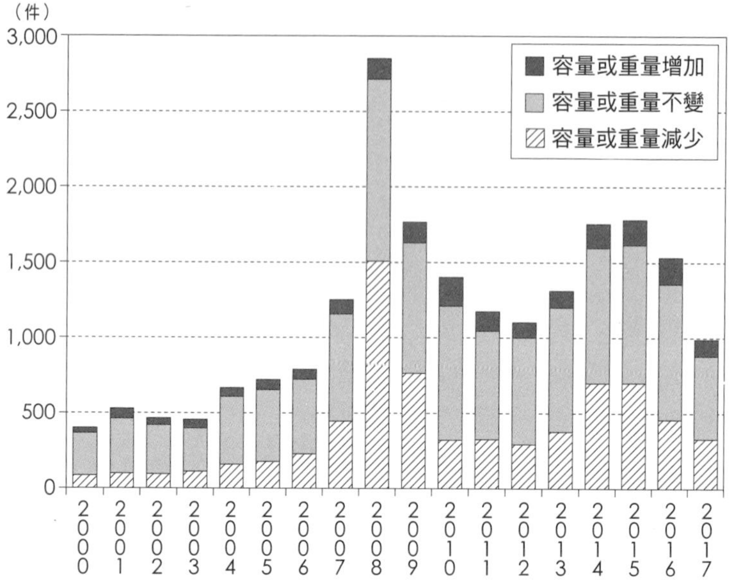

圖4-16　商品小型化的件數

年達到高水準，這裡增加的主因同樣也是伴隨小型化而來的世代交替。二〇一三年是開始實施安倍經濟學與日銀異次元貨幣寬鬆的年份，日圓隨著貨幣寬鬆大幅貶值，推升高度依賴進口原物料的企業成本。在這之中，以食品製造商為首的企業，再次選擇商品小型化的策略。

由於日銀的貨幣寬鬆目的是拉抬物價，因此寬鬆政策透過日幣貶值推升進口原物料的價格，正符合日銀的預期。日銀更期待日幣貶值帶來的成本上漲，能夠進一步轉嫁到產品價格上，但這個部分卻不如預期。實際上發生的是雖然漲價是漲價了，但卻是表面價格固定、尺寸變小的隱形漲價。

消費者有注意到隱形漲價嗎？

如果看社群網路的話，會看到一些發文的語氣好像在說，小型化是專門用來欺騙消費者的，但企業真的有欺騙消費者的意思嗎？又，消費者真的如其所願被欺騙了嗎？我們手中握有大約兩萬件剛才介紹到的世代交替案例，也知道每個案例中的銷售數量如何改變，只要分析這些資料，應該就能判別消費者是否遭受欺騙，亦或是早已注意到隱藏在其中的意圖。

具體來說，我們將消費者分成以下三種類型，並估計各種類型的比例。第一種類型的消費者完全沒有注意到小型化。

第二種類型有注意到小型化。這位消費者呢，假設洗髮精有世代交替好了，若世代交替前後的表面價格沒有變化，容量減少一〇%的話，價格在實質上視為上漲一〇%，因此會減少購買量（瓶數）。此時原本應該把容量減少一〇%也考慮進去才對，比方說購買瓶數減少五%的話，可以使用的洗髮精容量，若加上每一瓶所減少的容量，總共會減少十五%，然而這位消費者沒有考慮到容量減少一〇%的事，結果購買量（瓶數）就會變得太少。這位消費者直到發現用完一瓶洗髮精的時間變短，才開始後悔當初買得太少。

最後第三種類型是最聰明的消費者，不僅看穿了實質漲價，在決定購買的瓶數時，還把每瓶洗髮精減少的容量也考慮在內了。

那麼三種類型的消費者分別占多少比例呢？若以資料來估計的話，第一種類型的比例約為一成，第二種類型約占八成，第三種類型約占一成。由於第二種類型與第三種類型合計起來占整體的九成，因此這表示大部分的消費者都看穿了實質的漲價。在以美國人為對象的類似研究中，則有結果顯示消費者並未注意到小型化的現象，由此可知日美兩國的消費者在這方面的注意程度有很大的差別。

製造商「開發」減量品的苦惱與悲哀

好的，從這個結果當中可以解讀出什麼呢？我第一次看到的時候，認為企業肯定也心知肚明。企業會用銷售資料來分析價格或營收，其中也包含我們研究者無法接觸到的珍貴資料，所以如果是連我們都能從資料分析中得知的事情，那麼他們肯定也都知道才對。

不過若是這樣的話，企業靠小型化來欺騙消費者的批評就無法成立了。證據就是撇除小型化剛展開的初期不看，如今許多企業都積極地將小型化策略公開在官方網站等平台上，看起來實在沒有要隱瞞的意思。對於企業來說，被人當作在隱匿實質漲價的風險可能還比較大。

如果不是想要欺騙消費者的話，那麼企業究竟為什麼要進行商品的小型化呢？在思考這個問題的期間，我得到一個協助某電視節目企畫的機會，探討商品小型化的議題。在那個企畫中，我們不僅透過訪談去詢問小規模食品製造商投入小型化與減量的理由，還讓觀眾看到實際上如何執行。

在訪談中，經營者回答的減量理由很簡單，就是為了削減成本。日幣貶值造成占食品製造成本很大一部分的進口原物料價格日益攀升，再加上嚴重缺工也造成人事費用上漲。在各種原因的助長下，製造成本提高了，因此本來成本上漲應該要轉嫁到產品價格上，這個道理經營者當然也心知肚明，不過他們很害怕價格如果調漲，顧客會瞬間逃之夭夭。製造成本上漲是競爭對手也無可避免的事，但如果他們能夠撐得過去，卻只有我們調漲價格的話，恐怕會演變成無法挽回的局面，所以才會得出應該要維持原價努力撐過去的結論。話雖如此，由於生產工程的浪費已經徹底排除，因此要達到更佳的合理化是不可能的事，剩下的辦法只有縮小商品的尺寸——一切就這樣演變成價格不變，但商品減量的結果。

在這個電視節目中令我印象尤其深刻的，是參與減量的工作人員們陷入苦戰的樣子。結束白天工作以後，技術人員會聚集在一起，討論如何在不犧牲味道或滿意度的前提下減量，並花好幾天的時間反覆微調製造機器或試做樣品——他們的這些模樣都呈現在這個節目中了。我看了節目以後才理解到，商品的小型化站在製作者的角度看來，必須付出的勞力與推出全新商品並無二致，而站在企業的角度看來，這無疑也是一種「商品開發」。

我一方面敬佩起那些加班投入「商品開發」的技術人員，但另一方面又覺得這樣的場景很詭異。如果是一般社會的話，把上漲的成本轉嫁到價格上是很公平的行為，沒有任何需要感到羞愧的地方，不過在維持原價變成常態，消費者也認為理所當然的社會裡，連公平的轉嫁也不被允許，結果便衍生出這種深夜的「商品開發」行為。而且這種「商品開發」絕對不是消費者會喜歡的類型。何止如此，社群網路上還充斥著消費者的怒氣，無論是表面價格的調漲或是小型化，都會讓消費者感到憤怒。

我一方面很氣餒地覺得，如果把那些勞力用在真正的商品開發上，明明有機會創造出前所未見的新商品，讓許多消費者更加高興才對，一方面也想像著現場工作人員的心情應該比我灰心百倍吧。維持原價的常態化使社會產生了扭曲，奪走了現場技術人員參與充滿前景的商品開發機會。

定價能力與貨幣政策

藉由參與這個電視節目企畫的契機，我開始思考企業的維持原價習慣，究竟對我們的生活帶來什麼樣的影響。思考這個問題，同樣也是在回答國外研究者經常向我提問的問題：「緩慢的通縮有什麼成本？」

就像深夜的「商品開發」所反映出來的一樣，維持原價會大幅扭曲企業的行為，而那樣的扭曲不會只停留在企業而已，還會成為整體社會的成本。正當我思索到這裡時，我注意到一個詞叫「定價能力」（pricing power）。

在商業第一線，定價能力是極其重要的評價標準。傳奇投資家巴菲特曾斷言：「判斷一家企業是不是值得投資的優良企業，關鍵就在於有沒有定價能力。」除此之外，他還表示如果能夠做到即使調漲價格，顧客也不會流向競爭對手的程度，那在商業上來說就算是非常成功了，如果因為調漲一〇%的價格而必須向神祈禱的話，那在商業上來說是很失敗的。

定價能力一詞通常是像巴菲特那樣用來談論個別企業，但也有人用在談論一國經濟的總體語境中。中央銀行的實務家們認為，透過貨幣政策改變企業的定價能力，是有可能也是應該要做的事。其中的代表性例子就是曾在一九八〇年代後半到九〇年代前半，擔任聯準會理事的韋恩·安吉爾（Wayne D. Angell）。根據他的見解，中央銀行可以藉由貨幣寬鬆或緊縮，影響企業的定價能力。

過去在一九七〇年代的通膨期，聯準會持續貨幣寬鬆，結果導致大環境變成企業經營者可以很輕易地調漲價格。當時的經營者認為提高名目營收才是自己的工作，完全沒有靠節省支出來提高收益的防守心態。此外，由於消費者視價格上漲為理所當然的事，因此即使價格高漲也不會減少購買。安吉爾曾回顧表示，七〇年代過度的貨幣寬鬆，導致企業的定價能力過強，是失敗的政策。

其後，聯準會迎來主席伏克爾，從一九八〇年代開始實施反通膨政策（藉由貨幣緊縮讓過高的通膨率降低的政策）。根據安吉爾的說法，這項政策是為了削弱過度強化的定價能力，貨幣緊縮的結果加強了消費者「不便宜就不購買」的節約心態，如此一來企業就沒有調漲價格的餘地，經營者不再能夠期待營收的增加，轉而開始重視成本的削減。當時是資訊通訊技術的普及期，大家開始增加機器設備的新增等資本投入，然而那些資本投入在二〇〇〇年以後也遭到削減，一連串的降低成本讓整體的經濟需求逐漸衰退。貨幣緊縮帶來的過度效果，導致企業的定價能力又轉而陷入過度疲弱的事態。

通縮為什麼令人畏懼？——葛林斯潘的慧眼與手腕

在這種狀況下登場的人，就是曾經擔任聯準會主席長達十九年之久、被人譽為「大師」的葛林斯潘。在不少人開始擔心美國會不會發生像日本那樣的通縮階段，葛林斯潘為了避免落入通縮螺旋，轉而開始實施貨幣寬鬆政策。當時他為了讓美國民眾理解「落入日本那樣的通縮會造成什麼困擾」，使用的詞彙就是這裡提到的定價能力。

一旦通縮在社會定型，即使只是調漲一點點價格，企業也會害怕顧客可能會逃跑，最終導致即使成本上漲，企業也無法轉嫁到價格上的狀況——葛林斯潘強調，這個就是定價能力的喪失。然後喪失定價能力的企業，更會失去前進的活力。

比方說，假設企業考慮開發新商品，投入市場一決勝負好了，那麼當然就必須要投資。經營者為了回收那筆投資資金，打算把商品價格設定得高一點，然而，如果企業失去定價能力的話，就算好不容易做出優良的商品，也無法把價格設定得高一點。倘若無法回收投資資金，即使開發商品也只會蒙受損失而已。經營者若考量到這一點，那麼從一開始就會放棄開發新商品。這個時候，經營者會採取什麼樣的策略？最後得到的結論會是削減成本，也就是消極的經營。

以個體來看的話，消極的經營會改善那家企業的收益，不過那只有在犧牲其他家企業的營收為前提下才會成立。一旦所有人都轉變成消極的態度，彼此之間會迫使對方不得不控制成本，結果陷入萬劫不復的事態，這在經濟學中稱為「合成謬誤」。當美國企業全部轉變成消極經營時，美國經濟還能夠維持活力嗎？這是葛林斯潘向美國民眾拋出的問題。

葛林斯潘的觀點與其他人不同之處，在於通縮並不只是單純的物價下跌而已。如果是像一九三○年代經濟大蕭條那樣的大幅通縮，任誰都看得出來那是充滿危機的狀況，不過按照他二○○○年當時的判斷，即使現在美國經濟陷入通縮，那也會是緩慢的價格下跌，而不是自由落體式的下跌。

在以鋼鐵業等大量生產相同商品的製造業為中心的一九三○年代，由於價格的伸縮性很高，因此變成劇烈的通縮。然而在二○○○年當時，即使是製造業也有強烈的協議交易色彩，會因應顧客的各種需求進行生產，此外價格僵固性高的服務業比重也高到當年無法相比的程度。葛林斯潘以這樣的產業結構變化為依據，判斷即使物價下跌也會是緩慢下跌。

如果是這樣的話，物價下跌本身並不是那麼嚴重的問題，但若企業因為通縮而失去定價能力，進而削弱美國經濟的活力，反而才是更嚴重的問題。葛林斯潘在二○○○年代初期就意識到這樣的危險性，並強力推動貨幣寬鬆，將美國經濟從跌落通縮的深淵中拯救出來，他的慧眼與手腕應該可以說完全無愧於「大師」的稱號。

日本的蚊柱是活的嗎？

說到二〇〇〇年代初期的日本，當時正延續著一九九〇年代後半開始的經濟危機，並處於CPI緩慢下滑的狀況。日銀與政府雖然多次表明對「通縮螺旋」（企業收益因物價下跌而惡化，並招致物價進一步下跌的現象）的強烈擔憂，但那股危機意識並沒有到達企業定價能力會因為緩慢通縮而被削弱的程度。

其後，經濟危機邁向尾聲，對於通縮螺旋的擔憂也逐漸消失，不過物價下跌雖然緩慢，但那鐵錚錚的事實卻開始遭到忽視。於是緩慢的物價下跌，逐步奪走日本企業的定價能力，而且由於變化的方式既緩慢又不起眼，因此不管是政策制定者，還是生活在日本的我們，都對此事一無所知，我認為這才是緩慢通縮的成本。

重大的轉機在二〇一三年春天到來，日銀與政府將擺脫通縮視為最重要的課題，決意採取大膽的貨幣寬鬆政策。不過雖然已是事後諸葛，但據信在那個時間點，維持原價的行為早已深植日本社會，大膽的貨幣寬鬆也無法抵擋早在社會中扎根的維持原價習慣，而那樣的習慣至今依然持續著。

若以本書開頭介紹的蚊柱理論來說，維持原價的商品就是停止活動的蚊子。當蚊子不再活動，蚊柱當然也就不會移動，不過那並不是物價（蚊柱）的穩定。不再活動的蚊子就是死掉的蚊子，而蚊柱不過就是一群屍體罷了。我擔心這種蚊柱是不是就像一群放棄自行決定公司產品價格，全部走向消極經營的企業。我的假說是否合理，而緩慢的通縮究竟會製造出什麼樣的成本，我想是整體社會必須深入討論的問題。

5 商品的新陳代謝與企業的價格更新

五花八門的KitKat反映出日本的特質

每當我與製造商談論價格的話題時，一定會出現的就是誰擁有決定價格的權限。按照他們的說明，產品一旦投入市場，決定價格的權限就落入零售等流通業者手中，製造商對價格完全沒有置喙的餘地。雖然每種商品多少有些差異，但這樣的事情應該正在實際上演中。

不過反過來說，這也代表讓新商品投入市場的時機，是製造商可以發揮主導權的最大機會。各家製造商深知不能浪費掉寶貴的機會，因此無不絞盡腦汁思考要把新商品的價格設定在什麼水準。如果是賭上公司前途開發出來的自信之作，就應該要以高價格出擊才對，絕不容許一開始定價太低，導致眼睜睜失去利益的這種失誤發生。不過也有可能遭遇不幸的結果，開賣之後才發現商品沒有想像中受歡迎。這樣思考下來，用高價推出商品也是需要勇氣的，尤其我聽說耐久性家電很難設定最初的價格，甚至還需要動用到ＡＩ等工具幫忙。

新商品的價格設定很重要，並不是僅限於日本而已。不過在我印象中，歐美的實務家或研究者並不像日本這麼關注新商品的價格設定。我想原因所在多有，其中一個可以提出的理由，就是一旦商品推出到市場上，要變更商品的價格，尤其是調漲價格，在日本是很困難的事。維持原價習慣或定價能力的喪失等狀況，正如到前一節為止說明的內容所述。

一旦推出市場以後，即使發現價格太低，也很難加以修正，所以要盡可能在新商品投入市場時，評估出一個適當的水準——製造商或許是這樣的心態。如果有不少企業在最初決定價格時，都會考量到事後很難變更價格的話，說不定許多企業即使有著維持原價的習慣，也有可能其實他們並沒有承受到那麼多的損失。

此時就必須要確認投入新商品時的價格設定，與後來的價格更新之間有什麼樣的關聯。我之所以與兩位共同研究者建立專案，探討有關價格隨商品新陳代謝而更新的主題，就是出自於這樣的問題意識。以下就根據那項專案的成果，逐一檢視有關新商品投入市場時的價格設定。

就在那項研究的分析結果全數出來，我們在某場國際會議上報告之際，一位擔任我們論文專題討論成員的麻省理工學院年輕研究者，突然提及在日本銷售的巧克力餅乾「KitKat」。他曾經幾度造訪東京，對於流通業的現場特徵似乎有他獨到的觀察，據說他很驚訝商品的種類竟然有那麼多種。

若瀏覽 KitKat 製造商日本雀巢的官方網站，固定的品項有十種，其他還有許多期間限定、數量限定以及地區限定的種類，全部加起來足足有五十種以上。使用ＰＯＳ資料計算各年度有銷售紀錄的KitKat種類，最多的時候可以達到七十種。在KitKat發祥地的英國或美國並沒有這麼多種類，在市面上販售的頂多也只有十種而已。那位麻省理工學院的研究者似乎認為KitKat種類繁多，正是日本流通業的一大特徵，而且那與我們的研究，也就是價格隨商品新陳代謝而更新，是有密切關聯的。

商品有很多種類就意味著每種商品都很短命，因為超市的商品架空間有限，如果想要把許多種類都上架的話，必須周轉得很快才行。所謂的短命，就是新陳代謝很活躍的意思，因此也會有很多設定新商品價格的機會。

若計算日本超市販售的食品或日用品等商品的種類，數量約有十萬種之多，其中每年約有三萬種商品會退出市場，而投入市場的新商品數量則略高於此。化成百分比的話，全年退出率是二十九％，投入率是三十二％。由於美國的商品退出與投入分別是二十五％與二十四％，因此日本很明顯較高。

由於並不是所有國家在這方面的資料都很齊全，因此並不能夠確定日本在全世界的排名，但可以肯定的是，日本應該算是商品新陳代謝極為活躍的國家。

一般都說日本的長壽企業比其他國家多，企業的新陳代謝並不活躍，另外也經常有人提出嚴厲的批判，說就是因為那些生產力低、原本應該要退出市場的企業一直賴著不走，新企業才難以發展。但說不定就是因為商品汰換的數量很多，才補足了日本企業很少汰換這一點。

洗髮精的價格指標

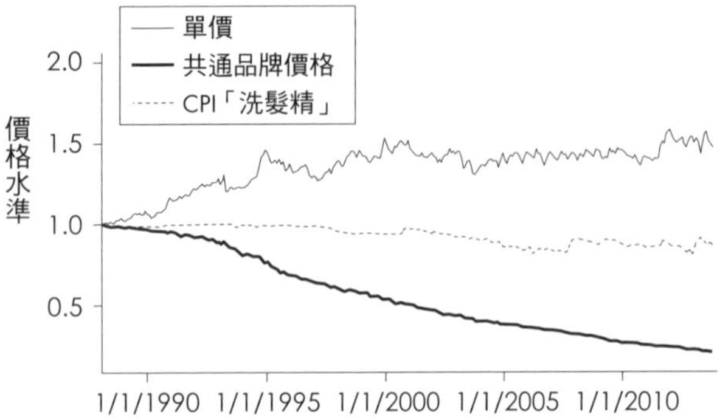

圖4-17　洗髮精的價格

在商品進行新陳代謝時，價格又是如何隨之改變的呢？來看一下實際的案例吧。

首先，使用三百家超市的洗髮精銷售紀錄資料，製作出兩種類型的指標。第一種指標是「單價」，這是某個時間點在超市架上所有品牌洗髮精的平均價格。具體來說，是針對某個月有銷售實績的所有品牌洗髮精，用銷售金額的合計值除以銷售數量的合計值。圖4-17的細線代表的就是用這個方法算出來的單價。由圖可知洗髮精的單價在一九九〇年代前半上漲之後，自九〇年代中期起幾乎都維持在一定的水準。換句話說，若光從單價來看，洗髮精並沒有發生通縮。

每當我出作業給學生，要他們用銷售紀錄資料計算物價，大部分學生都會計算單價給我。然而，由於單價其實不適合用來當作物價的指標，因此沒辦法給出太好的分數，為什麼？因為當月的洗髮精商品（品牌）與前一個月的並不一致。有些商品前一個月有賣、這個月沒有（商品的退出）；或者反過來，有些商品前一個月沒有、這個月有賣（商品的投入）。由於比較的是當月與前一個月不同的品牌集合，因此品牌間的價格差異也混入了單價的變化中。舉例而言，假設前一個月退出的品牌是高級洗髮精，而這個月登場的品牌是廉價洗髮精，那麼這個月的單價會比前一個月下滑，但我們並不能夠因為這樣就說物價下跌了。

如果要解決比較不同品牌的單價問題，可以想到的方法就是只針對上個月與這個月都有的品牌集合，去估算其中的價格差異。具體來說，就是分別針對兩個月都有的品牌（此處稱為「共通品牌」），計算從上個月到這個月的價格變化率，並採其平均。在這個計算中，由於只會使用到兩個月都有的品牌，因此退出商品或新投入商品一律不看。圖4-17的粗線代表的就是用這種方式計算出來的「共通品牌價格」，這就是另一項指標。若從共通品牌來看，洗髮精的價格與剛才的單價不同，是呈現一路下滑的趨勢，一九九〇年代中期以後還加速下跌。

單價與共通品牌價格的變動為什麼會差這麼多？兩項指標的差異在於，是以所有品牌的洗髮精作為計算的對象，還是僅限定在共通品牌。反過來說，藉由觀察單價與共通品牌價格的差異，也可以類推出不包含在共通品牌內的品牌（新登場的品牌與退出市場的品牌）價格具有什麼樣的特性。相對於單價自一九九〇年代中期起幾乎維持一定水準，共通品牌價格呈現下滑趨勢，代表某個品牌的新世代登場時的價格，高於前一個月退出的同品牌舊世代的價格。換句話說，就是價格隨著世代交替而上漲的意思。

在洗髮精的一生中，價格會下降多少？

我們再更深入地來看一下單價與共通品牌價格的差異。如果要檢視隨商品新陳代謝而來的價格變化，區分出以下三種價格是很重要的。第一種價格是那項商品作為新商品投入市場時的價格，第二種是那項商品退出市場時的價格，第三種是那項商品的後繼商品作為新商品投入市場時的價格。

第二種價格與第一種價格的差，是那項商品的「生涯價格變化」。第一節的討論是關於那項商品在整個生涯中會發生的每一次價格更新，而生涯的價格變化則是把那些全部加總起來。第三種價格與第二種價格的差，是「伴隨世代交替而來的價格變化」，造成單價與共通品牌價格差異的，就是這個。

在生涯價格變化中較明顯的特徵，就是有不少洗髮精從未經歷過價格更新就結束生涯了。雖然前文說明過日本維持原價的情形很多，但由於這些洗髮精是從頭到尾都維持原價，因此可以算是最經典的案例。如果把洗髮精以外的商品也包含在內，計算所有品項中全部生涯都沒有經歷過價格更新的商品比例，得到的會是超過四十%的高水準。由於其他國家的資料中，並沒有可以與這個比較的數字，因此無法百分之百斷言，但若參考國外資料中的相關研究，那麼日本的數字應該可以說是相當高。

決定洗髮精生涯價格變化的主因之一，可以想到的就是品牌壽命的長度。圖4-18的橫軸是洗髮精的壽命，縱軸是通縮率，圖中的點則是所有洗髮精的品牌。洗髮精的壽命落差非常大，從未滿十天到數千天都有，然後壽命愈短的品牌，有通縮率（平均一天價格下跌多少百分比）愈大的傾向。舉例而言，壽命一百天的品牌，平均一天的通縮率約為千分之一，相對於此，壽命一千天的品牌約為萬分之一。由於壽命多了十倍時，平均一天的通縮率變成十分之一，因此這就表示如果從整個生涯的價格下跌幅度來看，兩者之間並沒有差異。

換言之，無論是哪個品牌，一旦從誕生時的價格下跌一定幅度達到閾值，就不會再有利潤，因而退出市場。受歡迎的品牌會慢慢調降價格，最終花費很長的時間才達到閾值；相對於此，不受歡迎的品牌價格會急跌並迅速達到閾值，因此生涯很短暫。

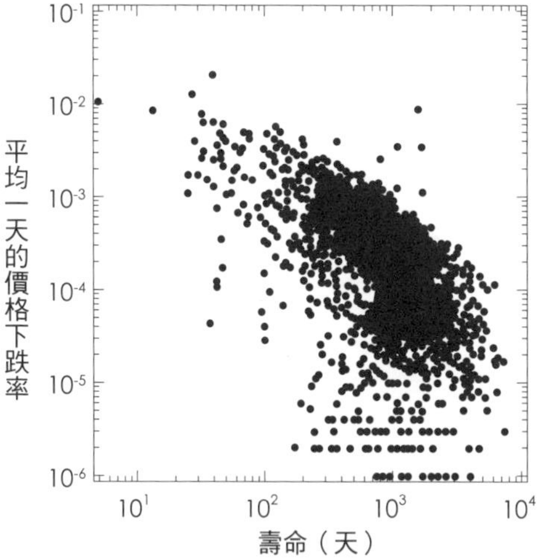

圖4-18　洗髮精的壽命與價格下跌率

誕生時價格的僵固性

接下來看到的是「伴隨世代交替的價格變化」。圖4-19是以所有商品為對象，計算出①退出時價格－誕生時價格（以●表示）、②後繼商品的誕生時價

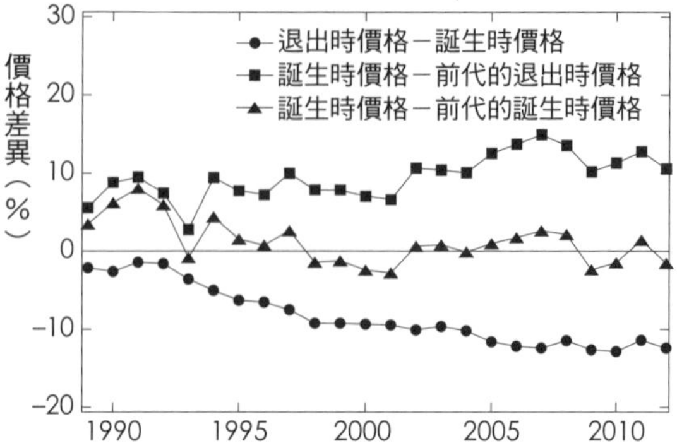

圖4-19　伴隨商品新陳代謝而來的價格變化

格－前代商品的退出時價格（以■表示），與③後繼商品的誕生時價格－前代商品的誕生時價格（以▲表示）等三種價格差異後，針對各月份退出的所有商品，在圖中標出三種價格差異的平均值。

如果看到①的部分會發現，一九九〇年代初期的通膨期幾乎為零，之後負的幅度緩緩加大，自九〇年代後半起的通縮期更是超過負的一〇%。這就對應到前面洗髮精案例中所看到的，商品價格在整個生涯中逐步下跌的趨勢。

看到②的部分會發現，在一九九〇年代剛開始時還不到一〇%，後來慢慢變大，並在二〇〇〇年代達到十五%。也就是說，新商品投入時的價格高於該商品前一代退出時的價格，價差的程度則以通縮期較高。

看到③的部分會發現，在一九九〇年代初期的通膨期是正的一〇%左右。換句話說，在通膨期時，一項商品的誕生時價格會高於該商品前一代的誕生時價格。然而，九〇年代中期以後幾乎都是零，或者降到略低於零的負數，這就表示到了通縮期時，就無法超過前一代的誕生時價格。

如果將以上結果彙整成一套模式的話，就會得到圖4-20。通膨期從誕生到退出為止的生涯，幾乎

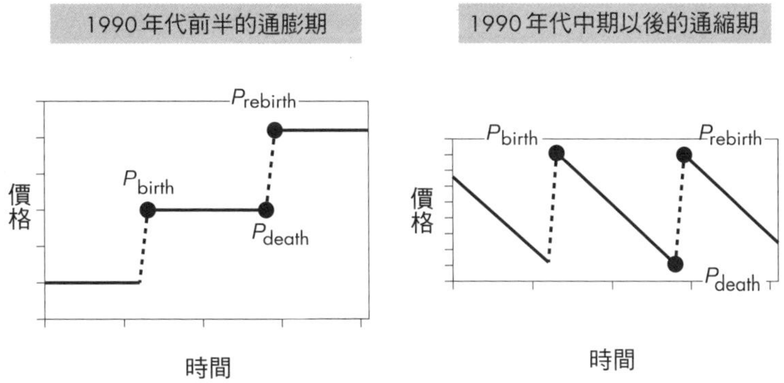

圖4-20　通膨期與通縮期的價格循環

沒有價格變化。另一方面，在商品世代交替時，價格會上漲，進而創造出趨勢性的價格上漲。同樣的特性也可以在美國的資料中觀察到。相對於此，通縮期卻發生與通膨期顯著不同的情形。首先，在從誕生到退出為止的期間內，價格下跌了超過一〇%，這所反映出來的狀況就是在通縮期，已經發售一段時間的商品人氣會逐漸下滑，並且需要靠促銷來努力確保達到一定的銷售量。

第二個情形是通縮期會有一項商品誕生時價格與前一代誕生時價格相同的傾向。在通膨期是向上的階梯，往上爬一階以後會暫時維持水平，接著再往上爬一階。假如通縮期會發生與通膨期完全相反的情形，那麼應該會是向下的階梯才對，所以一項商品的誕生時價格，應該要低於前一代的誕生時價格。不過誕生時價格並沒有發生那樣的降價情形。奇妙的是，誕生時價格不漲也不跌，也就是說具有價格僵固性。這個價格僵固性與前面章節說明過的在商品生涯途中，也就是在世代內所觀察到的價格僵固性不同，是跨世代的現象。

世代交替時的價格回升與其理由

在通縮期，商品會隨著距離發售的時間愈久，價格愈低，但藉由投入後繼商品的方式，則可以視為價格終於回升到原先的水準。假如沒有這個價格回升，誕生時價格在每次世代交替都會下跌的話，企業應該會被迫隨之大幅削減經費（減薪等等）吧。之所以能夠避免這件事情發生，都得歸功於世代交替時的價格回升。

經過這樣一番整理以後，除了理解到日本緩慢的通縮為什麼會持續這麼久之外，也開始覺得世代交替時的價格回升好像握有其中的關鍵。不過很可惜的是，現階段關於價格回升的機制，尚未掌握任何明確的事實。除了世代交替時的價格變化研究本身才剛開始沒多久，像日本這種通縮國家的研究案例也很有限。

在我們的研究中，作為理解價格回升機制的第一步，我們認為有以下三個價格回升的主因，並且從資料當中進行估算。

價格回升的第一個主因，是新商品品質比前一代提升，因此提高了商品的人氣，進一步促使價格上漲的可能性。舉例而言，iPhone的最新款如果比以往的功能還強的話，價格就會相對提升。由於我們研究的商品是超市販賣的食品與日用品，因此雖然沒有像iPhone那樣卓越的技術革新，但一樣會有像是把食品容器設計得更方便使用等品質上的提升。

第二個可以想到的可能性，就是消費者受到新穎的商品吸引，使得需求提高。舉例而言，如果是汽車的話，對於沒人握過方向盤的新車，需求特別高，價格上就會出現溢價。食品等商品也一樣，新發售的商品即使內容物與前一代大同小異，但光是新推出這一點就足以刺激消費者（尤其是喜歡新商品的消費者），並獲得需求，我們把這稱作「初物效果」。

如果價格上漲只漲在iPhone功能提升的部分，那也不能說是單純的漲價。因為商品的品質比前一代好，所以價格變高也是理所當然的。這不僅限於智慧型手機而已，所有伴隨品質提升的價格上漲都可以這麼說。此外，價格因初物效果而上漲的情況，也不能算是純粹的漲價。新車價格比前一代高，是因為提供了「新的」這個價值，所以把這視為漲價也不是很合理。這樣思考下來，由於品質提升與初物效果都不是純粹的漲價，因此必須要扣除這個部分才行。從世代交替時觀察到的價格變化中，除去這兩項要素以後，剩餘的就是純粹的漲價。

我們在研究中提出一套方法，用來估算在世代交替時的價格上漲中，品質提升與初物效果各占了多少。只要有品質提升或初物效果，即使後繼世代的商品價格較高，也能夠獲得高於前一代退出時的營收占比。因為無論是品質提升效果還是初物效果，新商品都會比前一代更有吸引力，需求會更高。因此，檢視一項商品的營收占比在世代交替前後是否有所提升，又有多大程度的提升，即可得知品質提升效果與初物效果的強度。此外，相對於品質提升效果會長期持續下去，初物效果由於只會在新商品推出後維持一段時間而已，因此檢視高營收占比持續的程度，即可判別是品質提升效果還是初物效果。

只要用這套方法來估算品質提升效果與初物效果，即可確認到在一九九〇年代末期以前，品質提升效果是顯著的，但二〇〇〇年以後，則出現新商品品質與前一代並無太大差異的狀況。由於從這個時期開始，新商品的價格隨著通縮惡化而急速下跌，因此推測是企業必須在較短的週期內汰換商品，而沒有充分時間可以準備高品質的新商品。至於在初物效果的部分，則無論是通膨期還是通縮期都呈現上漲趨勢，消費者偏好新商品的特性，在通縮期也沒有看到任何改變。

害怕惹怒消費者而採取非常規手段

若彙整以上事項，可以推測是初物效果對通縮期的價格回升做出相應的貢獻，而品質提升效果則幾乎沒有貢獻，其餘的都是純粹的漲價，但令人意外的是，這個部分並不小。企業利用初物效果順勢讓價格回升是很合理的事，但刻意漲價到超過那個效果的程度（純粹的漲價）又是為什麼呢？關於這一點，我認為可能與美國經濟學家胡立歐．羅騰伯格（Julio Rotemberg）所指出的消費者「怒氣」有關。

正如前一節所述，企業之所以採取小型化而不明說漲價一事，是因為害怕一旦調漲表面價格，可能會引起消費者反彈。然而，根據羅騰伯格的說法，（企業相信）比起這種世代內的漲價（商品生涯中的表面價格調漲），世代間的漲價比較不容易惹怒消費者。

由於世代內的漲價完全是同樣商品的價格被調高了，因此消費者的抗拒並不少，不過在世代交替時，姑且不論商品的內容如何（實際上在我們的估算中，通縮期的品質改善是有限的），至少外觀上會有很大的改變，因此很難與前一代的價格去做比較，消費者的抗拒程度也比較和緩。舉例而言，在專為餐廳經營者所寫的定價指南暢銷書《菜單：定價與策略》（*Menu: Pricing And Strategy*）中就有提到：「只要多放上洋芋片，設計成一道新菜，就能降低消費者對於漲價的抗拒。」雖然這本書的目標受眾是美國的消費者，日本消費者恐怕沒有那麼單純，但一般來說，負責定價的賣方肯定或多或少都有那樣的意識。

若根據前述的討論，我們可以推測日本的企業企圖用世代交替時的漲價，來彌補世代內漲價不足的部分。換句話說，也可以視為因為太過恐懼消費者的怒氣，所以面對成本的上漲，放棄採用調漲世代內價格這種最標準的因應方式，而走向小型化的隱形漲價與世代交替時的價格回升等非常規的方向。

第5章

物價理論會如何發展？

——以沒有通膨也沒有通縮的社會為目標

「Standing on the shoulders of giants（站在巨人的肩膀上）」是牛頓說過的一句經典名言。這種繼承前人累積的偉大智慧，並在那個基礎上增添新發現的態度，不僅是自然科學而已，連包含我自己在內的經濟學研究者也都奉為圭臬。

本書中有許多物價理論巨人的名字登場。礙於篇幅有限，只能限縮在一定要說出名字才能繼續討論的人物，因此前面介紹過的，都可以說是萬中選一的巨人吧。

好的，由於本書也即將進入尾聲，因此我想針對物價理論的未來進行思考。本章除了將重新溫習進一步嚴選出來的巨人豐功偉業，同時也希望整理釐清他們交代給後世的作業，究竟解答到什麼程度，又有哪些尚未解決的部分，藉此來思索物價理論的未來。

在談論物價理論的未來時，學者在接下來將探討的研究課題當然也很重要，但日後要如何設計與物價相關的社會或經濟制度，是更重要的議題。如果想要好好完成巨人留下的作業，我想我們要進一步去思考的是，有沒有必要改變經濟制度的哪個部分？然後又該如何改變？

凱因斯的「價格僵固性」

首先要請他登場的巨人，應該非此人莫屬，那就是約翰·梅納德·凱因斯。他的貢獻是提出「價格僵固性」的概念，指出價格並不是會反映需求而瞬間調整的東西，另外他還敲響了「流動性陷阱」的警鐘，指出貨幣需求一旦飽和，中央銀行的貨幣寬鬆政策就不會發揮效果。

關於「價格僵固性」，他與他的後繼者所關心的焦點集中在：在價格波動遲鈍的前提下，經濟的變動方式會是什麼樣子的（例如失業的發生），貨幣與財政政策又扮演著什麼樣的角色；而另一方面，價格的波動有多遲鈍或為什麼遲鈍等「根本論」，長期以來都不在討論的範圍內。進入本世紀後的研究，應該可以說就是打算切入根本論的研究，然後面對這個課題的研究者，最新到手的武器就是商品層級的個體資料。

以往的研究使用的是總體的統計值，例如以日本的CPI來說，那只不過是一連串的時間序列，即使是五十年份的每月資料，也只是六百個數字的羅列而已。即使仔細地從上到下盯著看，能夠掌握的資訊也沒什麼大不了的。相對於此，由於商品層級的個體資料，例如在日本好了，每月就有二十五萬個觀測值，因此五十年份就多達一億五千萬個。雖然不是愈多就代表愈好，但數量多有很大的好處是確定的，後續更孕育出許多劃時代的研究成果。

然而，儘管下降到個體層次是好事，但當我們想要回過頭來追溯到總體時，卻沒辦法做到。此時面臨到新的困難是，即使調查「局部」的細節，並加總起來，也無法重現「整體」。正如本書強調過的，整體並非局部的總和的事實，與物理學等其他領域也是共通的，所以光靠自作聰明的小伎倆是應付不來的。物價理論的未來取決於是否能夠改掉以往偏重個體的作法，並轉換為保持總體與個體觀點均衡的方式。

值得慶幸的是，解決的線索已經浮現了。如同物理學等領域一樣，「相互作用」就是其中的關鍵，也就是商品間、企業間、消費者間的相互作用。而帶來相互作用的東西，包括前文介紹的「拗折需求曲線」等在內，具體的線索也變得很清晰。此外，商品供應鏈的上游企業與下游企業間的相互作用也很重要。據信未來的物價理論會朝著透過理論與資料，闡明相互作用的方向前進，如果能做到的話，那麼對於日本價格僵固性異常高的理由，或該如何因應才好，應該也能夠逐漸找到一些提示。

避免「流動性陷阱」的制度改革

凱因斯的另一項貢獻就是「流動性陷阱」。不過關於這個話題，自凱因斯以後，研究就戛然而止了。由於當時主要大國的利率遠高於零，與流動性陷阱的狀況相差甚遠，因此凱因斯理論便淪為紙上空談遭人遺忘。不過從日本利率降為零的一九九九年前後開始，這又成為了許多研究者關注的主題。流行的研究主題會受到各個時代的經濟情勢所牽動，說起來也是物價理論的特徵。

當人們預期通縮時，中央銀行會為了打破預期而增加貨幣量——通常這樣做就能夠打破通縮預期，但一旦貨幣需求呈現飽和狀態，即使增加貨幣量也不會發揮效果，無法打破通縮預期，這就是「流動性陷阱」，同時也有不少的看法認為日本正深陷這樣的陷阱中。此外，還有人敲響警鐘表示，雖然目前落入陷阱中的（或許）只有日本而已，但那並不是日本特有的問題，其他國家也有可能會發生。

究竟該如何處理這個陷阱？目前已有一些人提出幾種處方箋。問題的根源，如果用本書的語言來講，就是貨幣的吸引力太高了。由於吸引力太高，因此貨幣需求很大，所以物價會下跌。按照這個理解來說的話，解決的方法就是削弱貨幣的吸引力即可，問題是該如何削弱？

正如本書所說明的，關於貨幣吸引力的來源有兩種概念，第一種傳統的概念是貨幣會提供我們結帳服務，第二種概念是貨幣是以政府的稅收作為擔保（FTPL）。詳細內容已在前文說明，因此這裡省略不談，但貨幣需求飽和時，貨幣寬鬆不會奏效，就表示無法充分降低結帳服務的吸引力。如果要順應最自然的作法，這個行不通就走另一條路的話，那麼只要除去稅收這個後盾就可以了吧。政府實施減稅，而且承諾是永久性的減稅，不會用未來的增稅來抵銷——這樣做的話，人們就會預期未來作為貨幣擔保的稅收會減少，因此貨幣的吸引力就會下滑，如此即可打破通縮預期。

削弱貨幣吸引力的另一個方法，就是凱因斯自己在《一般理論》中提及的內容，那就是替貨幣加上負利率。把一萬圓鈔票放進五斗櫃裡，一年後還是可以當作一萬圓鈔票來花用，換句話說就是一萬圓鈔票的利率是零。雖然看起來好像很理所當然，但這是因為貨幣制度被設計成這樣，所以才會如此，凱因斯認為是這套貨幣制度的問題。

而凱因斯為此提出的改善方案，就是替貨幣加上利息。具體來說，例如賦予人們定期把一萬圓鈔票帶到日銀的義務，比方說必須每個月付費購買印花，並貼在一萬圓鈔票上，沒有貼印花的一萬圓鈔票就無效。如此一來，即等同於替一萬圓鈔票加上實質的負利率。由於持有一萬圓鈔票就必須每月支付購買印花的錢，因此實質上等同於貶值。這樣一來，人們應該就會覺得貨幣沒那麼有吸引力，並減少貨幣的需求，如此即可打破通縮預期。

固定觀念的高牆

這兩種方法在以往的理論研究中，皆已確認有一定的合理性，不過一旦開始實行，卻沒有想像中那麼容易。

如果採取減稅以削弱貨幣吸引力的方法，那麼就必須改變物價為中央銀行專屬管轄事項的固定觀念，決定稅務政策的財務省也要參與物價相關的政策。為了實現物價穩定，一般認為中央銀行與財政當局必須保持距離，這是中央銀行維持「獨立性」的根據之一。如果財務省也參與物價穩定工作的話，就必須要重新追究「獨立性」。以日本來說，一九九七年的日銀法修正案是睽違半個世紀的大工程，屆時就必須要有那樣大規模的制度變更。

假如採取凱因斯所提出的印花方式，也必須要有大範圍的制度變更。首先，在一萬圓鈔票上貼印花這種古早時期的作法，時至今日實在已不合時宜，應該要考慮以電子化的方式實行。剛好包含日銀在內的各國中央銀行，目前都在推動以電子貨幣取代紙鈔銀行券的計畫。簡而言之，就是把相當於日銀券的東西存放在我們的智慧型手機裡，這樣就不需要物理性的印花了。只要讓日銀的電腦與我們的手機交換訊號，從餘額中扣除印花稅的金額，即可實現凱因斯的提案。

替電子日銀券加上（負的）利率，在技術上應該不是一件太困難的事，不過那樣的制度變更能否讓人們接受，又是另一個問題了。一般認為那件事情的難度極高。

這裡我們要回想起的，是外匯匯率從固定匯率制改為浮動匯率制時的事。美元與日圓在過去的交換比率是固定的，那就是固定匯率制，現在則是交換比率時時刻刻在變動的浮動匯率制。改變為浮動匯率制雖然是二十世紀後半的事情，但當時受到強烈的抵抗，制度的變更也非常難以實行。造成那股抗拒力量的是人們的恐懼心理，害怕從隨時都能用同樣匯率交換美元與日圓的穩定狀態，改變成匯率每天都在變動的不穩定狀態。

凱因斯提出的貨幣制度改革，是制定出「今天」的日圓（一萬圓鈔票）與「明天」的日圓的交換比率。這個交換比率到目前為止都維持在一比一（貨幣的利率為零），是交換比率維持固定的「固定匯率」，而頻繁變更這個交換比率，也就是今天的一萬圓能夠換到的明天的貨幣，比方說是九千九百圓好了，就是凱因斯的改革案。換句話說，就是銀行券從「固定匯率」變成「浮動匯率」。如果付諸實踐的話，就算人們產生的恐懼感大過於以往改變成浮動匯率制時的經驗，也不是什麼奇怪的事。此外，由於這件事情不能只有一個國家單獨進行，因此主要大國之間必須達成協議，而那想必也是一件難度極高的事。

無論是「獨立性」的變更，還是銀行券改為「浮動匯率」，都是數十年一次的大規模制度變更。若以常識來想的話，大家應該會說，那樣過度大膽的制度變更是不可能的事。但那所謂的「常識」，是成立在流動性陷阱沒有那麼嚴重的前提之下。隨著發生在日本的流動性陷阱研究更深入，等到有一天能夠確實評價那帶來了什麼樣的壞處時，那個前提就有可能會瓦解。此外，現階段對許多國家來說，看日本的狀況不過就是隔岸觀火，但日後流動性陷阱如果陸續延燒到其他國家的話，相信國際社會的認知就會徹底改變。雖然這種說法說得好像在預言一樣，但我認為大規模制度變更的話題，被搬到國際會議檯面上的日子也不遠了。

「物價與薪資的範數」vs. 通膨預期

凱因斯的後繼者被稱作「凱因斯學派」（Keynesian）。凱因斯學派曾經一度失勢，一九八〇年前後甚至流傳一種說法：「未滿四十歲的年輕研究者中，完全沒有凱因斯學派。」不過後來凱因斯學派又再度興盛起來，如今維持著一定的勢力，主要被區分成舊凱因斯學派，即一九八〇年以前的凱因斯學派，與新世代的新凱因斯學派。舊凱因斯學派的代表人物，是本書中也多次登場的亞瑟・歐肯。

歐肯認為在店家（企業）與顧客之間，對於怎樣是公平的價格變更、怎樣是不公平的，存在著一種默契，而那種祕而不宣的默契，就稱作「看不見的握手（invisible handshake）」。經濟學之父亞當・斯密（Adam Smith）把市場經濟的機制（只生產所需的量並分配給需要的人的機制）稱作「看不見的手」，而歐肯則仿照他的用詞加以延伸。在那祕而不宣的默契中，也包含了「物價或薪資每年大多都會上漲這麼多」的認知，這就是本書中介紹過的「範數」。不管是看不見的握手還是範數都是默契，因此眼睛看不見，也無法數位化，但只要想到有那樣的默契存在，就可以充分說明各式各樣的現象。

比方說關於日本，本書在前文中已經說明，消費者認為「價格與昨天一樣」是理所當然的事，而這正是企業「維持原價習慣」的起源，這個「價格與昨天一樣」就是日本的範數。相對於此，美國等地的消費者則認為，價格稍微上漲是不得已必須接受的事情，所以企業也能把增加的成本轉嫁到價格上。綜上所述，只要社會或時代不同，那些「理所當然」的事情，亦即範數也會有所不同。

物價相關的範數與人們的通膨預期雖然十分相似，但其中還是有巨大的差異。最能夠清楚呈現出差異的，就是菲利浦曲線。在自然失業率假說的公式（一二七頁）中，通膨率是由通膨預期與失業率所決定的，而新凱因斯學派對於菲利浦曲線的理解，就是奠基在這個概念上。相對於此，歐肯等舊凱因斯學派的人認為，決定通膨率的不是通膨預期，而是物價的範數。

當對於菲利浦曲線的理解有這樣的差異，貨幣政策的運作手法也會截然不同。一九八〇年代前半期，當反通膨政策（以擺脫高通膨為目標的貨幣緊縮）導入美國時，有人指出了通膨預期的重要性，作為一種降低通膨率而不讓失業率大幅惡化的方法。理由是只要自然失業率假說公式右邊的通膨預期大幅下降，即使同樣在右邊的失業率沒有惡化那麼多，也能夠降低左邊的通膨率。為此，當時所想到的，就是中央銀行必須向群眾傳遞「未來也會採取貨幣緊縮來維持低通膨」的訊息，而這就是本書中介紹過的「影響預期政策」。

不過如果像歐肯說的那樣，決定通膨率的不是通膨預期，而是範數的話，那麼即使中央銀行發出「未來也會維持低通膨」的訊息，範數也不會改變。此外，通膨率也不會下降。當然，中央銀行的訊息也有可能讓範數改變，但歐肯對此持否定意見。根據他的說法，範數會緩慢地追隨景氣變動或物價的實際變化，並非中央銀行一個訊息就能夠左右。在歐肯所描繪的祕而不宣的默契世界裡，「影響預期政策」是很無力的。

美國的反通膨政策最後雖然成功了，結果卻付出失業率大幅惡化的代價，因為通膨預期並沒有大幅下降。新凱因斯學派提出的解釋是，聯準會發出的「未來也會維持低通膨」訊息，並沒有得到群眾的信任。反過來說，他們認為只要訊息有獲得群眾信任，應該就能夠在失業率沒有惡化的前提下，解決高通膨的問題才對。在這一點上，新舊兩個凱因斯學派是相互對立的。

現在的日本正在上演與當年的美國一樣的事情，只是方向完全相反，也就是日銀在二〇一三年以後所實施的超貨幣寬鬆（異次元貨幣寬鬆）。日銀的目的是提高通膨率，在剛展開這項政策的當時，日銀強調控制人們的通膨預期，是成功與否的關鍵，因為如果能讓人們開始預期未來會通膨的話，那就會立即刺激通膨率上升。如此一來，就不需要大費周章地繞一大圈，藉由貨幣寬鬆改善失業率，再進一步讓薪資或物價上漲……。

我認為日銀所設想的，是比較接近新凱因斯學派的標準模型。然而，就跟美國的反通膨政策一樣，通膨預期的反應並沒有很好。在那之中，日銀內部也開始出現一些看法，認為日本人的通膨預期會不會是偏向悲觀而非樂觀的、決定通膨率的是不是範數而非通膨預期等等。

若展望未來，歐肯的範數再度當道並取代通膨預期一事，似乎不太可能在學術界發生。通膨率是由通膨預期，尤其是樂觀的通膨預期所決定的概念，已經如此根深柢固，但政策制定者絲毫沒有必要配合那樣的步調。對政策制定者來說最重要的事情，是讓當前的政策順利運作，拯救那些在不穩定的物價下犧牲的人群。他們應該勇於挑戰，不需要拘泥於學術上的整合性或嚴謹性。我認為就像一直以來的那樣，新的物價理論很有可能就從那些挑戰之中應運而生。

「物價穩定」的定義

物價理論的架構，並不是僅僅靠著封閉在（狹義的）研究者社群內部的學問而發展出來的，而是政策制定者與經濟學家在一來一往的過程中，逐漸建構出來的學問。所謂的政策制定者，有時是負責貨幣政策的中央銀行的人，有時則是編製物價指數的政府統計局的人。物價理論的巨人不是只有學者而已，當中也包含了一群實務家。

即使在本書登場的若干政策制定者巨人中，「大師」葛林斯潘也算是鶴立雞群的人物。在他所留下的真知灼見中，最重要的是中央銀行應該追求的「物價穩定」定義究竟是什麼。

關於物價穩定的定義，有個與物價指數理論相關的爭論，就是CPI究竟能不能衡量真正的物價。除此之外，還有另一項爭論是CPI年增率是否稍微留一點「餘地」比較好，而不是完全等於零。兩個議題都有許多經濟學家與政策制定者捲入其中，而且現在也依然討論不出一個結果。由於是與中央銀行的目標息息相關的重要論點，因此必須確實得出結論才行，但很遺憾的是，爭論一直陷在泥沼當中，絲毫看不到結束的跡象。

但葛林斯潘對於物價穩定的定義，則超越了這些爭論。他所定義的物價穩定，是指「經濟主體在做決策時，不必在意未來一般物價水準變動的狀態」。雖然不能否認的是，這與CPI年增率X%比起來，相對欠缺實用性，但在面對中央銀行應該以什麼為目標來進行政策運作才好的重大議題時，這個定義可以說是提供了答案。

先來複習一下這個定義的含義吧。當人們因為高通膨或劇烈通縮，而將注意力轉向中央銀行時，對於自身周圍的話題就會變得沒那麼關心，從而疏忽企業經營或每個人各自的生活。如果是中小企業的經營者，最重要的關心事項就是明天的資金週轉或雇用等問題。如果是一般老百姓的話，重要的事情是小孩的補習費要花多少錢、要花多少時間兼差工作等等。通膨或通縮真正的成本，在於使人們無法把注意力集中在自身周遭的事物上，這就是葛林斯潘的主張。

這並不是未經深思熟慮的靈光乍現。正如本書所述，這與人們「注意力」相關的經濟學或經營學理論性知識深刻相關，具有學術上的合理性。如果要說缺點的話，那就是這個定義偏重於在高通膨等物價不穩定時，應該追求的物價穩定是什麼樣的狀態，但對於這個定義中的物價穩定實現後，中央銀行該怎麼做卻沒有多加論述。

葛林斯潘定義的物價穩定一旦實現，人們就會對中央銀行失去興趣。如此一來，就算中央銀行總裁釋出訊息，也沒有人會聽進去。透過中央銀行發出訊息來控制人們預期的「影響預期政策」將不再有效運作。實際上，包含日本在內的各已開發國家，由於現在的CPI年增率都在零的附近推移，因此人們都認為沒有必要再擔心物價，並且開始忽視中央銀行。

何謂宜居的社會

我們究竟該如何看待人們忽視中央銀行的現狀？這裡有兩種想法，第一種立場是，應該設法讓人們把注意力移到中央銀行上，因此要絞盡腦汁思考該怎麼做才好。在現在這個階段，這是壓倒性的多數派，而本書也是這個立場。

另一種立場是覺得，不要再刻意勉強把人們的注意力連結到中央銀行了，或者乾脆也趁這個機會重新修改一下「影響預期政策」好了。如果光就葛林斯潘字面上的定義來看，也是這個立場，因此即使得到眾多支持似乎也說得過去。然而這在現階段不僅是少數派，基本上幾乎聽不到這樣的聲音。不過從以前就一直有人指出，在賽局理論的研究當中，中央銀行發出的訊息會比其他資訊來得強烈，因此有可能產生獨占群眾注意力的風險，所以最好低調一點。

至於「影響預期政策」在未來會不會中止，答案應該是否定的。不過與此同時，如金科玉律般過度執著於「影響預期政策」，是一件缺乏平衡的事。當人們把注意力放在其他話題上時，硬要大家聽總裁說的話，其實也有中央銀行過度干預的問題。我想是不是也該設計一套新版本的「影響預期政策」了。

執筆本書的過程讓我有機會再次思考葛林斯潘的定義，當時我的同事青木浩介教授告訴我一則記載在《十八史略》中的故事，叫做「鼓腹擊壤」。

這是被尊奉為聖人的君主堯帝，為知天下治與不治，微服出巡時發生的事。他最初聽到的是孩子們哼唱的童謠。

「立我蒸民，莫非爾極；不識不知，順帝之則。（我們老百姓能夠安定生活，都是你偉大的德政所賜；在不知不覺中，順從著帝王的法則。）」

看起來堯帝的德政廣施，似乎實現了理想的社會，但堯帝聽到這首歌以後，反而擔心起自己的存在是否太大了。接著，他又遇到口中含著食物，一邊拍著肚皮一邊唱歌的老人。

「日出而作，日入而息，鑿井而飲，耕田而食，帝力何有於我哉？（太陽出來就耕作，太陽下山就休息，想喝水就鑿井，想吃飯就耕田，帝王的權力與我又有何干？）」

堯帝聽到這首歌以後，知道自己的政治讓人民實現了豐衣足食的生活，而且並未意識到帝王的存在，因此感到心滿意足。

現在許多研究者與政策制定者所追求的目標，是孩子們口中的童謠世界。相對於此，老人的歌則是中央銀行遭到忽視的社會。順帶一提，在這個故事中，老人歌中的世界是德行較高的世界。各位覺得哪一種社會是比較宜居的社會呢？

物價編製的展望

最後要介紹的巨人是費雪，他與凱因斯活躍於同一個時代，並以其有關物價與貨幣在理論面上的貢獻而為人所知。本書說明了描述名目利率與通膨預期關係的「費雪效果」；除此之外，整理出「增加貨幣量，物價就會上漲」這個從以前就有的概念等等，也都是他的功勞。一旦發生通縮，揹負負債的個人或企業會蒙受損失，並且減少支出，結果導致通縮進一步加速的「債務通縮」理論也很有名。

這裡我想關注的是他有別於此的貢獻，那就是物價指數的理論。如前文所述，即使在為數眾多的物價指數中，「費雪指數」也是堪與童氏指數並駕齊驅的一種指數，並且具有優異的特性。他在編製物價這方面，也是為世人留下偉大智慧的巨人。

「費雪指數」最大的貢獻就是證明了在計測真正的物價時，必須要知道在用來比較的兩個時間點上，各項商品銷售金額的占比。舉例而言，想要知道從去年同月份到當前的月份，物價有多大的變化時，就必須同時知道某項商品占全部商品的銷售比率，在去年同月份是多少，在當前的月份又是多少。以往也有人提出的指數是只採用去年同月份，或只採用當前月份的占比，但那樣無法衡量真正的物價，必須同時採用兩者才行，而證明這一點的就是費雪。

或許有些人會覺得，就算是這樣好了，那也只是學者無謂的堅持而已，但這在二〇二〇年疫情爆發下的物價計測問題上，卻是一個很重要的論點。在疫情之下，由於人們害怕病毒傳染，因此會減少外食等與他人接觸的消費活動。如此一來，不僅外食占總支出的比率會減少，外食的價格（餐廳提供的餐點價格）也會下降。若按照費雪指數的邏輯，針對外食價格下降的部分，應該要賦予比較小的權重才對，因為無論外食價格降到多低，人們本來就不會去消費，因此人們的生計費受到影響的程度也會變小。然而，各國政府編製的物價指數並沒有考量到外食占比因疫情而下降的因素，因此物價下跌有高估的現象。按照試算的結果顯示，政府計算出來的物價在這個因素的影響下，大約比真實的數值低了一％。

費雪都如此用心地提出了理想的物價指數應該是什麼樣子，那為什麼各國政府卻還是選擇忽視？理由是因為雖然有去年同月份的銷售占比資料，卻無法取得當年月份的占比資料。由於必要的資料不齊全，因此儘管知道費雪指數才是理想的指數，實際上卻無法計算出來。

總務省統計局計算各商品銷售占比的頻率是每五年一次。一旦算出占比，就會以那個數字作為計算物價指數的權重，持續使用五年。如果銷售占比在五年之間沒有改變的話還無所謂，不過只要發生像疫情這種重大事件，占比就會劇烈變化，因此物價指數就會出現很大的誤差。即使不拿疫情來說好了，現代市場上的商品不斷推陳出新，消費模式時時刻刻在改變，因此銷售占比要維持五年不變，基本上是不可能的。換句話說，只要持續採用現在的方式，這個誤差就是無可避免的。

這個問題的根源在於體制的脆弱性，也就是關於編製物價指數所需的商品價格與占比等資訊，全都是由政府的統計機構（以日本來說就是總務省統計局）自力收集而來，而且統計的方法還是採取以人海戰術收集資訊的傳統作法。只要是採取這個方法，就不可能頻繁收集價格或占比，因為要支出過多的成本。正是因為存在著這樣的限制，各國政府才無法編製費雪指數。

我認為必須要重新修正這樣的制度。就像在本書中也介紹過許多使用範例的掃描資料一樣，大數據的利用就是改善制度的關鍵。換句話說，就是從人海戰術切換成電子化。同時，編製物價指數的主體，從政府切換到民間企業，因為擁有大數據和擅長處理大數據的都是民間企業。

若回顧日本戰前時期，並沒有民間企業會為了商業目的收集價格或銷售占比的資料，因此編製物價的工作只能夠交給政府而已。不過隨著技術的進步，那樣的狀況已大幅改變，編製物價不再只是政府的專利。我認為實現物價編製民營化的時機已然成熟。針對物價編製的制度改革，也就是從「如何計算」物價的技術性討論，向前跨出一步到「由誰來計算」的階段，如今已經來到應該展開正式討論的時候了。

其實有件事情鮮為人知，就是費雪在這方面也是先驅者。他認為自己開發出來的費雪指數要回歸社會，並於一九二三年成立一家叫做指數協會（Index Number Institute）的公司，計測並發布每月的物價，也就是今天說的訂閱制服務事業。據說那家公司很成功，他也創造了龐大的利潤（只是後來投資股票失敗，利潤最後全部歸零）。

美國政府開始編製物價指數是一九一九年，也就是第一次世界大戰剛結束的時候，因此幾乎與費雪的公司是同時展開的。民間企業能夠與政府並駕齊驅，而且發布的物價指數精準度還遠超過政府的指數，是一件相當了不起的事。

雖然在技術環境上與一百年前費雪創業時已大不相同，但我在東京大學的研究室與美國的麻省理工學院，目前也都在打造民間的營利事業，嘗試開發物價指數的新方法並加以發布。我們是以掃描資料為基礎，麻省理工學院則是利用網站上收集到的價格，來開發物價指數。相信日後會有更多的企業，善加運用人工智慧等尖端科技，共同投身更精良的物價編製工作。

費雪之所以親自展開物價指數的發布事業，是因為他相信這將有助於實現一個沒有通膨也沒有通縮的安定社會。我也很期待在不久的將來，能夠迎來他的理想實現的一天。

結語

在疫情開始延燒到日本的二〇二〇年春天，我在雜誌上投稿了一篇文章，主題是關於物價在接下來的日子裡會如何變動。當時正處在完全摸不清病毒底細的狀況，而我在執筆的當下，對於日本經濟接下來會發生什麼事情，抱持著強烈的危機意識。然後我在那篇文章中發出的警告是，疫情說不定會造成通貨膨脹（物價上漲）。

擔心被傳染的消費者不會再去燒肉店用餐，於是燒肉店的營收會下降，價格也會下滑，所以接下來會通縮（物價下跌）——這是許多人在當時的想法。若以需求與供給來說的話，他們的看法就是新冠造成需求銳減，因此會陷入通縮。

不過如果再仔細思考一下的話，喜歡燒肉的消費者不去燒肉店以後，應該會考慮去超市購買品質比平常稍微好一點的高級牛肉，帶回家裡料理，用來代替燒肉店的餐點才對。如果再想像一下那些牛肉送到我們手中的過程就會意識到，包括生產牛肉的人、運送的人、加工的人、超市店員等等，有許多勞動者都參與其中。然後這些人當然也害怕被傳染，所以一旦傳染狀況變得更嚴重，勞動者就會猶豫要不要去上班，牛肉的供給可能就會停滯，供給量減少的話，是不是就會發生通膨？

這就是我的見解。

我對於自己的見解並不是非常有自信。豈止如此，由於當時完全沒有人提出這樣的說法，因此老實說我下筆得非常戰戰兢兢。不過由於大家都是人，沒有人不擔心會被傳染，因此我確信不僅是消費者（需求的人）而已，勞動者（供給的人）應該也會改變行為才對。如今在我寫下這段話的二〇二一年秋天，雖然還不能夠清楚知道我的預期是否正確，但我想也不見得是完全失準的。

姑且不論我的預期是否正確，那篇投稿獲得了許多的迴響，其中有很多的回應都表示，以往很直覺式地認為「新冠＝通縮」，但沒有經過深入思考就擅自斷定，視野太過狹隘，有種恍然大悟的感覺。

當我們寫出或說出違反很多人「直覺」的事情時，大部分情況下都會受到強烈的反彈。當時沒有演變成這樣的結果，我想是因為疫情前所未見，也難以預料。即使是在那樣的時候，人們也會憑著直覺採取行動，但一旦碰到如此罕見的事態，很多人也會隱隱約約感覺到直覺是不可靠的，所以才會有人願意傾聽我異於主流的意見吧。

撰寫那篇文章也成為一個契機，促使我開始思考自己傳達出來的訊息，能不能夠讓許多人，不管是一般老百姓或企業人士，都能稍微與自己的直覺拉開距離，重新審視經濟現象，尤其是有關物價的現象。在那之後，我硬是把周圍的研究者或學生都牽扯進來，經過一番苦戰惡鬥，才終於讓這本書付梓問世。

物價與我們息息相關。秋刀魚的漁獲欠收，價格就會上漲，因此端上餐桌的次數也會減少。這麼說來豈止是息息相關，物價或許可以說就是我們的生活本身。由於是如此地息息相關，因此很多人對於物價都有各自的直覺，而那在不同的人之間又是千差萬別。「物價會因為這些理由而在未來上漲或反過來下跌」、「物價原本應該是這個樣子的」、「政府或日銀應該對物價採取這樣的政策」等等，每個人都會提出各自的意見，但那些大多都是出自於個人的直覺。

在閱讀本書的過程中，各位或許看到很多違反直覺的敘述。不，不是「或許」，而是本書中肯定有很多違反各位直覺的內容，但我在本書中想達成的目標，並不是要否定或擊潰那樣的直覺，我甚至認為直覺是應該受到尊重的。在經濟這座舞台上的演員是消費者、勞動者或企業人士（也就是你們自己！），像我這樣的經濟學家只不過是觀眾而已。很多時候演員的直覺比觀眾的評論更準確是理所當然的事。

不過觀眾的評論也絕非毫無用處。戲劇評論家之中也有優秀的人才，他們的意見能夠培育演員。同樣地，經濟學家也能夠從他工具箱內的大量知識中，提供一些超越直覺的發現。將經濟學家的物價相關知識（而且是精挑細選出來的）提供給各位，讓各位的直覺更加豐富——就是本書的目的。

好的，有一件事情我必須要向閱讀本書或對本書有興趣的讀者致歉，那就是這本書並不是物價理論的教科書。很多物價理論的優質知識都要到大學或研究所高年級才會教到，因此如果要以教科書形式撰寫的話，就要從基礎開始談起，那樣分量會變得很龐大。因此在本書中，我下了兩個工夫，一是不追求網羅性，即使是一般教科書一定會寫在第一頁的經典話題，只要不影響閱讀就一律割愛。

我下的另一個工夫，是連中立性也徹底放棄。即使是在研究者之間仍被視為不夠完美的學說，只要我覺得很重要就會確實寫出來；反之，就算是學術界流行的話題，只要我覺得沒有吸引力就會忽視。雖然這樣說可能會招致誤解，但這就是一本充滿筆者偏見的書籍。

在選擇取捨論文或研究之際，我所採取的評價主軸，是企業人士或老百姓的常識（直覺），而非身為研究者的常識。我過往的職涯有一半是在日銀度過，其餘的一半是在大學，來到大學以後也有創業等經驗，算是嘗試過不少方向。所以我雖然絲毫沒有想要大言不慚地說我懂得企業實務的念頭，但我曾與活躍於商業現場的人們共度大量光陰，並且習得許多他們的常識。本書就是對照那些常識，選定了看起來有益的話題。

當今的日本正苦於長期以來的通縮，對於如何才能擺脫通縮，社會上充斥著各種意見。雖然我自己對於此事當然也有想說的話，但在本書中我極力克制，並盡力提供有助於判斷哪些才是正確意見的材料。

我非常期待能夠聽到讀完本書後，應該已獲得豐富「直覺」的各位，與我分享擺脫通縮的新方案。

二〇二一年十月三日

渡邊努

圖表出處一覽

※未列入的圖表皆係由作者與編輯部編製

圖1-4：Shoji, Toshiaki, Tsutomu Watanabe, Kota Watanabe, and Satoshi Imai. "Measuring inflation by company using scanner data". Presented at the Meeting of the Group of Experts on Consumer Price Indices, 2-4 May 2016, Palais des Nations, Geneva.

圖1-5：Sakai, Koji, and Tsutomu Watanabe." The firm as a bundle of barcodes." The European Physical Journal B 76.4（2010）: 507-512.

表1-3：Shoji, Toshiaki, Tsutomu Watanabe, Kota Watanabe, and Satoshi Imai. "Measuring inflation by company using scanner data". Presented at the Meeting of the Group of Experts on Consumer Price Indices, 2-4 May 2016, Palais des Nations, Geneva.

圖1-6：Shoji, Toshiaki, Tsutomu Watanabe, Kota Watanabe, and Satoshi Imai. "Measuring inflation by company using scanner data". Presented at the Meeting of the Group of Experts on Consumer Price Indices, 2-4 May 2016, Palais des Nations, Geneva.

圖1-9：Kaplan, Greg, and Guido Menzio. "The morphology of price dispersion". International Economic Review 56.4（2015）: 1165-1206.

圖1-10（上）：Kaplan, Greg, and Guido Menzio.“ The morphology of price dispersion”. International Economic Review 56.4（2015）: 1165-1206.

圖1-10（下）：Diamond, Jess, Kota Watanabe, and Tsutomu Watanabe. “The formation of consumer inflation expectations: New evidence from Japan’s deflation experience”. International Economic Review 61.1（2020）: 241-281.

圖1-11：Diamond, Jess, Kota Watanabe, and Tsutomu Watanabe.“ The formation of consumer inflation expectations: New evidence from Japan’s deflation experience”. International Economic Review 61.1（2020）: 241-281.

圖2-1：Gregory Mankiw, Macroeconomics, 7th edition. Worth Publishers, 2010.

圖2-2：Cagan, Phillip.“ The monetary dynamics of hyperinflation”. Studies in the Quantity Theory of Money. University of Chicago Press, 1956: 25-117.

圖2-3：Watanabe, Tsutomu, and Tomoyoshi Yabu,“ The demand for money at the zero interest rate bound”. CARF Working Paper Series, CARF-F-444, September 2018.

圖2-4：Frederic Mishkin. Economics of Money, Banking and Financial Markets, 12th edition. Pearson, 2019.

圖3-2：Phillips, Alban W.“ The relation between unemployment and the rate of change of money wage rates in the United Kingdom 1861-1957”. Economica 25.100（ 1958）: 283–299.

圖3-3：Gregory Mankiw. Macroeconomics, 7th edition. Worth Publishers, 2010.

圖3-5：Wikimedia Commons（詳細不詳、約一九五八年）

圖3-7：Sargent, Thomas J. “Stopping moderate inflations: The methods of Poincaré and Thatcher. ”Rational Expectations and Inflation. Princeton University Press, 2013: 111-161.

圖3-8：Gürkaynak, Refet S., Brian Sack, and Eric T. Swanson.“ Do actions speak louder than words? The response of asset prices to monetary policy actions and statements. ”International Journal of Central Banking 1.1（2005）: 55-93.

圖3-9：日本銀行「生活意識相關問卷調查」（生活意識に関するアンケート調査）

圖3-10：消費者廳「物價監控調查」（物価モニター調查），二〇一七年十一月調查

圖3-11：內閣府「消費動向調查」，二〇二一年五月調查

圖3-12：Malmendier, Ulrike, and Stefan Nagel. “Learning from inflation experiences. ”The Quarterly Journal of Economics 131.1（2016）: 53-87.

圖3-13：Diamond, Jess, Kota Watanabe, and Tsutomu Watanabe.“ The formation of consumer inflation expectations: New evidence from Japan's deflation experience”. International Economic Review 61.1（ 2020）: 241-281.

圖3-15：Diamond, Jess, Kota Watanabe, and Tsutomu Watanabe.“ The formation of consumer inflation expectations: New evidence from Japan's deflation experience”. International Economic Review 61.1（ 2020）: 241-281.

圖4-1：Sudo, Nao, Kozo Ueda, and Kota Watanabe. “Micro price dynamics during Japan's lost decades. ”Asian Economic Policy Review, 9.1（2014）: 44-64.

圖4-2：近江崇宏〈主震後的餘震活動即時短期預測與中期預測〉（本震直後からの余震活動のリアルタイム短期予測と中期予測）《統計數理》（統計数理）二〇一五年，六十三卷一號，六十五至八十一頁

圖4-3：Gagnon, Etienne.“ Price setting during low and high inflation: Evidence from Mexico. ”The Quarterly Journal of Economics 124.3（2009）: 1221-1263.

圖4-4：Alvarez, Fernando, Martin Beraja, Martín Gonzalez-Rozada, and Pablo Andrés Neumeyer. “From hyperinflation to stable prices: Argentina’s evidence on menu cost models. ”The Quarterly Journal of Economics, 134.1（2019）: 451-505.

圖4-5：Mizuno, Takayuki, Makoto Nirei, and Tsutomu Watanabe. “Closely competing firms and price adjustment: Some findings from an online marketplace”. The Scandinavian Journal of Economics 112.4（ 2010）: 673-696.

圖4-11：Watanabe, Kota, and Tsutomu Watanabe,“ Why has Japan failed to escape from deflation”? Asian Economic Policy Review, 13.1（2018）: 23-41.

圖4-12：Watanabe, Kota, and Tsutomu Watanabe,“ Why has Japan failed to escape from deflation”? Asian Economic Policy Review, 13.1（2018）: 23-41.

圖4-15：Imai, Satoshi, and Tsutomu Watanabe. “Product downsizing and hidden price increases: Evidence from Japan’s deflationary period”. Asian Economic Policy Review 9.1（ 2014）: 69-89.

圖4-16：Imai, Satoshi, and Tsutomu Watanabe. “Product downsizing and hidden price increases: Evidence from Japan’s deflationary period”. Asian Economic Policy Review 9.1（ 2014）: 69-89.

圖4-17：Ueda, Kozo, Kota Watanabe, and Tsutomu Watanabe.“ Product turnover and the cost-of-living index: Quality versus fashion effects. ” American Economic Journal: Macroeconomics 11.2（2019）: 310-347.

圖4-19：Ueda, Kozo, Kota Watanabe, and Tsutomu Watanabe." Product turnover and the cost-of-living index: Quality versus fashion effects. " American Economic Journal: Macroeconomics 11.2（2019）: 310-347.

各章扉頁

第一章、第四章：PIXTA

第二章、第五章：Wikipedia Commons

第三章：同圖3-2

企畫叢書 FP2290

物價跟你想的不一樣

從日常出發，東大教授帶你揭開物價波動的祕密，透過物價看見經濟的真實全貌

物価とは何か

作　　者　渡邊努
譯　　者　劉格安
責任編輯　謝至平
行銷業務　陳彩玉、林詩玟、李振東、林佩瑜
封面設計　Christy Wang

副總編輯　陳雨柔
編輯總監　劉麗真
事業群總經理　謝至平
發 行 人　何飛鵬
出　　版　臉譜出版
台北市南港區昆陽街16號4樓
電話：886-2-2500-0888 傳真：886-2-2500-1951
發　　行　英屬蓋曼群島商家庭傳媒股份有限公司城邦分公司
台北市南港區昆陽街16號8樓
客服專線：02-25007718；02-25007719
24小時傳真專線：02-25001990；02-25001991
服務時間：週一至週五上午09:30-12:00；下午13:30-17:00
劃撥帳號：19863813 戶名：書虫股份有限公司
讀者服務信箱：service@readingclub.com.tw
城邦網址：http://www.cite.com.tw
香港發行所　城邦（香港）出版集團有限公司
香港九龍土瓜灣土瓜灣道86號順聯工業大廈6樓A室
電話：852-25086231　傳真：852-25789337
電子信箱：hkcite@biznetvigator.com
新馬發行所　城邦（馬新）出版集團
Cite（M）Sdn. Bhd.（458372U）
41, Jalan Radin Anum, Bandar Baru Seri Petaling,
57000 Kuala Lumpur, Malaysia.
電話：+6(03)-90563833　傳真：+6(03)-90576622
電子信箱：services@cite.my

一版一刷　2024年10月

城邦讀書花園
www.cite.com.tw

ISBN　978-626-315-548-0（紙本書）
EISBN　978-626-315-546-6（EPUB）

定價：NT$450

圖書館出版品預行編目資料

物價跟你想的不一樣：從日常出發，東大教授帶你揭開物價波動的祕密，透過物價看見經濟的真實全貌／渡邊努著；劉格安譯. -- 一版. -- 臺北市：臉譜出版：英屬蓋曼群島商家庭傳媒股份有限公司城邦分公司發行，2024.10
328面；14.8×21公分. --（企畫叢書；FP2290）
譯自：物価とは何か

ISBN 978-626-315-548-0（平裝）

1. CST：物價 2.CST：總體經濟 3.CST：經濟分析 4.CST：經濟學

561.16　　113011839